U0144505

方祖燊全集（九）

第二十卷．文學批評與評論下編

中國新文學運動

西方文藝思潮的流變

國家圖書館出版品預行編目資料

方祖燊全集 / 方祖燊著. -- 初版. -- 臺北市：文史哲, 民85-88
冊： 公分
ISBN 957-549-044-4 (一套：平裝). -- ISBN 957-549-221-8 (第五冊：平裝). -- ISBN 957-549-222-6 (第六冊：平裝). -- ISBN 957-549-223-4 (第七冊：平裝). -- ISBN 957-549-224-2 (第八冊：平裝). -- ISBN 957-549-225-0 (第九冊：平裝). -- ISBN 957-549-226-9 (第十冊：平裝). -- ISBN 957-549-227-7 (第十一冊：平裝). -- ISBN 957-549-228-5 (第十二冊：平裝). -- ISBN 957-549-229-3(第十三冊：平裝)

089.86　　85013624

方祖燊全集・九

文學批評與評論集下編

著　　者：方　祖　燊
出 版 者：文史哲出版社
登記證字號：行政院新聞局版臺業字五三三七號
發 行 人：彭　正　雄
發 行 所：文史哲出版社
印 刷 者：文史哲出版社
臺北市羅斯福路一段七十二巷四號
郵政劃撥帳號：一六一八〇一七五
電話886-2-23511028・傳眞886-2-23965656

實價新臺幣三〇〇元

中華民國八十八年七月初版

ISBN 957-549-225-0

方祖燊全集・文學批評與評論集目次

下編

第六輯

第七輯

自序　金針度與人

許多人認爲作文是不需要講求方法，有才分的人不必人教，信手拈來，都是好文章；沒有才分的人，任憑你怎麼苦心傳授他繡花的針法，也不能造出什麼傑作。前人曾有詩句說：「鴛鴦繡罷從教看，莫把金針度與人。」有了好作品，可以請人欣賞，卻不要把作法告訴人；我想這大概不是怕人學去這套彩繡的訣竅吧，最可能的還是認爲教了也無用罷了。

「針法難教」，這未必是正確的看法。其實要想寫的文章漂亮動人，仍然著重於用心學習。曹子建的七步成詩，溫飛卿的八叉作賦，仍然是力學苦練來的。木匠是先從師傅那裏學會了彈繩染墨，畫規用矩，鋸鑿鉋削的基本手藝，然後才能進一步用靈巧的心思，配合成熟的工夫，設計出極漂亮的家具，完成了藝術的作品。因此寫作也需要講究技巧的。從適當的實用而富有啓發性的寫作教材之中，可以領悟出寫作的技巧，提高寫作表達的能力。我們教學學生作文，就應該講究方法，做到「金針度與人」的地步。當然每個人的領悟能力不同，習作的成績也有差別，不過勤能補拙，只要眞能夠將所學的技巧用心去應用出來，慢慢也就能夠寫出一些比較像樣子的好文章了。

盒美珠售

「韓非子」裏有一則「買櫝還珠」的故事。櫝是盒子。

這是一個很有趣的寓言：從前有一個珠寶商；他把珍珠裝在小盒子裏待售。盒子是用細緻的木蘭木做的，又用椒桂香花薰了好幾天，一打開來就透出噴香的氣味，盒面又嵌著火紅的玫瑰片，奇綠的翡翠玉，裝飾得美麗極了。結果來買珍珠的客人卻看上了他的盒子，高價買走盒子，卻退還了珠子。墨子認爲寫文章，要是過分講究巧辯麗藻，把文章寫得美極了，就只怕讀的人喜歡他的文字，反而忽略文章的含意。這是「以文害用」，就跟這人賣珠子的一樣；所以墨子寫「兼愛」、「非攻」之類的思想性文章，都是質樸無華的。

這種觀念對後人寫作論說文有很大的影響；一般的作者寫論說文，大都只求簡潔精鍊，通暢明白，析理精微，立論嚴密，沒有可乘的縫隙，而不大注重詞藻的華美。桓範說：「作者不尙其辭麗，而貴其存道也；不好其巧慧，而惡其傷義也；故夫小辯破道，狂簡之徒，斐然成文，皆聖人之所疾矣。」聖人也反對用美文來寫論說文呢。

因此，古往今來許多人作的論說文，能勉強教我們看過一遍，就算不錯；就是看過，也不能教人記住，不半日就忘得一乾二淨；這可不浪費我們作家的思想！

在今天特別崇尚藝術講究美感的時代，商品的外觀與內容是同樣的重要，包裝與式樣也要精美，才能夠引人產生購買的欲望，再加東西本身的切實有用，那就非買不可。你看，連廁浴中的洗臉盆、馬桶、浴缸的式樣與色澤，不是都越造越講究美嗎？外觀美內容實用的東西，自然教人喜歡，買的就多；所以外觀美只會提高作品的價值；小盒裝飾美，更能襯出珍珠的圓潤的光輝。我們寫作論說文，如珍珠的思想，又豈能沒有像寶石那麼美的詞采來表現呢！我總認爲一個作家不但抒情寫景要馳騁你的才華，寫論說文同樣也要用巧辯麗辭去寫，先能做到「理密如髮，藻爛似花」，這樣才能教人讀了一遍又一遍，你所說的精闢道理，也才能給人留下了深刻的印象與理解，而深植在人們心裏！

也許有人會問：漢朝辭賦家司馬相如、揚雄的文字不是都非常華麗嗎？他們都想藉賦論理諷諫皇帝，卻都因文字太美了，使人「覽其文而忘其用」，而不能達到目的；可見藻麗與實用是沒法調和的。其實，他們的失敗無關於文字的華麗，而是他們作賦的原來著重點，只是爲了要顯揚他們自己的才華，所以競作淫麗之詞，其中雖有些說理，只是一種點綴的筆墨罷了。其不能達到論理諷諭的目的，自在意想之中。古代作家如李斯、賈誼、曹丕、曹植、韓愈、歐陽修、蘇軾都寫過不少詞藻華麗而見解卓越的論說文，成了膾炙人口的傳世名作。

寫作論說文，至理與美詞要同樣的講究。理雖重要，但美詞可以加強至理的推廣。櫝美更能襯出珠珍，這該是現代人寫作論說文應有的新觀念。

（青年戰士報）

第四輯

中國新文學運動（前期）

我近年研究中國新文學運動的歷史，自民國五年（一九一六）至民國三十八年（一九四九），從這三十三年之間的新文學運動發展的情形來看，我認爲可以分做前、後兩大期，加以探討論介。前期可以說是新舊文白的鬥爭，後期可以說是左右思想的鬥爭。它是以民國十四年（一九二五）五卅慘案爲分界。蓋在五卅慘案發生之前，新文學的作家都是致力於創作白話文學，抨擊舊文化，提倡新文化，儘管有許多派別，主張不同，但基本都是充滿著自由主義的精神。可是五卅慘案發生之後，新文學的作家的陣營開始分裂，走上左右不同的路線，於是有激烈的思想與路線的論爭。我這篇論文就是簡介「中國新文學運動前期」的歷史。

一、前言

有人說：白話文運動是胡適、陳獨秀一班人搞出來的。陳獨秀認爲白話文運動的發生，完全是應這個時代的需要①。胡適在《新文學運動小史》中說：當日中國白話文學運動產生與成功的情況是很復雜的，幾個最重要的原因是：

第一是我們有了一千多年的白話文學作品：禪門語錄、理學語錄、白話詩詞曲子、白話小說。若不靠這一千多年白話文學作品，提倡白話文學必定和提倡拼音文字一樣的困難，決不能在幾年之內就風行全國。

第二是我們的老祖宗在兩千年之中，漸漸把一種大同小異的「官話」推行到全國各地。若沒有這一大塊「官話區域」的人民全說官話，我們的「國語」問題就無從下手了。

第三是我們的海禁開了，和世界文化接觸了，有了參考比較，尤其是歐洲近代國家的國語文學次第產生的歷史，使我們能夠放膽地主張建立我們自己的文學革命。

第四是政治原因：科舉制度在一九〇五年廢除，八股文、試帖詩、策論都廢了，不能再替古文做保障。中華民國建立，推翻了滿清專制政權，使新人物、新思想能夠出頭，革新的事業有了出發點。若在滿清時代主張打倒古文，採用白話文，只需一位御史的彈本，就可以封報館捉拿人了。

當然胡適、陳獨秀一班人的提倡鼓吹，許多學者的著文響應，作家的努力用白話文寫作文學作品，造成一代的文風思潮，白話文學終於成爲現代新文學運動的主流了。

二、清末的白話報紙

新文學運動就是白話文學運動。這種運動早在清末就已經濫觴。清光緒末已經有許多人用白話文來辦報紙，除上海競業學會主編《競業旬報》之外，各地也有不少白話報，如《中國白話報》、《杭州白話報》、《安徽俗話報》、《寧波白話報》、《潮州白話報》。到宣統間，范鴻仙等辦《國民白話日報》，李莘伯辦《安徽白話報》。

胡適做過《競業旬報》的主編。這對胡適後來寫作白話文而提倡白話文的理想的建立，當然有很大的影響。

三、話劇的萌生「春柳社」

我國話劇（新劇）的萌生，起於一九〇六年（清光緒三十二年），留日的學生曾存吳、李叔同、謝抗白、李濤痕等人，在東京成立「春柳社」，稍後加入的有歐陽予倩、陸鏡若、馬絳士等，分設戲劇、音樂、詩歌、繪畫等部。其宗旨是以研究各種文藝爲目的，但先成立演藝部，以改良戲曲，轉移風氣，開通智識，鼓舞精神爲主。一九〇七年二月，公演法國名劇《茶花女》第三幕。這是我國人公演話劇的開始。辛亥革命後，春柳社從日本遷回上海，用「春柳劇場」的名稱，公演爲宣揚民主革命的話劇。於一九一五年（民國四年）解散②。奠定了中國話劇運動的基礎。歐陽予倩後來成爲名劇作家。

四、民國成立與國語運動

一九一一年武昌革命成功，建立了中華民國。一九一三年（民國二年）二月十五日，教育部在北京召開「讀音統一會」，由吳稚暉主持，到有各省代表四十四人，討論讀音的統一，前後審定了六千五百多字的國音，擬製了三十九個注音字母。這在新文化運動史中也是一件大事。

五、胡適與文學革命

胡適在一九一〇（清宣統二年）前往美國，先進康奈爾大學，一九一五年（民國四年），轉到哥倫比亞大學。這時，他和任鴻雋、梅光迪、楊杏佛、唐鉞等，討論白話與舊文學的問題。梅光迪時提反對意見，使他更加細思這個問題，逐漸形成胡適先生「中國文學必須經過一場革命」的思想。「文學革命」的口號，也在這時揭櫫出來。

一九一六年（民國五年），袁世凱稱帝失敗，羞憤而死。黎元洪繼爲大總統。這時胡適在美國開始嘗試作白話新詩。十月，胡適從美國寫信給《新青年》說：「今日欲言文學革命，須從八事入手。③」因此，蔡元培說：「文學革命起於民國五年。」④

六、新文學運動的開始——胡適與陳獨秀

一九一七年（民國六年），一月四日，蔡元培出任北京大學校長，聘陳獨秀爲文科學長，於是「新文學運動」就好像風飆一樣的來臨，由在美國的胡適，在北大的陳獨秀、錢玄同、沈尹默和在上海的

劉半農等人，發動了這個運動。胡適首先在北京《新青年》雜誌上，發表〈文學改良芻議〉，他說：

> 文學者隨時代而變遷者也。一時代有一時代之文學。

胡氏要改革中國文學的思想，是根據文學發展的進化思想而來，文言文是古典文學，在歷史上自有它的成就，是歷代詩人作者遺留給我們的極豐富的財產；但是在今日科技突飛猛進的時代，人事日益復雜的社會，用古代語、文言文，無論如何已無法應付我們種種的需要，必須用現代語來表情達意，才能暢所欲言，明白清楚，溝通我們的情感思想。當時，胡適在〈文學改良芻議〉中，他提出改良文學八件事：須言之有物。不摹倣。須講求文法。不作無病之呻吟。務去爛調套語。不用典。不講對仗。不避俗字俗語。他在〈歷史的文學觀念論〉中，又說：

> 古人造古人之文學，今人當造今人之文學。

胡適在這兩篇文章裏，強調的是「文學」是不斷的演變進化，各時代有各時代文學，今人應當創造今日的新文學。

胡適認爲我國近世文學的大病，在於「言之無物」；又說他所謂「物」，不是古人所說「文以載道」，是情感和思想；情感猶文學的靈魂，思想（兼見地、識力、理想三者）猶文學的腦筋；文學作品沒有情感和思想，便如無靈魂無腦筋的美人；他強調文學需要有高遠的思想，眞摯的情感。⑤

二月，陳獨秀發表〈文學革命論〉，提出他的主張：就是推倒貴族、古典、山林的文學，建設國民、寫實、社會的文學，並批評前人所說「文以載道」，只是「代聖立言」。他認爲現代作品要寫的是富有現代意義的生活、情思和知識，而不是封建意識、腐化生活和落後觀念。

現代人應用現代語來寫作文章，溝通情思，當然非常方便，打破古今語言不同的隔閡。加以胡適論理的縝密明朗，陳獨秀的生動有力，錢玄同的氣勢凌厲，所以他們的言論發表之後，立刻受到歡迎，形成中國文學的革新運動，成了一股不可阻擋的狂瀾時潮，傳遍了全國各地。

七、時局動蕩與新文化運動

這年七月，胡適從美回國。九月擔任北京大學教授。他在回國途中聽到張勳率辮子兵進入北京，擁立宣統復位的消息，因此決定一方面提倡新文學運動，一方面提倡新文化運動，欲在思想和文藝兩方面建立一個革新的基礎。

這時，魯迅對時局失望之極，非常頹唐，以抄古碑，讀佛學，隱默避世。八月中，錢玄同數度拜訪魯迅，勸他爲《新青年》撰稿，去驚醒那些睡夢中人。魯迅開始創作小說雜文，評擊吃人文化⑥，筆鋒尖銳潑辣，耐人咀嚼。

一九一八年（民國七年），南北形成分裂局面。在北京的新文學運動在艱苦的環境中紮下了根。一月開始，《新青年》完全改用白話撰稿。這時發表新詩的作者有胡適、沈尹默、劉半農、劉大白。胡適的新詩保留一些舊詩詞的影子。他們的新詩不講格律，形式自由，稱做「自由詩」。

三月，錢玄同故意用「王敬軒」的假名，寫了一篇〈文學革命之反響〉，做讀者攻擊新文學的投書；又由劉半農作〈復王敬軒書〉，作批判反擊，其中又引用林紓、嚴復的言論與作品做批判的對象：在《新青年》第四卷第三號上刊出。自然激怒了舊派的人物，引起了新舊的論爭。四月，胡適又發表〈建設的文學革命論〉，提倡「國語的文學，文學的國語」，並將八事修改為有名的「八不主義」。

當時提倡白話文運動，爲什麼會牽涉到「思想革新」問題？第一是胡適認定文學可以做啓蒙的工作，影響世道人心⑦。第二是錢玄同在〈致陳獨秀書〉中，也說：「舊文章的內容，不到半頁必有發昏做夢的話，年輕學子讀了，不知不覺便將爲文中的荒謬道理所征服。」第三是魯迅也說：「沒有衝破一切傳統思想和手法的闖將，中國是不會有新的文藝的。⑧」所以當日新文學運動與新文化運動（思想革命）就結合在一起了。胡適、陳獨秀、蔡元培、錢玄同、魯迅、劉半農等人也都成了初期新文學運動與新文化運動的主導者。

八、周作人的〈人的文學〉

一九一八年（民國七年）十二月，周作人發表〈人的文學〉，認爲一個作家應該講人道，愛人類，去寫人的理想生活、平常生活和非人生活，使大家明白人生實在的情狀，而尋求改善的方法。他反對不把人當做人。他說俄國庫普林的小說《坑》是描寫娼妓生活的人的文學，而中國的《九尾龜》卻是非人的文學；這區別只在著作態度的不同：一個嚴肅，一個遊戲；一個希望能過人的生活，所以對於非人的生活懷著悲哀和憤怒，一個安於過非人的生活，所以對於非人的生活感到滿足。他這種看法在當時是相當進步的。

九、新文化運動的內涵

一九一九年（民國八年）一月，北京大學的學生傅斯年、羅家倫、汪敬熙等出了一個《新潮》月刊⑨，除了提倡白話，反對文言，還反孔、孟，反舊思想，攻擊舊倫理、舊道德，打倒孔家店。傅斯年原是舊派黃侃的及門弟子。胡適也發表了許多文章：像談女人〈貞操問題〉，談兒子孝順父母問題⑩，認為應該打碎孔教的招牌⑪。魯迅則用創作小說和隨感錄來呼應。《新青年》雜誌發表宣言說：

要求社會進化，不得不拋棄舊觀念，創造新觀念，樹立新時代精神，適應新社會的環境。我們理想的新時代，新社會，是誠實、進步、積極、自由、平等、創造、美、善、和平、相愛、互助、勞動而愉快、全社會幸福的；希望那虛偽、保守、消極、束縛、階級、因襲、醜、惡、戰爭、軋轢不安、懶惰而煩悶、少數幸福的現象，漸漸減少，至於消滅。

可見他們發起新文化運動的理想，是在建立理想的新中國，提倡民主與科學的新文化。陳獨秀特別提出民主（德謨克拉西）和科學（賽因斯）說：

要擁護德先生，便不得不反對孔教、禮法、貞節、舊倫理、舊政治；要擁護賽先生，便不得不反對舊藝術、舊宗教；要擁護德先生，又要擁護賽先生，便不得不反對國粹和舊文學。⑫

十、林紓與蔡元培的論爭

這種言論當然引起守舊派的反對。北京大學內部，出了《國故》和《國民》兩份雜誌，都是擁護古文學的。林紓在《新申報》上作了幾篇小說，如〈妖夢〉、〈荊生〉，來痛罵胡適、蔡元培、陳獨秀、錢玄同等人⑬。這時，北大講舊文學的以章太炎派的劉師培、黃侃爲主，研究音韻、文字、訓詁，作文則輕唐宋，取代了桐城派的古文家的地位。林紓（字琴南）等目擊這些後生的皋比坐擁，已不免有文藝衰微的感觸，這時又見白話文學如排山倒海的發展，更認爲：禍延世間直如洪水猛獸，首先作文反對，並於八年三月十八日，在北洋軍閥段祺瑞安福系的《公言報》上，發表〈致蔡鶴卿太史書〉，抨擊「白話問題」（鶴卿，蔡元培字）說：

> 若盡廢古書，行用土語爲文字，則都下引車賣漿之徒，所操之語，皆有文法，……據此則凡京津之稗販，均可爲教授矣。

林紓爲桐城派古文家。他不懂外文，只根據別人的口述，用嫻熟流暢的古文，意譯了英、美、法、俄、德、日、比利時、瑞士、希臘、西班牙、挪威等十一個國家、九十八位作家作品，包括《巴黎茶花女遺事》等一百六十三種的名著。魯迅、冰心、郭沫若早期寫作，據說都受過「林譯小說」的影響。

蔡元培先生就作書答林琴南，中有關白話文的，大意說：

一、請先察北京大學是否已盡廢古文而專用白話。國文之課本，皆古文也；本科中國文學史、……

……皆文言文也。

二、大學教員所編講義固皆文言，亦必有賴白話之講演。

三、白話與文言形式不同而已，內容一也。《天演論》、《法意》、《原富》等，原皆白話也，而嚴幼陵君譯為文言。小仲馬、迭更司、哈葛德等所著小說，皆白話也，而公譯為文言。公能謂公及嚴君之所譯，高出於原本乎？若（文言）內容淺薄，儘有不值一讀者。清代目不識丁之宗室，能說漂亮之京話，與《紅樓夢》相埒。其言果有價值歟？熟讀《水滸》、《紅樓夢》之小說，能於讀《水滸傳》、《紅樓夢》等書以外，為科學哲學之講演乎？⑭

這三點說明新文學運動，並不影響學生對舊文學的研讀；過去人講書早已運用白話講演，才能使學生理解；文字的高低，主要在於內容，不在於文言與白話。白話與文言只不過是用來表達內容的兩種工具罷。假使內容淺薄，就是用文言文來寫，也有不值一讀；又如清宗室能說漂亮的京話，但沒讀過書，他的話就眞有價值嗎？用來反駁林紓以「引車賣漿之徒土話」比擬白話文學見解的錯誤。就是到今天，大中學生也還在研讀古典文學；可見林紓的「廢古書」是杞人之憂。

十一、五四運動與新文化、新文學的結合

就在林、蔡辯論後一個多月，巴黎和會傳來中國外交挫敗消息震驚了國人。蓋德國在去年戰敗，向協約國投降。這年（一九一九年、民國八年）協約國和德國在巴黎訂立和約。我國是戰勝的協約國同

盟之一，所以在和會中提出要收回過去德國在我國山東的權利；可是日本卻要求繼承這些權益，並公開了段祺瑞政府與日本簽訂的密約，造成自己把山東權益拱手割讓給日本的結果。消息傳回了國內，北京各大學學生三千多人，在五月四日發動遊行示威，向列強宣示我國國民抗爭不平等的公意。學生這個要求鏟除不平等條約的愛國運動，後來和新文化、新文學運動結合一起，發展成要求一切革新圖強的運動。

由於知識份子的覺醒，中國新文學運動得到廣大的支持。白話文對思想的革新，文化的革新是一種極便利的工具，所以這時各地的知識份子出版無數小報雜誌，如許地山與鄭振鐸創辦《新社會》旬刊、許廣平在天津編《醒世》週刊、少年中國學會出版《少年中國》月刊、李劼人在成都編《星期日》週刊，還有《每周評論》、《建設》等全用白話，宣揚新思潮。徐志摩在〈守舊與玩舊〉中說：民八、民九一年之間，白話刊物至少出了四百種。當時南北的大報有四家，除上海《申報》副刊《自由談》（一九一一年八月二十四日創刊）長期刊載鴛鴦蝴蝶派作品⑮，其他三大報如北京《晨報》孫伏園主編的副刊，上海《民國日報》副刊《覺悟》（一九一九年八月創刊）、《時事新報》宗白華主編副刊《學燈》（一九一九年二月創刊）：都是白話文學的園地。當時作家詩人多在這三大報刊上，發表白話文學的創作。如徐志摩早期的詩、郭沫若的詩都刊在《學燈》上。《學燈》的門類很多，除文學創作外，還刊載哲學論文、科學專著、名人傳記、社會問題、經濟思想等等，外國新知的介紹也不遺餘力。如杜威、羅素、泰戈爾來華講學的講稿和梁啓超《歐游心影錄》也都加以連載。由於這些報刊雜誌的努力推行，白話文學就這樣地蓬勃發展而風行於世了，新文化的思潮亦澎湃而不可阻遏了。五四運動就成爲新文化、新文學運動的代稱詞。

十二、《每周評論》與新文學運動

《每周評論》是一九一八年（民國七年）十二月陳獨秀、李大釗在北平創辦，胡適、周作人（仲密）、高一涵（涵廬）、王光祈（若愚）、張申府（張赤）經常爲之撰稿。以主張公理，反對強權爲宗旨⑯，反對北洋軍閥和日本帝國主義，反對傳統的舊文化，初步介紹社會主義。與《新青年》的言論相呼應。

由於學生運用白話文批評時事，倡導新文化，北洋官僚想藉政治力量來禁止其發展。陳獨秀因爲散發〈告北京市民〉的傳單，被北京政府拘押；釋放後，又利用官辦的報紙，攻擊渲染陳氏的狹斜之游。陳獨秀向北大辭職，前往上海。《每周評論》就由胡適負責編輯。——胡適發表〈多研究些問題，少談些主義〉（1919.7），反對李大釗走社會主義的路線。這是左右路線紛歧的開始。——當日保守勢力雖然凶惡，但是由於大勢所趨，時代需要，這種阻礙進步的力量，只是浩浩的海洋中一現的微沫，白話文學已傳布各地，用白話文寫作已翕然成風。

十三、五四運動後產生的「少年中國學會」

少年中國學會，一九一九年（民國八年）五四運動後，七月一日在北京成立(1924年遷往南京)，由李大釗、王光祈、曾琦等七人發起，南京、成都設有分會，會員分布國內外各地，最多時達一百人左右，發行有大型綜合性《少年中國》月刊。他們理想的「少年中國」是由物質和精神兩面改造而成的，所以要做的文化運動，在精神方面提倡互助、博愛的道理，物質方面提倡「勞工神聖」，使人人都能愛人，都須做工，都有飯吃。會員中新文學的作者有張聞天、惲代英、田漢、宗白華、康白情、朱自清、黃仲蘇、鄭伯奇等人。還有《少年世界》月刊、《星期日》週刊。但因會員衆多，思想複雜，意見日趨分歧。一九二四年（民國十三年）在蘇州大會上，國家主義派就和共產主義派發生激烈的爭論。一九二五年，終因兩派意見不同，改組不成，活動就無形中止。他們雖不是純文學團體，但因刊物發表了許多文學作品，對新文學的推動也作了很大的貢獻。

十四、白話文學的繼續發展

一九二〇年（民國九年），教育部下令小學初年級國文，改爲「國語」，課文爲白話文。大型雜誌如《東方雜誌》、《小說月報》等亦漸白話化。《東方雜誌》主要載政經軍事文化的文章，也刊少量創作，胡愈之、沈雁冰、謝六逸、耿濟之、魯迅、鄭振鐸、周作人、周建人、夏丏尊、葉紹鈞、王統照、豐子愷、蘇雪林都在上面發表過文章。

黨國元老吳稚暉、詩人徐志摩、作家郁達夫、周作人等都撰文倡導白話文學。學者錢玄同、黎錦熙、白滌洲更出版《國語週刊》鼓吹國語運動。劉半農說：「語音時有變遷」，在詩歌方面，主張「廢除舊韻，更造新韻」⑰。胡適的新詩《嘗試集》出版，是我國第一部白話詩集，打破了傳統的格律。

十五、中國共產黨的產生與國共合作

一九二〇年（民國九年），我國的軍閥勢力擡頭，形成割據與兼併的局面，國父 孫中山先生廓清兩廣，以廣州為國民革命的根據地，準備統一南北。八月蘇聯遠東局書記胡定斯基，由人介紹認識了北大教授兼圖書館主任李大釗，組織馬克思主義研究會。毛澤東這時在圖書館擔任書記。又由李大釗介紹胡定斯基，到上海和陳獨秀相見，組織「社會主義青年團」。

一九二一年（民國十年）十月，中國共產黨在上海成立，陳獨秀被選為臨時中央書記，《新青年》成了中共的機關刊物，編輯有陳望道、沈雁冰等人。中共在北京的據點，由李大釗負責，時稱「南陳北李」。他們在各地不斷秘密吸收黨員、訓練幹部和擴展組織。劉少奇就在這時被吸收。許多青年作家也加入共青團或共產黨。

這年底，陳獨秀和蘇聯派來的荷蘭人馬林到桂林，和 孫中山先生見面，建議擴大國民黨，與共產黨合作，創辦軍官學校為革命武力的基礎。當時軍閥割據各地，背後各有帝國主義者支援控制，東北山東張作霖的奉軍（日本），江浙福建的孫傳芳的新直軍（美國），兩湖江西的吳佩孚的舊直軍（英國），雲南的唐繼堯（法國），馮玉祥的國民軍（蘇聯），還有山西的閻錫山。北京政府的段祺瑞已失去控制全局的能力。這些軍閥爲權力而不斷火拼。這時中國是在列強勢力陰影之下，連年戰亂，人民困苦不堪，知識青年的心靈苦悶之極。

國父爲要使國民革命能夠順利成功，需要外力幫助，剛好蘇俄革命成功，實行共產主義，爲西方資本主義國家所孤立，急於尋找朋友，派專人前來商談，自然萌生了「聯俄容共」的決策。孫先生答應：中共份子要以個人身份加入國民黨，服從國民黨的領導。

一九二三年（民國十二年）一月間，蘇聯派外交官越飛和孫中山先生接觸，表示願意援助國民黨統一中國，完成革命。

一九二四年（民國十三年）一月二十日，中國國民黨在廣州召開第一次全國代表大會，創立中華民國國民政府，明白表示與北洋政府脫離關係，以三民主義爲政綱，決定「聯俄容共」政策，因此在中央執行委員中包羅了共產黨員李大釗等人，候補中央執行委員中有毛澤東、張國燾等人。開始創設黃浦軍官學校，蔣中正擔任校長；這時共產黨分子葉劍英爲軍校的教授部副主任，周恩來爲政治部副主任。

十六、文人結會組社——文學研究會與創造社

共產黨對文學界、文化界的人士自然有了影響，產生了左傾作家。

到了這時，白話文學已經傳布各地，大家努力練習作白話文，衝破文言文的樊籬，高揭提倡新文學、鼓吹新文化之大旗。這可以說是新文學的發軔初期，收穫豐盛。散文作品最多，大多是提倡白話文學、抨擊舊文化的鬥爭性的文字；文學理論也不少，如胡適的〈談新詩〉、宗白華的〈新詩略談〉、周作人的〈兒童的文學〉等。戲劇有胡適的〈終身大事〉、侯曜的《復活的玫瑰》。小說有魯迅的〈狂人日記〉、陳衡哲的《小雨點》和冰心的社會小說，許欽文鄉土小說。新詩除胡適外，還有沈尹默、劉半農等。

這時，國內整個政局雖仍動亂如舊。但在文學方面，由於知識份子受到西方文學各種新思潮的影響，如寫實主義的暴露現實，浪漫主義的寄望未來，各國文學作品也藉白話文的翻譯，大量輸入國內。國人的白話文學的作品也日多一日，像魯迅的中篇小說《阿Q正傳》，郭沫若的新詩集《女神》，冰心的小說集《超人》，郁達夫的短篇小說集《沉淪》等著名作品，都在這一年出版。

當日中國除了在革命基地的廣東之外，幾無一所知識份子可以安身之地。作家面對著黑暗的時代，他們的取擇不同，反映不同，遂走向不同的創作方向與路子；他們組織社團，各自發表不同的文藝理論，形成許多不同的白話文學的派別。這時也是我國個人主義思想最盛的一個時期，可以寫自己愛寫的作品，因此在我國新文學史上留下了最絢爛的一頁。

㈠文學研究會的簡史

一九二一年（民國十年）一月，文學研究會在北京成立，由鄭振鐸、周作人、蔣百里、許地山、朱希祖、王統照、葉紹鈞、沈雁冰、耿濟之、郭紹虞、孫伏園、瞿世英等十二人聯名發起，著重發表創作，翻譯西洋文學與整理舊文學。以上海商務印書館的《小說月報》爲會刊。「文學研究會」，後來遷往上海，主要刊物有《小說月報》（1910.10.原禮拜六派刊物。1921.1.沈雁冰接編後，成爲文學研究會重要的園地），造就了不少新小說作家如冰心、葉紹鈞、王統照、王魯彥、許地山、茅盾、巴金、廬隱、鄭振鐸、徐玉諾。此外，還有《文學旬刊》（1921.5.10.上海《時事新報》副刊，鄭振鐸等編輯。1923.7.30.改爲週刊。1925.5.4.改爲《文學週報》，獨立發行。）、《文學旬刊》（1923.6.1.北京《晨報》副刊，王統照編。1925.9.25.停刊）；《詩月刊》（1922.1.1.創刊於北京，是我國最早專刊新詩的雜誌。劉延陵、葉聖陶、朱自清等編），冰心、朱自清、汪靜之、俞平伯與湖畔詩人的作品，多發表在這個《詩刊》上。此外，也刊登了許多散文與文學理論。前後還出版了上百種文學叢書，翻譯北歐、法、俄各國的名著，介紹托爾斯泰、易卜生，莫泊桑等人的作品。

他們提倡「爲人生而藝術」，揭舉自然主義、寫實主義的創作手法，以爲文學要反映黑暗的社會，描寫悲慘的人生，所以作品的內容應該選取有意義的現實社會與人生爲題材，要表現作者的理想，全人類共有的情感，態度要忠實，要嚴肅，不作罵人媚人發牢騷的假文學，反對將文藝當做游戲或消遣品，希望能夠藉文學作品使社會進步，造成新的社會，新的人生。沈雁冰爲《小說月報》的主編，他說：

文學是人生的自然呼聲，人類情緒流洩於文字中的，因此，我們反對「文以載道」，反對將文藝當作高興時的游戲，或失意時的消遣！文藝寫的對象應該是被侮辱與被踐踏者的血和淚！⑱

文學研究會對當時人影響很大，但也遭遇到一些人反對。當時反對「文學研究會」的，有創造社、留學英美的紳士、鴛鴦蝴蝶派三方面的作家。

第一是鴛鴦蝴蝶派，發軔於晚清。他們小說的內容動輒以「一雙蝴蝶，卅六鴛鴦」來比擬書中的才子佳人，因此被稱做「鴛鴦蝴蝶派」；一九一四年，這派雜誌《禮拜六》出版，又稱「禮拜六派」，還有《紅玫瑰》、《紅雜誌》、《紫羅蘭》等，流行於紙迷金醉的上海，專刊揭人陰私的黑幕小說，駢四儷六的言情小說，《聊齋志異》式的筆記小說，供人在週末消遣時日。著名禮拜六派的作家和作品有徐枕亞的《玉梨魂》、李涵秋的《廣陵潮》、周瘦鵑的《此恨綿綿無絕期》。沈雁冰（茅盾）等時常在《小說月報》上，攻擊《禮拜六》派作家這種游戲消遣的文學觀念是錯誤的。這樣當然引起禮拜六派的反擊。

第二是留學英美紳士派，他們認為文學是供紳士淑女消遣的，描寫「被壓迫者的血和淚」是不對的。吳宓就批評說：不知為何有人喜歡描寫下流社會。

第三是創造社派。文學研究會的會員很多，像冰心、巴人、熊佛西、徐玉諾、陳望道、梁宗岱、劉大白、王魯彥、張秀中、朱湘等都是，在各大城市都有分會，各地分會又有週刊、旬刊，附於當地日報內，看起來好像包辦了文壇的資源。創造社成立之後，就將文學研究會作為攻擊的對象，再加文學路線不同，一遇到文學研究會翻譯錯誤的時候，就猛加指摘抨擊。

文學研究會的成員，後來因思想不同逐漸分化，周作人、俞平伯等組織「語絲社」，稱「語絲派」；徐志摩成爲「新月社」的臺柱；只剩鄭振鐸、沈雁冰、葉紹鈞等維持。到一九三二年（民國二十一年）《小說月報》停刊，無形解散。⑲

㈡創造社的簡史

一九二一年（民國十年）五月，有「創造社」，由留學日本的郭沫若、郁達夫、成仿吾、張資平四人在東京發起組成。主要刊物有《創造季刊》（1922.5）、《創造週報》（1923.5）、《創造日》（1923.7.21《中華新報》副刊）、《洪水》（1924.8）、《創造月刊》（1926.2）、《文化批評》（1928.1）等。創造社的叢書，多由上海泰東書局、光華書局出版。主要成員還有田漢、鄭伯奇、穆木天、張鳳舉、徐祖正、陶晶孫、何畏、方光燾、張定璜、王獨清、周全平等。爲他們寫稿的還有聞一多、張友鸞、敬隱漁、倪貽德、傅彥長、何道、淦女士、蔣光赤、沈起予、梁實秋等人。

當時，他們的文學主張和文學研究會相反，高倡「爲藝術而藝術」、唯美文學，傾向浪漫主義，反對「爲人生而藝術」、功利主義，反對自然主義、寫實主義。他們蔑視傳統，極端個人主義⑳。強調發揮天才，偏於主觀抒情，注重創作，以爲文學家應該全力製作純粹優美的藝術品，不必顧及人世種種問題，反對文藝成爲說教宣傳的工具，產生了許多自敘即興的作品，反映的多是作者個人的際遇。李初梨、馮乃超、彭康、朱鏡我在一九二七年（民國十六年）加入，成爲後期「創造社」的主力。成仿吾說〈眞的藝術家〉是：

他的信條是美（即善即眞），他所希求的是永遠，他所努力的是偉大。

又說：美的文學可以給人們美的快感與慰安㉑。郁達夫在〈六七年來創作生活的回顧〉裏認爲：「文學作品都是作家的自序傳」，應該都是作家的「自我表現」，有靈感才能寫出好作品，講結構、布局、剪裁是沒才分的人所做的蠢事。他們當時攻擊文學研究會，由於「文人相輕」的習氣所使然，也是因素之一。他們寫作的方向之所以如此，實在是因爲那時候的文人，面對著帝國主義的侵略，封建制度的遺毒，既不滿現實，又徬徨痛苦，只好把這種內心狀態抒寫出來。華漢在〈中國新文藝運動〉中說：

前途異常陰慘暗淡，青年心裏的苦悶悲愁，表現在行動上的頹廢墮落。他們沒有金錢、名譽、美人，除了無端狂笑，無端歌哭，嘲世罵俗，牢騷滿口，就只有醇酒婦人，以消極自殺。郁達夫的作品（像《沉淪》），可以說赤裸裸反映了這一種意識形態：是這一沒落階級最徹底最大膽的代言人。

創造社的這些作家直到了一九二五年（民國十四年）五卅慘案發生，英巡捕在上海公共租界槍擊學生，死傷多人。他們才從象牙塔中出來。後期走向鼓吹無產階級革命運動的路子，像郭沫若、成仿吾、田漢、鄭伯奇都成了左傾的共產黨徒。主要刊物在一九二九年(民國十八年)被國民政府查封。㉒由於文學研究會與創造社的開始活動，我國才走向純粹的新文學運動時期。

㈢文學研究會與創造社的論爭

1.文學研究會成員的言論

文學研究會活躍時期，起於一九二一年（民國十年）春天，《小說月報》到一九三二年（民國二十一年）一月底停刊，整整十一年。此外附在上海《時事新報》的《文學旬刊》，鄭振鐸主編，到四百多期停刊。這兩個刊物，都是鼓吹爲人生而藝術的寫實主義，排斥舊詩舊詞，打倒禮拜六派的消遣作品，介紹託爾斯泰、屠格涅夫、高爾基、安特列夫、易卜生及莫泊桑等人作品；主張文學必須和時代的呼號相應答，必須爲反映苦難的社會而寫作。沈雁冰在〈什麼是文學〉裡評析文學研究會的作家和創造社的作家不同的地方：

> 疏狂脫略，自以風流，作品浮泛，偏重胡說；新文學的寫實主義，應該注重精密嚴肅，描寫一定要忠實。名士派的作品重個人不重社會，拿消遣做目的，假文學罵人媚人發牢騷；新文學的作品，大都寫社會，即使抒情也一定是全人類共有的眞情感，能和人共鳴，決不像名士派的無病呻吟。新文學是積極的，名士派是消極的。新文學描寫社會黑暗，用分析方法解決問題；名士派看似達觀，其實是懶的結晶。

沈氏所謂「新文學」是指文學研究會作者的作品，名士派是指創造社的作者。他又進一步反對頹廢、唯美和感傷的文學說：

> 現在一般年輕學子，喜歡研究文藝的，多不居小節，歡喜揮霍，又自叫窮苦，崇拜疏狂不羈，落入名士風流的窠臼。更有甚者，滿口藝術，自然美，唯美主義。其實何謂美？藝術？都不甚明瞭呢！文壇太多感傷作品，是件可慮的事。一般青年的作品，多含著絕望悲觀。中國現在正

是傷感的時代，可傷感的事情隨時都有；接觸太多，以致成了時代的色彩。青年中了傷感之毒的，往往有神經過敏之症，忽而樂觀，像天堂即在目前；忽而悲觀，又像立會自殺。這是時代背景造成，也是傷感文學作品釀成的。

他在〈大轉變時期何時來呢〉裏，又批評創造社說：

近來論壇上對那些吟風弄月，醉罷美呀的唯美文學的攻擊，是物腐蟲生的自然趨勢。……我們相信文學不僅是供給煩悶的人們去解悶，逃避現實的人們去陶醉；文學是有激勵人心的積極性的，希望能夠喚醒民眾，……自己是住在豬圈裏，身上是帶著鐐銬的。

耿濟之在〈前夜序〉上認爲作家應透過作品表現個人的理想，促使社會進步改善，造成新的社會和新的人生。鄭振鐸在〈新文學觀的建設中〉批評當時的「傳道與唯美」二派說：

文學雖是藝術，能以文字之美與想像之美來感動人，但決不是以娛樂爲目的，卻也不是以教訓、以傳道爲目的。他的使命，就在於通人類感情之郵；詩人把他敏銳的觀察，強烈的感覺，熱烘烘的同情，用文字表示出來。讀者自然受他同化。人的情緒流洩紙上，是自然而發的歌潮與哭聲。娛樂派的文學觀，使文學墮落，失其天眞；傳道派的文學，使文學乾枯，陷於教訓。要想建設新文學，要把這兩種傳統文學觀廓清打破。

以上是文學研究會的成員，對創造社的文學路線的批評。雖沒有指名道姓，但可以知道他們批評的對象。

2.創造社成員的言論

創造社的初期份子，如郭沫若、成仿吾、郁達夫、張資平，對《新青年》時代的作家如：陳獨秀、胡適、劉半農、錢玄同、周作人、魯迅都沒有師生或朋友的關係。郭沫若在〈創造社的自我批判〉裏說：前一期陳、胡、錢、周主要在向舊文學的進攻，這一期郭、郁、成、張主要在向新文學的建設。他們認爲已經攻倒的舊文學無須他們再來抨擊。他們所要攻擊的，是新的陣營裏的粗製濫造與粗翻濫譯。當時，創造社所要攻擊的對象有胡適、文學研究會、周樹人的「語絲社」，還有梁啓超、張東蓀、章士釗（行嚴）等，自認爲是一枝突起的異軍。

但魯迅在〈上海文藝之一瞥〉裏說：創造社抨擊文學研究會壟斷文壇。文學研究會一面創作，一面翻譯被壓迫的小國民族文學，沒有人懂得他們的文字，幾乎全是重譯。創造社既是天才的藝術，對那爲人生的藝術的文學研究會，自然就是多管閒事，所以倘被發現一處誤譯，有時竟至於特作長長的專論，勢力也就雄厚起來；於是像商務印書館也就出版創造社的譯者稿件。據我記得，是創造社也不再審查商務印書館出版物的誤譯之處來作專論了。這些地方，我想是也有些才子加流氓式的。

現在我們還是來看看創造社成員的文學理論吧。成仿吾在〈藝術之社會的意義〉裏辯護說：

「爲藝術的藝術」，至少有給人們的美感。不能因爲它的社會價值低微，便責備它。自由是藝術的生命。花草自由生長，才能成爲美好，藝術也是一樣。

用意在反對「藝術爲人生」的不自由。郭沫若在〈文藝之社會的使命〉裏認爲：

文藝如春日的花草，乃藝術家內心智慧的表現。詩人寫一篇詩，是天才的自然流露，是無所謂目的。人類在嬰孩時代就有美的要求。

郁達夫在〈藝術與國家〉裏也強調：

藝術所追求的是形式和精神上的美。美是藝術的核心，自然的美，人體的美，人格的美，情感的美，或是抽象的悲壯的美，雄大的美，及其他一切美的情愫，便是藝術的主要成分。我們由藝術可以常常得到美的陶醉，可以一時救我們出「世間苦」，入於涅槃之境，可以使我們享樂我們的生活。創造社說過「毒菌雖有毒而美，詩人只賞鑑其美，俗人才記得有毒。」

從這些可以瞭解創造社諸君唯美的文學觀點，所以感情主義和個人主義的色調，充滿於郁達夫、張資平、郭沫若的作品裡。在當時，創造社的作品很受到廣大的青年所喜愛，因為那時正是「徬徨苦悶」的時期，青年正需要這類作品來麻醉他們，所以自傳即興小說、三角戀愛小說充滿了出版界。即興小說，像《沉淪》所反映的只是郁達夫的個人在日本的頹廢的生活，苦悶的心靈，官能的刺激，激動的感情。三角戀愛小說，是張資平的作品特色，時間久了，也就記不清他到底寫些什麼？

郁達夫的小說中的人物，多寫下層的知識份子，地位低下，生活困難，被社會擠於圈外，稱之「零餘者」；郁達夫在〈蔦蘿行〉中，說他們是「生則于世無補，死亦於人無損。」這類人物多半自以懷才不遇，憤世嫉俗，孤芳自賞，離群索居，不甘沈淪卻又無路可走，於是有的自暴自棄，有的頹廢墮落，以酒色自慰，官能刺激，變態行徑，反抗社會。郁達夫筆下所寫的人物，大多是這類「零餘者」的角色。

沈雁冰在一九二九年（民國十八年）在《讀倪煥之》裏，把當時未能產生表現五四時代偉大的文學作品，歸咎於創造社的忽視文藝的時代性，反對文學的社會化，高倡「爲藝術而藝術」，使人入了歧途。偉大的作品多半不是一時寫短篇小說、雜文、小品散文、短劇、小詩的所能寫得出來的。

十七、文人結會組社——新月與語絲

㈠新月社的簡史

自從新文學運動之後，文學研究會、創造社、湖畔詩社相繼成立，文壇正是生氣蓬勃，新詩、散文、小說、戲劇的理論與創作，話劇社的組織（上海民衆戲劇社，於一九二一年創辦《戲劇》月刊）與演出，及西洋文學的翻譯與介紹，都有些發展。

到一九二三年（民國十二年），又有一個著名的文學流派，就是「新月社」。它是由徐志摩、胡適、梁實秋、陳源（西瀅）、饒孟侃、葉公超、聞一多等人在北平發起。最初，只是一種俱樂部組織，只在門口掛個「新月社」的牌子。社名，是徐志摩根據印度詩人泰戈爾的《新月》詩集來的，取意於「它那纖弱的一彎分明，暗示著，懷抱著未來的圓滿。㉓」他們開始並沒有專門性的文學刊物。

新月社的成員大部分留學英美，接受西方教育，屬於中國上層社會的文人學者的階層。他們常常在俱樂部裏聚會談天，舉辦燈會、古琴會、書畫會，因此吸引了各界人士，像梁啓超、余上沅、丁西林、林徽音。他們的分子雖然複雜，但對文學藝術的觀點卻相當接近，大抵是宣揚唯美主義、形式主義，主張「藝術至上」。

一九二四年（民國十三年）十二月，胡適、陳西瀅、徐志摩、王世杰創辦了《現代評論》週刊。一九二五年十月至一九二六年十月，徐志摩主編《晨報副刊》，創辦《詩鐫》、《劇刊》，撰稿的多數是新月社成員。一九二六年（民國十五年）秋天，北伐戰爭進入高潮，新月社的骨幹，有的南下，有的出國，他們的活動暫告結束。

一九二七年（民國十六年）春天，胡適、徐志摩、余上沅等，在上海籌辦「新月書店」。一九二八年（民國十七年）三月，創辦《新月》月刊。以後，還編輯出版《現代文化叢書》和《詩刊》，新月社的文學活動在這時候達到了高峰，經常在這些刊物上撰稿的，除了前面說的那些成員外，還有羅隆基、沈從文、儲安平、朱湘、劉夢葦、方瑋德、陳夢家、何家槐、梁遇春、方令孺、邵洵美、唐錫如、徐轉蓬、潘光旦、凌叔華、冰心、郁達夫、巴金等，成爲當時一個很有影響力的文學流派。直到一九三一年（民國二十年）十一月，徐志摩因飛機失事身亡，新月社才逐漸衰落。一九三三年（民國二十二年）六月，《新月》月刊停刊，新月書店被商務印書館接受，新月派遂告結束。

新月派歷時十一年，先後成員多達幾十人，有詩人、作家、評論家和專欄作家。他們在新詩上的成就最爲突出，徐志摩、聞一多、朱湘可以說是新月派的代表詩人，提倡新格律詩，又稱「格律詩派」，主張詩要講究音樂美（音節）、繪畫美（詞藻）、建築美（節的勻稱、句的均齊）。其實，他們在散文、小說、戲劇和文藝理論，也有十分可觀的成就。每個人作品的風格雖有很大的不同，但他們表現的手法，總括是無拘無束，想像豐富，文字優美，帶有濃烈的浪漫主義的色彩與情調。㉔

㈡語絲社的簡史與言論

一九二四年（民國十三年）十一月三日，孫伏園、周作人、錢玄同、魯迅、李小峰、章衣萍、顧頡剛、俞平伯、劉半農、林語堂、馮文柄等人，在北京開成北樓，討論出版小週刊，所以定名「語絲」，乃是從一本詩集裡隨手指了兩次，得了這兩字「語絲」，周作人說：「似懂非懂的還可以用，就請以疑古錢玄同寫了」，做了刊物名。發刊辭由周作人所擬，他說：因為沒有什麼固定的宗旨，所以寫的很籠統。「語絲」是大家出資辦的，所以有兩句口號「用自己的錢，說自己的話」。語絲週刊初由孫伏園主編，次由魯迅主編，再由柔石（趙平復）代編。李小峰經營「北新書店」，語絲派的作者的著作由北新出版。魯迅在〈我與語絲的始終〉中說：

> 語絲的固定投稿者，至多只剩五六人。但同時也在不意中顯了一種特色：任意而談，無所顧忌，要催促新的產生，對於有害於新的舊物，則竭力加以排擊。……一到覺得危急之際，還是故意「隱約其詞」。

由這可以看出語絲派雜文的一方面特色㉕。語絲以登載散文、雜文為主，傾向自由主義，成員有的談風花雪月（如周作人、馮文柄、俞平伯），有的談生活（如林語堂），有的談考古（如顧頡剛），也有的寫兒童文學（如章衣萍），也有的論國家大事的（如魯迅）。形成幽默潑辣，凝鍊閒適的風格。

林語堂在〈論小品文筆調〉中說：

語絲之文，人多以小品文稱之，實係現代小品文，與古人小擺設式之《茶經》、《酒譜》之所謂「小品」，自復不同，亦與古時筆記小說不同；今之小品文之範圍，放大許多，用途體裁，非復拾前人筆記形式，誠所謂「宇宙之大，蒼蠅之微」，無一不可入我範圍矣。此種小品文，可以說理抒情，可以描繪人物，可以評論時事，凡方寸中一種心境，一點佳意，一股牢騷，一把幽情，皆可聽其由筆端流露出來。

從這可以大略瞭解語絲派的寫作的方向與成就。

語絲的作者除了上面所說的之外，還有川島、江紹源、斐君、王品清、曙天女士、淦女士、春台、林藍女士、臺靜農、許欽文、汪靜之、張定璜等人。

因爲魯迅與陳源（西瀅）等人對女師大、五卅慘案、北伐等等事件的看法不同，對北洋軍閥與帝國主義的譴責的尺度不同，因此「語絲派」與「現代評論派」形成了兩大壁壘，互相作文抨擊攻訐。一九二七年（民國十六年）十月，《語絲》周刊被張作霖查禁，遷往上海。一九三〇年（民國十九年）三月停刊，語絲社的活動也就結束。

十八、文人結會組社——其他社團

㈠**晨光社**：一九二一年（民國十年）十月十日，在杭州成立，由潘漠華、汪靜之、魏金枝、趙平福四人發起，後來又有馮雪峰、張維祺、周輔仁、程仰之、曹佩聲等人加入。刊物有《浙民日報》副刊，刊載詩與散文。他們常在星期日聚會，討論中外文學的名著。不過，這個社團爲時很短，一九二三年春天，就停止活動。

㈡**淺草社**：一九二二年（民國十一年）在上海成立，由林如稷發起，成員有陳翔鶴、馮至、鄧均吾、王怡庵、陳煒漠、陳竹影等人。他們偏重創作，大多數作品是揭露當時黑暗的現實，描寫知識青年心理的苦悶、感傷與徬徨。除出版《淺草季刊》，還在上海《國民日報》上闢有《文藝旬刊》。到一九二五年二月，林如稷出國，遂告解散。

㈢**沉鐘社**：淺草社解散後，到一九二五年（民國十四年）秋，它的成員陳翔鶴、馮至、陳煒漠聚集北京，另組「沉鐘社」，借用德國作家霍普特曼的名著《沉鐘》爲名，要以文藝喚醒民衆，出版《沉鐘》周刊，後改爲半月刊，注重翻譯與創作。創作以表現「自我」。馮至以詩著名，二陳多作小說，戲劇有楊晦。他們都受創造社的浪漫主義的影響，作品帶有樸實悲哀的色調。到一九三四年（民國二十三年）二月解散。

㈣**大江會**：原是我國一些留學生在美國組織的一個社團。一九二五年（民國十四年）七月在國內出版《大江季刊》。十一月，發表宣言宣揚國家主義，同「醒獅社」組成「北京國家主義聯合會」，從事反對共產黨的活動。會員有吳文藻、吳景超、梁實秋、潘光旦、羅隆基、顧毓秀、聞一多等。

㈤**狂飆社**：高長虹於一九二四年（民國十三）九月，在太原出版《狂飆月刊》。十一月，高到北京，在《國風日報》附辦《狂飆週刊》，並和同人發表〈狂飆運動宣言〉；第二年三月週刊停刊。高以狂飆社出版詩集《閃光》。一九二六年，高在上海再辦《狂飆週刊》，一年後再度停刊。一九二八年，成立狂飆出版部與演劇部，出版刊物。不到一年，又再關門。先後為寫稿的有高歌、向培良、尙鉞、柯仲平、沈櫻、丁月秋等人，由上海泰東、光華、開明等書店印行的狂飆叢書，包括詩、散文、小說、論文、劇本，總有三十多部。

(六)**莽原社**：一九二五年（民國十四年）四月在北京成立，有《莽原》週刊，由魯迅主編，隨《京報》發行。在魯迅指導之下，有李素園、李霽野、臺靜農、高長虹、向培良等人。第二年八月，魯迅受北洋軍閥壓迫，離開北京，改由李素園主編。不久因意見不一，高長虹和向培良等分裂出去，另行組織「狂飆社」，莽原社遂告解體。

(七)**未名社**：一九二四年(民國十三年)底，魯迅為北京北新書局編叢書之一《未名叢刊》。第二年夏，魯迅發起成立「未名社」，社員有李素園、李霽野、曹靖華、韋叢蕪等人，以「率性而言，憑心而論，忠於現世，望彼將來」㉖。一九二八年(民國十七年)才有《未名半月刊》，一九三〇年停刊。以翻譯外國文學作品為主，尤以俄國文學。也有創作，像戴望舒的《獨自的時候》就是。未名社對反封建的鬥爭運動，像女師大事件，都作過抨擊與支援的文字。《未名叢刊》改由未名社自己出版。

十九、新詩發展與湖畔詩社

一九二二年（民國十一年），從胡適倡導用白話寫作新詩，出版《嘗試集》。這時談論新詩的理論也很多，如胡適的〈談新詩〉，俞平伯的〈白話詩的三大條件〉、〈做詩的一點經驗〉、〈詩的自由和普遍〉、〈詩底進化的還原論〉，西諦的〈論散文詩〉，宗白華的〈新詩略談〉，周無的〈詩的將來〉，康白情的〈新詩的我見〉，鄭伯奇的〈補充白話詩的方法〉，李思純的〈詩體革新之形式及我的意見〉，葉鈞的〈詩的泉源〉，朱自清的〈短詩與長詩〉，周作人的〈論小詩〉，曹聚仁的〈新詩管見〉，滕固的〈論短詩〉等都是，發表於各雜誌報刊上。還有許多新詩人發表作品，出版新詩集，如郭沫若的《女神》（一九二一年泰東出版），俞平伯的《冬夜》（一九二一年亞東），朱自清、周作人、俞平伯、冰心等八位知名詩人的合集《雪朝》（自此以下都是一九二二年）出版，除冰心外，其餘都是文學研究會作家。《雪朝》的詩人認爲「詩人的情緒是不能受任何規律的束縛」，他們的作品都是不加雕琢粉飾的自由詩，描繪生活與社會。周作人的《過去的生命》（北新），陸志葦的《不值錢的花果》，趙景深的《樂園》（天津新教育書社），俞平伯的《西還》（亞東），冰心的《繁星》（商務），康白情的《草兒》（亞東，附錄些舊詩）。朱自清發表長詩《毀滅》，以盤旋回蕩的韻律，抒寫主人公的感情和思想的矛盾及克服的過程。文學研究會也在這一年初創辦《詩月刊》。新詩發展到了一九二二年，已經相當有了成就。新詩人由於意味興趣的相同而結合，組成詩社也就開始萌生了。

這一年，馮雪峰、潘漠華、應修人、汪靜之等人發起，在杭州組織「湖畔詩社」，出版《湖畔》

詩集和《支那二月》等刊物。他們多以戀愛與婚姻做題材，渴望自由，所作小詩多用以表現青年男女的愛情心理。如汪靜之的《蕙的風》（由亞東出版）就是一部抒寫愛情的著名詩集，作風大膽，曾經引起「文藝與道德問題」的討論。其他湖畔詩人潘漠華、馮雪峰、應修人所作詩的合集《湖畔》也在這一年出版，也都是寫纏綿的愛情。因此他們被稱做「專心致志做情詩」的「湖畔詩人」。一九二五年（民國十四年）五卅慘案發生後，其主要成員參加社會運動，遂無形解散。

二十、戲劇的發展

㈠民衆戲劇社與戲劇專門學校

一九二一年（民國十年）五月，陳大悲和沈雁冰、歐陽予倩、鄭振鐸、徐半梅、熊佛西、汪仲賢等十三人，在上海發起組織「民衆戲劇社」，創辦《戲劇月刊》，是我國第一個戲劇刊物。聲言戲劇不純是消閒的東西，是推動社會前進的一個輪子，是搜尋社會病根的X光源。他們介紹表演知識與戲劇理論。第二年月刊停刊。陳大悲又和蒲伯英等創辦「人藝」戲劇專門學校，擔任教務長。著有《戲劇ABC》、《戲劇指導》等。熊佛西創作劇本《青春的悲哀》，後來出任國立北京藝術專門學校戲劇系教授，主編《戲劇與文藝》（1929）。歐陽予倩原話劇團「春柳社」團員，一九一一年從東京回國後，和陸鏡若組織「新劇同志會」，在上海、杭州演出話劇，創作劇本；他又學習京戲，試圖改良京戲，編過《臥薪嘗膽》、《黛玉葬花》，親自參加演出；參加民衆戲劇社後，編寫話劇有《潑婦》等；

後來他又從事編寫電影劇本與歌劇本，是一著名的劇作家。他們對我國現代戲劇的推動都有很大的貢獻。

(二)上海戲劇協社的演出新劇

一九二一年（民國十年）冬，上海中華職業學校的職工組成「上海戲劇協社」，由應雲衛、谷劍塵主持，社員有汪仲賢、洪深、歐陽予倩、沈誥、顧仲彝、唐越石等人。一九二三年起公演的話劇，有谷劍塵編的《孤軍》，胡適的《終身大事》，汪仲賢的《好兒子》，歐陽予倩的《潑婦》等，爲業餘劇團。一九二三年（民國十二年），洪深大膽革除了「男扮女裝」舊習，用女人演女人。第二年，他改編英國王爾德的《少奶奶的扇子》，演出後轟動了上海劇壇。

(三)南國影劇社與左翼劇運

一九二四年（民國十三年），田漢和妻易漱瑜在上海創辦《南國》半月刊。第二年，發起組織「南國電影劇社」，簡稱「南國社」。設有繪畫、戲劇、電影等五部門。主要成員除田漢、歐陽予倩外，還有徐悲鴻、陳紀鴻（白塵）、鄭君里、洗星海等。拍攝了他編寫的第一部電影《到民間去》。後來創立南國藝術學院。他寫過許多劇本。南國社發表不少電影的劇作與理論。到新文學運動後期，成爲左翼的劇運團體。

二十一、鴛鴦蝴蝶派的文學社團——星社

一九二二年（民國十一年）七月七日，由范煙橋、趙眠雲、鄭逸梅、范菊高、顧明道、屠守拙、姚賡夔、范君博、孫紀于等九人在蘇州發起，以牛郎、織女雙星會而取名「星社」。常舉行茶會、酒會座談，品評社友新作，達到文藝交流的目的。後來社員發展到一百〇五人。主要刊物有《星報》三日刊，登載小說與小品文，並出版專集，大多屬於笑謔風流言情之作是鴛鴦蝴蝶派的社團。一九三七年（民國二十六年）移往上海，抗戰期間，無形解散。

二十二、反對新文學運動的兩大陣營

(一)反對新文學的學衡派

一九二二（民國十一年）一月，南京東南大學教授梅光迪、胡先驌、吳宓創辦《學衡》雜誌，上海中華書局印行。他們大都留學歐美，主張「昌明國粹，融化新知」，反對文學革命。所以有人說他們是穿著西裝的復古派。梅光迪在〈評提倡新文化者〉中，認爲文學體裁之增加，並非完全變遷，尤非革命。胡先驌〈評《嘗試集》〉，認爲「文學之死活，以其自身之價值而定」，胡適之《嘗試集》趨於極端，應用活文字，正其必死之徵耳。吳宓在〈論新文化運動〉中說：古今之大作者都是仿傚前人，逐漸變化，然後才能自出心裁。而且白話俗語不夠簡明，不能夠用來說理、作詩、塡詞；再者文言並不難學，「語文不能合一」，所以白話不能夠代替文言。雖然這些反對新文學的言論起不了什麼作用。但魯迅、沈雁冰、鄧中夏等人仍寫了文章加以反擊。

㈡章士釗與北洋政府的反對

一九二四年（民國十三年）十一月，曹錕下台，段祺瑞爲臨時執政。章士釗出任段祺瑞政府的司法總長。一九二五年七月，章士釗在北京又辦《甲寅週刊》㉗，初由鍾介民編輯。寅，老虎。《甲寅》的封面畫了一隻老虎，被稱做老虎報；提倡尊孔讀經作古文，反對白話、新文化運動，並幫段祺瑞政府鎭壓愛國學生運動。八月，又兼任教育總長，因魯迅同情學生，他就利用職權，免了魯迅教育部僉事的職位。他發表〈評新文化運動〉、〈評新文學運動〉、〈答適之〉等文字，罵做白話的人，說：

以鄙倍妄爲之筆，竊高文美藝之名；以就下走壙之狂，隳載道行遠之業。

結果遭到魯迅、白滌洲、成仿吾對他文章不通謬誤的地方，挑剔抨擊。如滌洲在《國語週刊》上發表一篇〈雅潔和惡濫〉，挑出章士釗的古文的毛病，如「家有子弟，莫知所出。釗有三兒，即罹此困。」原來章士釗是說：「他家裡的孩子，沒處上學」，用文言一寫，結果卻說成「他家裡的孩子，不知是誰所生的了」。另一位作者健攻乾脆作了一篇文章，叫做〈打倒國語運動的攔路「虎」〉。十一月，章士釗因北京女子師範大學的學生反對校長楊蔭榆，下令停辦女師大，教育司長僱用流氓女丐毆打拖曳學生出校，掀起北京學生公憤的大風潮，而被迫下台，段祺瑞也逃到天津避難。時勢所趨，新文學與新文化的運動已經不是章士釗與北洋政府的力量所能阻擋的了。

二十三、胡適、顧頡剛的整理國故

先是一九一九年（民國八年）「新潮社」反對抱殘守缺的國故派，提出用科學的精神研究國故，整理國故。一九二一年，鄭振鐸、顧頡剛（文學研究會）和郭沫若（創造社）也先後撰文，認為整理古代文學是建設新文學所必須的。

一九二二年（民國十一年）五月，胡適、錢玄同、顧頡剛創辦《努力週刊》，支持整理國故問題，認為研究文學就要批判文學的價值㉘，整理國故裡的一部分的文學，可以使研究文學的人明瞭從前㉙，我們要指出舊文學的眞面目與弊病，就要重新估定它價值。總之，整理國故就是以科學方法，研究前人的文學作品㉚。

胡適後來撰寫許多探討舊小說的考證文章，像〈吳敬梓年譜〉、〈《西遊記》考證〉、〈《鏡花緣》的引論〉、〈《紅樓夢》考證〉、〈《水滸》續集兩種序〉、〈《三國志演義》序〉之類，顧頡剛編著《古史辨》，後來郭沫若對「甲骨文字」、「中國古代社會」之類研究：都是基於這種「整理國故」的觀念。但遭到一些人士，如成仿吾、李茂生的抨擊。這時正當學衡派、甲寅派猛攻新文學運動時候，他們認為這是胡適和舊派的妥協㉛。

還有在整理國故時候，有些人亂改、亂譯、亂標點古書。魯迅撰文批評其弊端。從今天看來，「整理國故」已經成為中文學系的教授和研究生時常做的研究的工作。

二十四、上海發生五卅慘案事件

一九二五年（民國十四年）發生「五卅慘案」，先是日本內外棉織會社的工廠的工人罷工，要求改善待遇。結果工人顧正洪被害，另傷了七人，引發上海學生與民衆的共憤，在五月卅日遊行示威。租界裡英國巡捕開槍彈壓，又造成多人傷亡，激成上海全市罷工罷市罷課。使我國的知識份子的思想開始激烈的轉變，紛紛走上實際革命的路子，走上左右分化的路子。八月二十日，國民黨偏左的領袖廖仲愷遭到狙擊死亡，更引發左右兩派的鬥爭。

二十五、小結

上海「五卅慘案」發生之後，整個中國又產生了新一波的思潮，新文學的運動轉進另一個方向，走上左右路線鬥爭的時代。國民黨與共產黨的意識形態和政治路線，都有很大的差異。國民黨奉行民族、民權、民生的三民主義，共產黨奉行階級鬥爭的共產主義。兩者結合一起，不免時相衝突。共產黨階級鬥爭慘酷激烈，再加兩黨權力的傾軋爭奪，所以國共合作，終於在　國父逝世之後，北伐初步勝利之時，走上了分裂之路。這是必然的結局。

我在〈中國新文學運動後期〉之中，再加以論介。前期的新文學運動就談到這裡爲止。

【附註】

①見陳獨秀〈科學與人生觀序〉。

②據〈春柳劇場開幕宣言〉、〈春柳社演藝部專章〉。

③八事就是胡適在〈文學改良芻議〉中所說的八事。《新青年》爲陳獨秀主編的雜誌。後由陳獨秀、錢玄同、高一涵、胡適、李大釗、沈尹默六人輪編。魯迅也參加編輯工作。其他主要份子，還有劉半農、吳虞、陶孟和、劉叔雅等。

④見蔡元培〈中國新文藝大系總序〉。

⑤說見胡適的〈文學改良芻議〉。

⑥見魯迅〈自選集自序〉及周作人《知堂回想錄・蔡孑民二》。

⑦見《藏暉室札記》。

⑧見魯迅〈論睜了眼看〉。

⑨新潮社社員還有楊振聲、周作人、俞平伯、郭紹虞、孫伏園、李小峰、顧頡剛、何思源、康白情、葉紹鈞、潘家洵、毛子水、陳達村、王伯祥等三十多人，有北大老師（如周作人）學生（如傅斯年），有校外人士（如李小峰）。《新潮》英譯爲The Renaissance，即取「文藝復興」。

⑩見胡適的〈我的兒子〉。

⑪見胡適〈新思潮的意義〉。

⑫見陳獨秀〈本誌罪案之答辯〉（《新青年》六卷一期）。

⑬林紓的小說〈荊生〉，寫田必美、金心異和狄莫三人在陶然亭談天，田大罵孔子，狄主張白話，時有荊生出來垢罵三人。田指陳獨秀，狄指胡適，金指錢玄同。

⑭林紓與蔡元培的論爭文字，見周作人《知堂回想錄》。

⑮《自由談》早期主編王鈍根、吳覺迷、姚鵷雛、陳蝶仙、陳冷血、周瘦鵑多屬於舊文人，多刊鴛鴦蝴蝶派式的言情小說與小品文。到一九三二年（民國二十一年）十二月黎烈文接編之後，才大幅改變，走上新路子。

⑯見陳獨秀作〈發刊詞〉。

⑰見劉半農的〈我之文學改良觀〉。

⑱見沈雁冰的〈什麼是文學〉。

⑲參考陳敬之《文學研究會與創造社》。

⑳見郭沫若的〈創造社的自我批判〉。

㉑見成仿吾的〈新文學之使命〉。

㉒參考陳敬之《文學研究會與創造社》等寫成。

㉓見徐志摩的〈新月的態度〉。

㉔事見王孫〈風飄雲逸話新月〉。

㉕見周作人的《知堂回想錄·語絲的成立》。

㉖語見魯迅爲《莽原》週刊所擬廣告。

㉗民國三年五月，章士釗在日本東京創辦《甲寅》月刊，爲反袁世凱的刊物，作者有黃遠庸、李大釗、陳獨秀等人，稱做「前甲寅」。這時復刊，改爲週刊，稱「後甲寅」。

㉘見胡適〈國學季刊發刊宣言〉。

㉙見顧頡剛〈我們對於國故應取的態度〉。

㉚見鄭振鐸〈新文學之建設與國故之新研究〉。

㉛成仿吾在〈國學運動的我見〉中說：「勾誘青年學子去狂舐這數千年的枯骨。」

第五輯

西方文藝思潮的流變

在西方，當一種文藝的新思潮與流派興起，舊思潮與流派就逐漸宣告死亡；這就像我國某一種新體文學興起，舊體文學就宣告沒落的一樣。不過和我們不同的，他們是思潮，我們是文體；思潮影響作家表現的方式，文體形成時代新興的文學體類；所以我國文學史家說：「一代有一代的文學。」西方作家因受不同思潮影響，表現方式不同，產生不同的流派。

西方由於各種文藝思潮興替不一，於是有種種主義流派產生。現在將其介紹如下：

一、希臘時代的文藝哲學

希臘的歷史開始於公元前一一〇〇年，約當我國的周成王時候，以後就逐漸有高度文化。在公元前九世紀荷馬（homers, 850-880 B.C.）有史詩《伊利亞特》（Iliad）與《奧德賽》（Odyssey）兩部傑作。《伊利亞特》是一篇長達一萬五千六百九十三行的長詩，詠歌愛情與戰爭的故事，描寫特洛伊城被希臘聯軍圍攻十年以後，最後四天所發生的事情，希臘久攻特洛伊不下，假裝撤軍回國，留下一個巨型木馬，藏匿精兵於馬腹內，特洛伊人將木馬拉進城裡，內外呼應，終於攻陷特洛伊，因此後人又稱之《木馬屠城記》。《奧德賽》是長達一萬二千行的長詩，歌詠特洛伊戰爭結束之後，奧德修斯帶著部下凱旋回國，又經歷許多艱險，最後才回到雅典，與妻子相會的故事。各民族的最初歷史也有用詩歌來寫。荷馬的史詩，牽涉到神祇與英雄，神祇如宙斯、太陽神阿波羅、海神、愛神維納斯，英雄如奧德修斯的智謀、阿喀琉斯的剛勇，還有海倫的美麗。這些神祇與英雄構成了希臘的神話與傳說，也成了希臘的文學、雕塑、藝術的表現的題材。

起先，希臘人殖民黑海、地中海一帶。後來又殖民小亞細亞沿岸。在公元前四九二至四七九年之間，希臘和波斯發生四次戰爭。當時在宗教節日，雅典有公共歌唱團演出音樂及戲劇，因此有許多劇作家，如伊斯齊洛士（Aeschylus, 525-456 B.C.）號稱希臘悲劇之祖，就曾參加和波斯的戰役，所作劇本有九十種，現存《七將圍攻底比斯》（Septem Contra Thabas'）等七種，表現了宗教的熱情與國家的光榮，充滿雄偉的氣勢。沙孚克里斯（Sophocles, 495-406 B.C.）作劇本一百多種，現存《國王奧迪帕斯》（Oedipus the King）、《依勒克特拉》（Electra）等七種。幼里庇底斯（Euripides, 480-406 B.C.）有劇本九十二種，現存《美狄亞》（Medea）等十八種，多表現人生問題，思想見解超越流俗，對人物的描寫極其敏銳；希臘舞臺上有男女角色合演，由他開始，曾被稱做「浪漫戲劇之父」。這三人都是非常卓越的作家，被稱做希臘三大悲劇家。

這時，在哲學方面也大放異彩，有蘇格拉底（Socrates, 469-399 B.C.）運用辯證法，倡導人倫道德，後因倡導新神，否認諸神，被控有罪自殺。學生柏拉圖（Plato, 427-347 B.C.）創演繹法（Deduction）、歸納法（Induction），著作極多，所著《共和國》（Republic）尤其有名。這時，喜劇作家亞利斯多芬（Aristophanes, 445-385 B.C.）作有喜劇五十三種，現存《騎士》（The Knights）等十一種；他是思想保守的人，所作大多攻擊諷刺新思想的人物事情，如《雲》（The Clouds）攻擊蘇格拉底等人；《女議院》（The Ecc-lesiazusae'）揶揄柏拉圖的《共和國》中的男女平權論。在喜劇方面，他的成就也是無雙的。

公元前三三八年，馬其頓併吞希臘，柏拉圖的學生亞里斯多德（Aristotles, 384-322 B.C.）做馬其頓王子亞歷山大的老師。公元前三三六年，馬其頓王腓力過世，亞歷山大即位，出兵征服埃及（332 B.C.）、波斯（330 B.C.），侵入印度（326 B.C.），亞里斯多德創立「逍遙學派」（Peripatetik），成爲西洋文學批評的始祖，著作非常多，在邏輯、修辭方面都有相當貢獻，《詩學》（Poetics）對後世戲劇的作法影響尤其大。

亞歷山大大帝征討各地十二年，建立了七十多個城，希臘的文學、美術、戲劇、哲學都隨著亞歷山大的大軍傳播各地。印度孔雀王朝的希臘化，也在此時。亞歷山大大帝在公元前三二三年卒，屬地分裂爲埃及、馬其頓、敘利亞。

二、羅馬時代的文藝的興衰

公元前七五三年，拉丁人建造羅馬城。公元前六世紀，在伊突斯夫人的影響下，羅馬成爲貴族的共和國，參議院議員及重要官吏，只有貴族可以充任。公元前三六五至前二六五年間，羅馬統一了意大利。無產的人，包括奴隸，通稱「普羅列塔利亞」（Proletariat），今日指「無產階級」。在公元前二四一年，羅馬佔領西西里（秦始皇時代）；到前一四六年（漢景帝時）滅了迦太基和馬其頓；前六五年併吞敘利亞。公元前五九年，愷撒爲羅馬執政，滅埃及。公元前四五年，愷撒爲終身獨裁官（Dictator），爲無冕之王。第二年三月，布魯達斯等人反對愷撒想做皇帝的野心，刺殺了愷撒。後來愷撒的外甥孫屋大維終於建立羅馬大帝國。文藝方面爲「黃金時代」，味吉爾（Virgil）用拉丁文作史詩《伊賴德》（Aeneid），描寫特洛伊攻陷後，伊里亞斯的漂流故事，形式是荷馬史詩的模仿品。詩人荷累斯（Horace）作抒情短歌。奧維德（Ovid）根據拉丁及希臘的神話，將各男女神祇的戀愛及其他事蹟，寫成優美的詩篇。哲學有斯多噶派與伊壁鳩魯派。在建築、美術、油畫、雕刻、音樂各方面都有輝煌的成就。產生了許多書籍，波盧塔克（46-120）作傳記，昆提利安（Quintilian）寫過《雄辯術》與《教育》二書，基督教《聖經》中的《新約全書》是公元第一世紀的產物。

羅馬的武力征服了許多地方，統一地中海沿岸，高度的文化在貴族富人中發展。直到公元一八〇年（東漢靈帝時）羅馬帝國才逐漸衰落；公元二八六年分成東、西二國。第五世紀至第十世紀，羅馬帝國逐漸瓦解，新國迭起，戰爭相繼，人民生活困苦之極，文藝也日趨衰落，退回野蠻時代，史稱歐洲「黑暗時期」（Dark age）。

三、歐洲中古時代的文藝情況

「中古時代」指第十一世紀至第十四世紀，是歐洲的封建時代；這時，歐洲分成幾百幾千公國、伯國、城市國家、主教國家。有王、公爵、侯爵、伯爵、男爵等貴族，又有騎士爲實際戰鬥人員，崇尚武力，馬上比武，有領地堡壘，有自由農和佃農，有市集和鄉村，有法官和陪審團，有大憲章和議會。在文藝方面，作家用拉丁文，除了翻譯古希臘的著作。也有人創作愛情詩、英雄詩，歌詠武士的愛情與戰爭。有行吟詩人漫遊各地，編撰詩歌，並引吭高歌。宴會時節，常請行吟詩人來講述故事，以娛賓客，時而歌唱，時而朗誦。這些騎士故事大都是用方言來講述的。當時各國方言淵源於羅馬(Roman)拉丁語，因此稱做羅曼史（Romance），如Romances about King Arthur，就是這類作品。這時的戲劇偏重宗教，多在教堂演出，有神秘劇（Mystery Plays），根據《聖經》寫的。又有神跡劇（Miracle Plays），描寫聖賢生活。又有道德劇（Moralty Plays）含有道德教訓。但丁（Alighieri Dante,1265-1321）是這時著名的詩人作家，寫了一部永垂不朽的《神曲》（Divine Comedy），表現很多中世紀的藝術與思想，描寫了地獄與天堂，漸漸展開歐洲中古時代的文藝復興。不列顛有喬叟（Geoffrey Chaucer, 1340-1400）是英國詩的鼻祖，作有《坎特伯里的故事》（Canterbury Tales），是旅客前往坎特伯里的途中講述的故事。

四、文藝復興與時期人文主義（Humanism）與作家

在中古時代，歐洲政教學術，起初被日耳曼族所摧殘，後來又被基督教會所壓抑，過去的希臘、羅馬的文化幾乎完全滅絕。但當時歐洲人對於古希臘、羅馬的文明，始終沒有拋棄或忘記，在舉行宗教儀式時候，西方仍用拉丁文，東方仍用希臘文。古建築仍然是建造教堂的典型。學者仍時常提醒人「光榮屬於希臘，偉大屬於羅馬」。

在十三世紀末，意大利詩人但丁爲歐洲文藝復興的先驅。但丁作有《神曲》、《新生》、《饗宴》等，反抗教權萬能，復興古希臘、羅馬的文明，提倡自由思想，實現人類幸福的生活。於是從十四世紀至十七世紀，希臘與羅馬的文明，重新被人重視，重新用希臘文、拉丁文灌輸知識，大家又開始學習這兩種文字，而且熱烈研究希臘與羅馬各種文藝傑作，形成一時風尚，文藝、油畫、建築、雕刻、演說各方面無不受其影響。這時，著名的學者與桂冠詩人（桂冠，始於希臘，盛於羅馬），像菩卡綽（Boccaccio, 1313-1375）作古神話與地理辭典，伯塔臘克（Petrarch,1304-1374）作十四行詩，宣傳

古典事物的復興，對歐洲的文藝復興運動有很偉大的貢獻。

到十五世紀（明景宗時，公元一四五三年）東羅馬被土耳其所滅。歐洲大多數的學者，到意大利避難，追隨伯塔臘克和菩卡綽兩人的步履，講授古希臘的文學，如荷馬的史詩。希臘與羅馬的古典文學的研究，成爲王公貴人一時之好尚。再加梵蒂岡宮天主教宗的鼓勵，遂成一時新學風。文藝復興運動從此而盛。起先僅限於文學藝術，後來漸及於一般思想及生活問題，特點重自由，貴人生，尚知識，史稱歐洲「文藝復興」（Renaissance）時期，原義「再生」，成爲歐洲中古和近代的過渡時代。

十六世紀，研究古典的學風傳遍歐洲各地。英國摩爾爵士（Sir Thomas Mores）作《烏托邦》（Utopia,1516）是以柏拉圖的《共和國》爲藍本來寫的。荷蘭伊勒斯莫斯（Erasmus, 1469-1536）神父，編輯希臘文的《新約全書》，作《愚拙頌》（Praise of Folly）、《格言錄》（Adages）、《問答集》（Colloquies），攻擊無知，贊頌古典著作。學校課程也講授拉丁文與希臘文，像愷撒的《高盧戰役紀事》、蘇格拉底學生色諾芬的《萬人軍東征紀事》、西賽羅的《雄辯術》等。

「人文主義」，也稱人生主義、人本主義，就是歐洲文藝復興時期內的一種文藝思潮，相信希臘與拉丁的古典文學，所寫的就是人類本身的事情，研究這種學問的人士，稱做「人文學者」（Humanists）。蓋文藝復興引起了崇古的風氣，忽視中古（十一至十四世紀）文化，當時人盡力要想恢復希臘與羅馬的文化，以古代爲楷模，文學藝術都走上「復古擬古」的路子。

不過，這時許多作家因爲不善應用拉丁文字，索性採用意大利文、法文、英文、日耳曼文來寫作，因此形成各國方言的興起與盛行。十六、十七世紀重要的作家，如意大利的塔索（Tasso）作《耶路撒冷被拯救》、西班牙的賽萬提斯（Cerventes）作《唐吉訶德》、葡萄牙的卡摩恩斯（Camoons）作史詩《魯息德》、法國的拉辛（Racine）和英國的莎士比亞（Shakepeare）作的戲劇、密爾頓（Milton）作《失樂園》都是用各國方言來寫作的。還有英國斯賓塞（Edmund Spenser）的《仙后》（Faerie Queen），歌頌女王依麗沙白的王朝，弗蘭西斯・培根（Francis Bacon）的散文，他們在題材或形式方面都能夠表現希臘與羅馬古典文學的特色，都成歐洲文藝復興時期的名家。

五、古典主義（Classicism）

古典主義（Classicism）這個詞的產生，是由於古代羅馬的公民的最高階級，稱做（Classic），意指第一流；因此有人用（Classic）稱第一流作家。

古希臘與古羅馬在文學、藝術與哲學的成就，是非常輝煌的，因此西方人常用古典的（Classical）來稱希臘與羅馬時代的作品。西方文學沿著文藝復興的路子繼續發展，到了十七世紀，古典主義就風靡了全歐，法國成爲這種文藝思潮的中心。當時人非常嚮往古代希臘、羅馬的文化的宏偉莊嚴，因此產生形式調和、統一、整齊、勻稱的古典主義。提倡描寫自然，發揚理性，崇尚道德，模仿古典，講究藝術，追求眞實，重社會輕個人意識的表現，超歷史地域的觀念，力求理智與情感，理想與現實，個人與社會的調和。形式求典雅優美，內容求統一完整，文筆求簡潔明快。其理論可以法國的鮑洛（Nicolas Boi-leau-Despreaux, 1636-1711）的《詩學》爲代表。

古典主義對文學的影響最大的是戲劇。法國的柯奈耶（Pierre Carneille，1606-1684），拉辛（Jean Racine, 1639-1699），莫里哀（Moliere,1622- 1673）爲三大古典主義的戲劇家。其次是小說。法國小說家梅里美（Prosper Merimee, 1803-1870）長於考古學，所作《查理九世紀》、《島上仙女》等多古典的氣息。英國有古典詩人德萊頓（John Dryden, 1631-1700），以及頗普（Alexander Pope, 1688-1744）的《批評論》是古典主義的一大論著。

「古典主義」，是以恢復古希臘、羅馬的文學爲主，所以像相傳希臘亞里斯多德的「三一律」（three Unities of time, Place and action）與希臘「藝術模仿自然」（Art imitates nature）及其他的理論觀念，都成了古典主義的作家寫作的原則。現在就古典主義的理念，加以說明闡釋：

1.**三一律**：就是時間統一、地點統一、情節統一。Unity，統一的意思。亞里斯多德在《詩學》第五章中，論悲劇劇情的發展，說：「時間盡可能限於太陽一週天（二十四小時）」「故事的結構必須建立於統一的『動作』上，注意事件本身的完整，有開始、中間和結束。」在第二十三章中，又說：「荷馬並不想表現特洛伊戰爭的全部。雖然這一場戰爭非常完整，有開始與結束，但從感覺上說：時間顯得太長，事件變化也非常複雜，因此只選擇故事中的一個片斷，其他許多事件都當作插話。這樣可以避免敘述的單調。過長或過複雜的事件，可以分做幾個悲劇來寫，或只選取其結尾的一個片斷的情節來寫。」這就是亞氏編劇理論的「完整」。希臘戲劇多集中於演出一個事件的最後部份。事件經過長期醞釀，舞臺上所演出的只是醞釀成熟的一剎那的劇情。

「三一律」之所以產生，一場戲過長給人的印象自然模糊，長度恰當才便人記憶。戲的長短跟演出、觀衆有關，大致有一極限，應由故事本身做決定，大抵是：「它長度以能容納一個英雄經歷一連串蓋然或必然的改變，『從不幸到幸福，或從幸福到不幸。』這就是一齣戲的故事長度的限制。」——劇作家應該合理的編劇。

過去戲劇對時空問題，還受到表演的舞臺和觀衆看戲時間的限制，故事最好在兩三個小時內能夠演完的，所以不能隨劇作家的意思作冗長描述，必須經過壓縮，「集中」到一定長度，最長不超過四個小時，這是觀衆所能忍受最大的限度，過此就不能演出。

戲劇也受到場地限制，在缺乏「背景」的舞臺上面，不管有多少事件，劇作家都必須將它「集中」在一個或幾個的場地上演出，劇情發展的「時間」較長，人物事情需要活動的空間（地點）也自然要多。這在舞臺劇時代，演出自然會有困難的。

這就是過去戲劇所受的「時空」限制。因此，形成「三一律」——人爲「時空限制論」。一般人把這個理論歸之亞里斯多德。文藝復興時代，歐洲許多戲劇理論家，認爲這是戲劇寫作基本的規律。一五七〇年，卡斯特爾維屈羅對亞里斯多德《詩學》加以詮釋說：「在一個極其有限的時間與地點之內，完成主角巨大的變故，比起用較長時間和不同地點來完成，它要奇妙得多。」法國郎沙爾（

Pierre Ronsard）說：「戲劇的時間應以一日二十四小時爲限。」一五七二年，泰爾（Jean de la Taille）強調場地的限制，說：「故事應發生在相同的時間與相同的地點。」時間律、場地律，再加上單一情節（動作）律，就成了有名的「三一律」：是標榜古典主義的法國學院派人士要嚴格遵守的金科玉律。十七世紀至十八世紀間支配法國劇壇一百多年之久。古典主義的劇本創作規律，規定劇本的情節、地點、時間三者必須完整一律，就是每一本戲劇，限於單一的故事，人物的動作情節必須前後聯貫，不可旁生枝節，事件發生在一個地點，並在一天內完成。也叫作「亞里斯多德律」。

古典主義的劇作家大都嚴格遵守三一律，有利於劇作情節的結構的簡鍊緊湊，但作爲一種硬性規定，也成了束縛劇作家的枷鎖。易卜生嚴格遵守「三一律」的，十六世紀以後，英國莎士比亞才打破了這一個傳統編劇的束縛。

高乃依在《論三一律》中說：「戲劇所表演的不是孤立的動作，應當有開端、中間和結尾。觀衆總是希望等待其他若干動作，促使戲劇繼續發展。應該借助這種等待的心情，才可能使劇中的動作成爲完整。爲了建立動作的連貫性，在每一幕的結尾，就特別需要安排這種觀衆樂意等待的劇情。必須使每一幕都留下對下一幕將要發生事情的期待。這就是動作的單一性。地點一致，讓觀衆在不必換景的一場戲內，看見情節發展，能夠集中在一個房間或一個大廳內。但由於這不可能適合一切題材，我也同意用發生在同一城市的行動（情節）來滿足地點一致的要求。可以在城內兩三處的特定的地點。不過應遵守兩件事：第一是在同一幕中，決不變換事件的地點，只是在不同的幕中才可以變換。第二是兩個不同的地點，必須換景，並且兩個地點都必須標出名稱。」波瓦落《詩的藝術》（一六七四），說：「劇情發生的地點也需要固定、說清。一天演完的戲裏可以包括許多年，在粗糙的演出時，常有劇中英雄，開場時是黃口小兒，終場時是白髮老翁。我們要求藝術地安排劇情的發展。要用一地、一天內完成的一個故事，從開頭到末尾都維持著舞台的充實（張力）。」

2. **道德理性**：古典主義者強調在戲劇中展示道德觀念。蓋文藝復興時期，人文主義大大提高了文學的地位。為了要擺脫神學研究的束縛，最方便提倡的，就是戲劇的功能在「教育與娛樂」，所以喜劇應當嘲諷不合時宜的行為，悲劇應當展示錯誤與罪行的悲慘下場；但又要具有娛樂的性質。——這就是「糖衣藥丸」。

劇作家不要直寫眞實的生活，應該在作品中寄託理想的道德典型，善有善報，惡有惡報，最終極的「眞理」是和「道德」不可分割的。用「理性」的態度去檢視人生的各種現象，在同類的現象尋求眞理，發現永遠不變的眞理。講究眞實，取材要摒棄荒誕不經的生活中不可能發生的事件。

3. **普遍與典型**：他們相信人性中有共通的特點（模式），異地不變，亙古皆然，因此偏重描寫人物性格中普遍存在、固定典型的部份，刪除特殊的時代、環境與個人的一切特性。因此認為每一種年齡、階級、職業、性別都有他們的特色。作家描寫人物、創造人物，應該求適當合宜，恰如其分。為了忠於這個原則，就要不惜犧牲一切不合普遍性的事物。批評家批評作品也要注意這一點。

古典的戲劇有悲劇與喜劇兩種類型。悲劇的規格，人物多是統治者或貴族，關繫到國家的存亡，統治者的沒落，貴族的死亡之類，結局悲哀，文體崇高而富詩意。喜劇，人物來自中下層社會，故事關於家庭或個人的私事，結局是快樂的。文體運用口語。悲劇不可以寫普通人，喜劇不可以寫貴族。實際上，十七、八世紀也有不屬於這兩種類型的戲劇。

4. **時間集中型**：古典主義的作家，根據「三一律」方法來編劇，現代戲劇理論稱之爲「時間集中型」。姚一葦在《戲劇的時空觀》中發表了一段很精闢的說話：「我們在舞臺上所見到的，只是事件的最後一些部份。時間的幅度是有限量的，劇情所表現的往往不超過一日，或接近這一時間，單一的場地不任意改變。事件的發端和根源，可能經歷很長的一段時間。可是這一長期的發展和演變的過程，不讓它在舞臺上表演出來。事件也可能經歷不同的場地或空間，但是在舞臺上所演出的，是單一化，或儘可能予以單純化的空間。因此，事件必須予以集中，集中到這一有限量的時間與空間之內，有人稱這種戲劇爲『集中型戲劇』（the drama of Concentration）。所謂集中到事件最後部份，並非指整一個段落，其間也可以分割爲若干片段，只是這一段落與那一段落間中隔的時間是很短暫的。往往不超過若干小時。所謂不超過二十四小時，就是指各段落時間的總和。」許多省略去的，在其他時間或其他地方所發生的事件（動作），可以透過演員的「對話」把它敘述了出來。例如法國拉辛的《菲德拉》劇：

菲德拉愛上丈夫提賽斯前妻的兒子希波里特斯，內心痛苦，認爲這種愛是不應該的，打算自殺，保全她的理性與道德。但此時，提賽斯在外去世的消息傳來，及時阻止了她自殺的企圖。她的褓姆伊南勸服她，現在不必為愛感到羞愧。於是菲德拉就向希波里特斯吐露愛情。希波里特斯鄙夷地拒絕。菲德拉對自己的行為感到既羞愧又絕望。伊南又再鼓勵她。但消息傳來，提賽斯沒死，已經回城。提賽斯和希波里特斯一起回宮。菲德拉不知如何自處。她方才向兒子示愛，現在又怎能在兒子面前迎接丈夫？她匆忙離開，引起提賽斯懷疑。伊南為了掩飾，拯救女主人，謊稱希波里特斯向菲德拉示愛。提賽斯大怒，下令放逐希波里特斯，並詛咒他死亡。

菲德拉正要說出實情，無意中發現希波里特斯深愛亞麗西阿，轉變嫉妒，不願說出實情。希波里特斯離城，海怪驚嚇了他的馬，被馬車拖到氣絕死亡。消息傳回城中，伊南因此自殺。菲德拉在悲痛、懊悔、自鄙的折磨下，也服毒自殺，臨死前把眞相告訴了提賽斯。

這個悲劇中的人物的關係複雜，情節的發展全在內心感情的反應。每一個關鍵的劇情，都在表現菲德拉對希波里特斯，難以遏制的激情，招致悲慘的下場：希波里特斯、伊南、菲德拉的死，以及提賽斯、亞麗西阿的悲慟，均由此造成。拉辛完全根據新古典主義的「三一律」來寫，整個劇情（事件）的發展，不過幾個小時——遵守時間的統一律。地點雖沒有指明，但可知是在「宮殿」裏——遵守了地點的統一律。新古典戲劇，發生了什麼事才重要，在何處發生不重要。這劇情節的重點，在菲德拉的激情及其所造成的後果，為主要情節——遵守了動作的統一律。亞麗西阿與希波里特斯的愛，是次要情節，但也是不可缺少的。

菲德拉所表現的，是老夫少妻造成的一齣悲劇，也是我們生活中常見的、眞實的故事。

菲德拉的外表行動很少，表現內心感情戲比較多，演來須著重情感狀態的變化，顯示道德觀念與情感慾望發生衝突的情緒變化，才能使觀衆對她產生極大的同情。

十七世紀，法國古典主義風行，莫里哀洞悉世務，通達人情，所以他作品中描寫各人個性維肖維妙，直開後世「個性趣劇」。

古典主義在詩歌方面，往往據實而寫，大多生硬無情。小說作品也不多。

5. **古典主義與新人文主義**：後來古典主義因爲過於講究形式、理性與眞實，自然遏制本能衝動，而忽略內容、情感與想像，漸漸衰落。到十九世紀中葉，休謨主張恢復傳統的古典的精神，並增加想像與情緒、自然科學的成分，成一新面目，存在二十世紀各國文壇上。二十年代，美國白壁德（Irving Babbitt）和摩爾（Paul Elman More）又提倡「新人文主義」（New Humanism），主張現代文學要提倡道德的修養，人性的發揚，由古典文學作品中尋求創作的法則，爲古典主義的支流。

（一九九七年十二月刊於《中國現代文學理論季刊》第八期）

六、浪漫主義（Romanticism）

「浪漫主義」從興起到鼎盛是從一七八九年到一八三〇年。它是滲透著濃厚的浪漫精神，偏重幻想與理想，堅持創作的自由，不受傳統唯理主義的束縛，不受古典主義美學的規範，高倡想像和熱情，產生唯美、諷刺、象徵、怪誕的技法，寫作的題材從中世紀傳說、異國他鄉到民間歌謠。它的形式與手法，幾乎到十九世紀末猶潛流不絕，一直存在；至十九世紀末與二十世紀初，在新浪漫主義的流派：象徵、頹廢、唯美、享樂等等作品中，猶餘波蕩漾，迴影絢麗。

(一)歐洲浪漫主義產生的時代背景

歐洲在中古時代（十二至十四世紀），君主專制，政治非常黑暗。但到十七、十八世紀，許多學者與思想家開始傳布新思想，稱做「智識革命」（The Intellectual Revolution），特別注重進步思想、理想主義，自由與民主。英國洛克（John Locke,1632-1704）創「契約說」主張「君權有限」，統治者侵犯人民權利的時候，人民可以收回治權，也就是說可以另行組織新政府。他的理論是爲一六八八年（清康熙時）英國「光榮革命」辯護；他的思想並且促成了一七七六年（清乾隆時）美國的獨立革命。法國孟德斯鳩（Montesquieu）在一七四八年著《法意》（Esprit des Lois），說：「政府必須符合人民的特性與需要。」盧騷（Rousseau，1712-1778）在一七六二年著《民約論》（Le Social Contract），提出「人類生而自由平等。」「主權在民。政府只是國家僱傭的機關，必須絕對聽命人民的公意。公意的表現就是人民總投票。」反對君主專制，而引發一七八九年（清乾隆時）的法國大革命，摧毀舊制，廢止農奴，爭取民主，公布人權宣言（Declaration of the Rights of Man and Citizen），說明人類的權利與自由。

這次法國長達十年的大革命，震撼了歐洲大陸。開始時各國學者和作家多表歡迎，受它影響；也就在這樣的時代背景之下，產生了「浪漫主義」的文學運動。後來掀起「暴民政治」，天天有人送上斷頭臺，政局不安之極。一七九三年法王路易十六被處死刑，至一七九四年之間，稱做「恐怖時代」；人們對這個爭自由民主的革命產生了強烈的懷疑。作家對浪漫主義運動的反應，也就不一樣了，有的厭惡，有的仍然支持，有的左右搖擺。

於是保守勢力隨即抬頭。一七九九年，拿破崙得勢，秩序方見恢復。一八〇四年，拿破崙公開推崇「新古典主義」的戲劇。法國保皇黨「法蘭西行動派」（Action Francaise）聯合上層社會人士，以恢復古典主義自居，以宮廷文藝爲主體，主張遵守法則，摹倣古典，用高貴的語言描敘偉大人物的事蹟。這種迎合上層社會人士的口味，當然又忽視大衆的需求。英、德兩國浪漫主義運動也稍稍式微。不過，法國浪漫主義思潮仍然在各地澎湃。拿破崙政敵史泰爾夫人（Mme,de Stael）的《論德意志》（On Germany,1810）出版，對法國詩人作家有相當影響。一八一四年，拿破崙被流放厄爾巴島之後，文學的浪漫主義又再興起。當時浪漫主義的思潮是隨著當時的政局而變遷，作家對浪漫主義運動的態度，大抵法國小說家夏多布里安（Chateaubriand, 1768-1848），英國湖畔詩人，德國詩人許萊格爾（Schlegel,1767-1845）兄弟、諾伐里斯（Novalis,1772-1801）大都持消極態度，稱「消極的浪漫主義」：德國歌德（Goethe,1749-1832）、哲學家詩人劇作家席勒（Schiller, 1759-1805 ）和英國詩人華滋華斯（Wordsworth, 1770-1850）則搖擺不定；到後來，法國劇作家小說家雨果（Victor Hugo，一譯囂俄,1802-1885），英國詩人拜倫（Byron,1788-1824）和雪萊（Shelley,1792-1823），德國詩人劇作家侯德林（Holderlin,1770-1843）、散文家約翰・保爾（Jean Paul, 1763-1825）和詩人海涅（Heine,1797-1856）持積極態度，稱「積極的浪漫主義」。朱光潛說：「消極的浪漫主義多半在積極的浪漫主義之前。」說明「稍晚民主力量又逐漸上升。」（這段文字，據朱光潛的《西方美學史》下卷補充）。由於浪漫主義的興起，於是打破古典主義的種種限制與束縛。

(二)法、英、德三國浪漫主義的興起與發展

1.法國的浪漫主義

在古典主義獨領文壇風騷兩世紀之後，浪漫主義的崛起，對古典主義的確是一個猛烈的反動的思潮。它是憑藉法國大革命的力量，衝破了戲劇「三一律」的束縛，追求自由寫作，終形成一股勢不可擋的文藝運動，結果文學、繪畫、雕刻、音樂都受其影響，走上自由浪漫的路子。

法國的小說家拜納爾丹（Berrardin de Saint-Pierre 1737-1814）描繪人物，能夠把肉體賦與靈魂，把獸性賦與靈智，爲浪漫主義的先驅。夏多布里安曾任法國駐英、義、德等國大使，他喜歡用豐富的想像，優美的文字，象徵的意義，描寫憂愁的情感，優美的自然和異國的情況，被稱爲「浪漫主義運動之父」。後來的詩人拉馬丁（Lamartine,1790-1869），小說家喬治・桑（George Sand,1804-

1876）、福樓拜爾（Flaubert, 1821-80）、洛蒂（Loti, 1850-1923）都受他影響。

雨果是法國最偉大的一個作家，後來擔任上議院議員，極力主張民主，拿破崙第三稱帝時被放逐國外。他二十幾歲時就投身浪漫主義的運動，發表一連串倡導浪漫主義的理論。一八二六年，他在〈《短曲與民謠集》序〉中，提出秩序（order）和勻稱（symmetry）。勻稱講的是外表；秩序講的是內部；依一個主題合理去安排內部，就是有秩序。秩序不是勻稱，是自由的產物。藝術是一種靈感，模倣是一種科學。而批評當日平庸的作家，只能模倣過去法則，講勻稱的形式。浪漫主義追求的是如何奇妙自由地安排內容，發揮一個作家非凡的創作才華。一八二七年，他在〈《克倫威爾》（Cromwell）序言〉中，進一步說：

（戲劇）專斷形式，「時間、地點的限制是不合理的，不必要的。」「當時有名作家都攻擊這僞託亞里斯多德的定律說：把情節強納入二十四小時裏和強納入門房裏，是一樣的可笑。每一個故事情節，都應該各有適當長度的時間和特殊的地方。」

他認爲三一律講時間、地點的一致，等於把人物事情都關進牢籠裏。他認爲「情節一致」是唯一必要存在的。「三一律」是平凡作家強加於天才，限制了偉大作家的發展。

雨果又說：這個世界並非一切都是合乎人情之美：醜就在美的旁邊，畸形靠近優美，粗俗隱藏崇高背後，惡善並存，黑暗與光明交替而生。自然經過矯揉造作，是否反而更美？又說：有人說：「戲劇是一面反映自然的鏡子。」如果是一普通的鏡子，只能反映出事物暗淡、平面與忠實，但卻毫無光彩的形象。戲劇應該是一面集中的鏡子，不但不減弱原來的顏色與光彩，而且由集中凝聚，而把微光化爲光明，把光明化爲火光！舞臺就是一個視覺的集中點，世界上歷史上，生活中人類中，許多動人感人的事情，都應該能在舞臺上表演出來。這當然都必須在藝術家的魔棒下完成。劇作家要濃縮史料，調和、修補其遺漏，用想像來充實缺失，給穿上既富詩意又自然的外裝，賦與既幻想又眞實的生命，以激起觀衆的熱情，沉醉劇中。在這種戲劇中，藝術應該強而有力地發展動人情節而步向結局。通過言行表現人物的外貌，通過旁白獨白表現人物的內心。這就是把生活的戲和內心的戲交織一起。戲劇應該浸透時代的色彩。在舞臺上一切形象，應該表現的要特色鮮明，富有個性，精確恰當。即使是庸俗和平凡的角色，也應有各自的特點，而不是一般化。（據雨果的〈《克倫威爾》序言〉濃縮）一八三〇年二月二十五日，雨果悲劇《歐那尼》（Hernani）上演成功，浪漫主義就雄霸法國文壇，古典主義日趨衰微。「一八三〇年代」成爲法國浪漫主義運動的代稱詞。

雨果和許多人士，認爲文學的浪漫主義就是自由主義，和政治的自由主義一樣，都是追求自由，一定能夠得到普遍發展。當時法國傑出的老作家站在前列，強有力的青年高舉鮮明的旗幟，雖還有些作家遲疑觀望，但到後來也都承認「文學自由是民主政治新生的女兒！」他認爲自由的浪漫主義將所向無敵，不論古典主義或專制主義企圖恢復舊制都是枉費心機的。雨果又說：我們從古老的社會中解放了出來，我們的詩歌（戲劇）當然也要從古老的形式解放了出來。新的人民應該有新的藝術。（說取雨果的〈《歐那尼》序〉。

法國女小說家喬治·桑在一八四六年所作小說《魔沼》（La Mare au diable）中，談到浪漫主義的小說的特點，說：

藝術的使命在表現情感和愛。今天的小說，應該取代古代的寓言和神話，要寫得更美麗一點，要追求理想之中的眞實。

喬治·桑的小說所寫的範圍，包括社會、田園、歷史和自傳，充滿著感情，有能夠安慰人心的，也有讀來令人傷心之極的。

浪漫主義的作家反抗舊有形式、傳統社會，舊題材像希臘神話受到摒棄，代之而起的是中古故事野史，民間英雄，反抗社會和道德的故事，表現人類尋求理想、自由的心靈。

2. 英國的浪漫主義

英國的浪漫主義運動和法國一樣，和自由民主的思想，發生密切的關係。一七九八年至一八三二年，是浪漫主義全盛的時代。

英國伊莉莎白與詹姆斯一世時期，莎士比亞（Shakespeare, 1564-1616），作有三十七部劇本，已經是一個現成的浪漫主義的劇作家。後來當浪漫主義興起，詩人柯立芝（Coleridge，1772-1834）等人就推崇莎翁。

一七九六年，蘇格蘭民謠詩人彭斯（Robert Burns）逝世以後—十八世紀後期，英國詩人作家的思想與作品，大都有濃厚的浪漫主義的色彩。一七九八年，華滋華斯和柯立芝出版抒情民謠（

Lyrical Ballads），至一八三二年史考特（Scott）逝世，三十多年之間，英國詩歌，大放異彩。著名詩人拜侖、濟慈和雪萊也都寫劇本，產量也頗豐富，但並不受人歡迎。只有一八二〇年，詹姆士・謝雷登・瑙瑪斯（James Sheridan Knowles, 1784-1862）作《維吉尼亞斯》（Virginius）最爲成功。但英國這些重要的詩人富浪漫色彩的詩歌，卻都有非凡的成就。小說、散文的成就也頗可觀。

3. 德國的浪漫主義

德國因爲宗教與政治的差異，分裂成兩百個小邦，經過長達三十年戰爭（1618-1648），人口銳減，資源殆盡，只剩下幾個小城。到一七〇〇年，他們已不信天國與道德，只想過美想的生活。這時在文學方面幾無成就之可言。舞臺演的都是俚俗無聊的戲劇。至十八世紀中葉，有果德西堤（Gottsched, 1700-1766）倡作古典主義的戲劇，所作亦無價值。直到戲劇改革大家拉辛（Lessing, 1729-1781）在《漢堡劇談》（Hamburgische Dramaturgie）中，抨擊法國古典主義的「三一律」，而以古希臘悲劇及英國莎士比亞作品爲其模範，運用才華，創作戲劇，始奠定後來德國古典主義的基礎。

一八〇〇年，古典主義與浪漫主義在德國有過一場爭論。古典主義的詩人席勒（Schiller, 1759-1805），發表了一篇〈論素樸的詩和感傷的詩〉。素樸指的就是古典，感傷指的就是浪漫。他說：素樸詩人模仿現實；但現實有它界限，感傷詩人對現實則感厭惡；吾人觀念總是無限的，自不禁把心靈擴大而超過自然的規限，在自己的觀念世界裡尋找寫作的養分。而素樸的詩卻又引我們回到現實的生活中去。古典主義的作品，形式題材都受到限制，且得有一定理想與道德觀念，所以爲時下講自由浪漫的文人所不喜歡。因此浪漫主義繼之而起，他們不講究形式，內容浪漫，喜歡取材中古的荒唐傳說。

當時德國哲學家分做兩派，一派是主觀的唯心主義，像康德（Kant,1724-1804）、席勒和斐希特（Fichte,1765-1814），強調天才和靈感；一派是客觀的唯心主義，像謝林（Schelling,1775-1854）和黑格爾（Hegel,1770-1831），主張人材是絕對的自由的。他們都反對新古典主義的束縛情思的理性，認為應該把情感和想像提升到首要的地位。這自然要文藝作品要有深刻的情感想像，與偉大的精神氣魄。這些思想對德國浪漫主義的運動，也必然產生相當大的助力，產生了許多抒情的詩歌、小說和戲劇也帶有抒情的色彩。有些批評家把浪漫主義叫做「抒情主義」。寫愛情的作品特別多，自傳的寫法也比較多，多描述內心世界，而富有感傷憂鬱的情調。德國詩人席勒把「浪漫和感傷」看做同義詞。

歌德（Goethe,1749-1832）是主觀而浪漫的詩人。從他一生經過好幾次戀愛，可知他生來就是一個浪漫熱情的詩人。他在《談話錄》（歌德的秘書愛克曼輯錄）中說：席勒認為他所寫最著名的《伊菲幾尼亞在陶瑞斯》（Iphigenia in Tauris，1787），情感佔優勢，並不是古典主義的作品。歌德自認是根據古希臘悲劇體裁與作法來寫，形式整齊，內容深厚，劇中的人物多是理想中的完人。歌德和席勒兩位劇作家，都以古典主義者自居，而成就也使德國的古典主義有如紅日當天，光芒萬丈。儘管如此，德國後起的浪漫主義的劇作家們，卻都聲言他們的作品是師承於歌德和席勒的新劇。

歌德所作《伯利恆之葛慈》（Gotz Von Berlichingen,1773）寫十六世紀一個騎士，想在政治、宗教紛爭中保持超然的地位。歌德以這個騎士爲中心，描寫當時生活。這部劇作類似現代電影，包括五十四景，人物超過四十人以上，開創了騎士文學（Drama 0f chiralry）。一七八〇年代，歌德認爲眞正偉大藏在希臘人的理想裏，以古典之風寫了幾部劇本。但歌德最爲人熟知的《浮士德》（Faust）在許多方面，完全浪漫主義風貌的縮影，包容過廣，結構鬆散，情節缺乏統一性，地點和時間變更迅速，他將人類追尋生命意義的過程戲劇化。由於歌德多才多藝，內容包羅萬象，展示人性善惡二端，神居光明裏，惡鬼居黑暗，人則在光裏也在黑暗裏，渴慕永恆的光，生活環境卻使他一方面追求肉體感官的愉悅，如飲食女人，表現人類獸性、黑暗面，有肉慾沒有道德的一面，任性自私，罪惡也是浮士德的一部分，上帝創造人善的一面，人能不能拯救自己的靈魂，不把它出賣給魔鬼？辭藻極優美，演員必須有各類特長，動作、舞蹈、歌唱、啞劇。人物除一般人物外，還有精靈、女巫、鬼怪、猿猴，抽象性質（代表性）擬人化。燈光必須表現各種景色，表現不同地點的佈景，迅速換景。《浮士德》是劇場表演的極致，將舞臺潛能發展到了極致，是極力企圖表現才華的作品，是浪漫主義極佳的例子。

十八世紀末十五年間，浪漫主義流行德國文壇，有所謂「狂飆運動」（Sturm und Drang），主張打破藝術與人生的一切傳統的束縛，主張極端的個人主義。其名稱由一七七六年克林格（Klinger）作的劇名來的。赫德（Herder,1744-1803）和克林格等人組織文學社，取爲社名，以自由、天才、精力、自然四者相標舉，反抗法則及人爲的文化，對當時社會制度，多所非難。文學史家稱這個時代爲

「狂飆時代」或「天才時代」。而以歌德、席勒和海涅（Heine）爲這個狂飆時代的楷模的中心人物。

詩人學者許萊格爾，和他弟弟菲力德立克（Friedrich, 1772-1829）也是德國建立浪漫主義的美學與哲學的重要理論家。

㈢浪漫主義的特色

浪漫主義與古典主義不同，尙理想、重主觀、唯情唯美的一種藝術。作者常以自己的幻想（Fancy）爲基礎，以觀察現實的社會，在人類生活現實社會之外，描繪一個美麗朦朧的世界，以平凡的日常生活不足以動人聽聞，所以偏重離奇曲折的情節，喜歡選取特別奇異不可思議的事件作爲題材，特別是沉湎於中古世紀，從各種荒唐熱情浪漫的傳說與故事中展開幻想，發爲夢囈；因爲中世紀生活比現實生活更富傳奇的虹彩。浪漫主義的作品，無論敘述過去，描寫現代，都充滿虛幻的想像（Img-ination）。浪漫主義的作者，也常以自我爲中心，處處表現自我，是作者個性強烈的反映，表現他個人的生活與感觸，身邊的瑣事，他自己的人生觀與理想觀，把現實世界依自己的意思去安排，常常充滿感傷、熱情及主觀的色彩。作者富於革新的精神，大都有一種狂烈的情思在內心鼓蕩，使作者將個人與世俗對立，輕視道德，反抗社會，攻擊傳統，反對一切束縛個人自由的人爲事物，反科學，反權力，反社會秩序。並且神馳幽美的大自然，喜愛描寫自然風景與田園生活。文體自由，不拘形式，富異國的色彩，音樂的情調，喜作過份的鋪飾，暗喻的手法，帶有神秘的意味，象徵的帷幕，與唯美的傾向，如迷濛的月色，浩蕩的江流，披紗的婦女，流浪的吉卜賽人，建築在作者豪放的熱情與豐富的想像上，自然遠離了現實的世界。

㈣浪慢主義的成就

1. 浪漫主義的詩歌

十八世紀後半葉，法國大革命後，中產階級興起，一般人對現有的社會制度，大多數人民（第三階級）受極少數僧侶、貴族（一、二階級）奴役，是不是合理？有了新的評估。原始社會成了理想境界，人權、平等與行動自由也成了理想，認爲人要瞭解眞理，必須儘可能瞭解自然萬物。浪漫主義的詩人除了高倡自由，還特別描寫自然景物。而且成就是非常偉大的。

法國的雨果的詩歌也不少，作品有《秋葉》（Les Feuilles ’Auuutomne,1831）、《街頭叢林之歌》（Les Chansons des Rueset des Bois）等詩集。繆塞（Musset, 1810-1857）抒寫愛情的悲歡，有《杯與唇》（La Coupe et les Levres）等感情奔放，一如拜倫；他亦作劇本。

英國大詩人彭斯所作：民謠，非常有名，像「我的愛人像一朵紅紅的玫瑰花」（My love’s Like a Red, Red Rose）都是流唱一時的作品。華滋華斯早期同情民主，愛自然，與柯立芝（Coleridge,）、沙賽（Southey）住在溫臺美湖（Lake Windermere）邊的山上，三人都寫詩，稱做「湖畔詩人」。一七九八年，華滋華斯和柯立芝聯合出版「抒情歌謠」。

拜倫反對虛僞宗教，提倡個人自由，參加希臘獨立的戰爭，到過許多地方，作有《哈洛德公子遊記》（Childe Harold），全詩堂皇富麗，熱情磅礡，充滿著悲憤與抑鬱，追懷往昔西班牙的全盛，紀述地中海的風貌，描寫瑞士的山色，歌詠滿天繁星的夜色，幾無一人能及。拜倫的長詩《唐璜》（Don Juan，一譯《唐裘安》，1819-1824）長一萬六千行，寫一美男子唐璜與有夫之婦、海盜女、女王等許多女人的相愛故事，是一諷刺詩篇。

雪萊的詩極清麗諧和，長詩《阿拉斯托》（Alastor），短詩〈雲〉（The Cloud）、（雲雀歌）（Ode To a Skylark）都是最好的作品。濟慈（keats,1795-1821）和拜倫、雪萊，並稱英國近代三大詩人，想像優美，音節柔和，人稱「詩之花」，作有神話詩《安特美溫》（Endymion）等。

德國的席勒、歌德和海涅等都是聞名世界的詩人。海涅，屬於少年德意志派最重要的詩人，以人道的戰士（Soldier of Humanity）自任，在詩中高倡自由的思想，所作抒情詩，技巧纖麗，詩句流暢，富民謠的純樸，纏綿悱惻，全集二十一卷。諾伐里斯則以浪漫象徵的手法來寫散文詩。海涅的很多作品描寫愛情與大自然，如《羅累萊》（Lorelei），傳說中魔女，坐在萊茵河畔一座岩石上，用歌聲引誘河上的船夫：

她用金黃的梳子梳，
還唱著一支歌曲；
這歌曲的聲調，

有迷人的魔力。

小船裏的船夫，
感到狂想的痛苦；
他不看水裏的暗礁，
卻只是仰望高處。

最後波浪吞沒了船夫和小船，像這類的詩歌是多麼的浪漫動人！

2. 浪漫主義的戲劇

新古典主義時期，劇作家只要遵循規律，就能創作出劇本。浪漫主義時代的作家，則認為天才應該依據自己的規則，自由的形式去創作戲劇，而不要再受前人規律的限制。

英國莎士比亞的戲劇最貼合這種觀念，遂成了浪漫主義時期理想的形式。當時劇作家因為不受「三一律」拘束，劇作的結構多形鬆散，不顧統一性，又忽略舞臺的限制，因此許多劇本無法演出，如要上演，必須改編。大半的劇本給人不切實際的感覺。

浪漫主義的戲劇，又是怎麼樣的一種架構呢？我想就舉莎士比亞的劇本為例，加以說明。我國戲劇理論家姚一葦先生，把莎比亞的戲劇，稱做「時間延展型」，在時間處理上，按情節前後順序來安排劇情。由事件的發端時開始，到事件的終止時結束。用戲劇的術語，就是動作開始時開始，至動作完成時結束。其間所經過時間的長度沒有限制，可以數日、數月、數年，甚至數十年。中間截取的片段，也沒有限制，可以分成數段，十幾段，甚至數十段。發展爲延展的，不經壓縮，或僅經過很少的壓縮。人稱之「延展的戲劇」（The drama of Extension）。這一形式的戲劇正是中世紀宗教劇傳統的遺留。在理想上不受時間的限制。不過和宗教劇不同，無限制是在事件的範圍之內，不是漫無關聯，無目的地任意延展。（說見姚一葦的《戲劇論集·戲劇的時空觀》）

現在我舉莎翁《威尼斯的商人》（Merchant of Venice,1596-1597）爲例。這部戲共分五幕十八場，從各幕的時地換景，可見這種戲劇編劇的手法的一斑。

第一幕：

第一場　場景：意大利威尼斯地方的街上。（時間）一日。（情節）巴桑里阿爲向富家女波爾扯阿求婚，需要巨款，向威尼斯商人安妥里阿商借。安氏爲轉向猶太富人奢諾克代借三千金。

第二場　換景：富女波爾扯阿的別墅。波女正跟婢女納里沙相談：她的父親遺有金、銀、鉛三個小盒，其中一個有波女玉照。並且說將來有人向她求婚，須就三個小盒任選一個，能選中有玉照的一個，才有資格做他的女婿。

第三場　換景：威尼斯街上。安氏來向猶太富人奢氏借款。安素來輕視猶太人。奢氏伺機報復，答應借款，不要利息，但附一條件，就是逾期不能償還，奢氏可以在安氏身上，割肉一磅，以爲清償。安氏自信海上貨物不久可到，區區三千金難不倒他。因此坦然答應，簽名債券上。

第二幕：

第四場　換景：富女波女府中。摩洛哥親王前來求婚。

第五場　換景：威尼斯街上。巴的友人格那扯羅要求一起去。

第六場　換景：奢氏宅中。奢氏的女兒葉舍喀打算跟情人羅冷處私奔，正修書與羅。

第七場　換景：街上。奢女的僕人將信交給羅冷處。羅就約他的朋友化裝前往，打算帶奢女私奔。並暗囑巴氏先誘奢氏離家。

第八場　換景：奢氏宅中。奢氏接到巴桑里阿請吃晚餐的帖子，赴宴時候再三叮嚀女兒看家。奢氏走後，羅氏前來帶走奢女。奢女並將家裏的珍寶捲走一空。

第九場　換景：富女波氏府中。摩洛哥親王認為金盒最貴，選擇金盒，揭開一看，並無玉照在內，大失所望。

第十場　換景：威尼斯街上。羅氏的朋友在奢女逃走之後，聽到奢氏返家後，一片叫苦聲，十分開心。奢氏對於失物，痛徹心肝。

第十一場　換景：波女府中。另一位親王前來選盒求婚。他選擇銀盒，揭開一看，亦無玉照在內。

第三幕：

第十二場　換景：威尼斯街上。消息傳來，安氏的商船遭風沉沒。安氏所借款子，無法如期償還。

第十三場　換景：富女波氏府中。巴桑里阿來此求婚，獨選鉛盒，揭開一看，波女玉照在內。波女贈送一只戒指給巴氏。巴氏宣言此生決不離此戒指，遂與巴氏結婚。巴氏友人格那扯羅也跟波女的婢女納里沙結成眷屬。羅冷處也跟葉舍喀成了正式夫妻。三對新婚夫婦歡聚一處，非常快樂。不料，安妥里阿的商船沉沒，奢氏正要求安氏割肉一磅的消息，相繼傳來。巴氏非常憂憤，波女願意提出全部財產，以償安氏之債。

第十四場　換景：威尼斯街上。安氏已爲法庭拘押。

第十五場　換景：波女府中。波女請羅冷處夫婦照料。然後到帕堵阿（Padua）請她表哥法律專家白那里阿代塡一張證書，借法庭用一套衣帽，用計救援安氏。

第四幕：

第十六場　換景：威尼斯法庭。威尼斯總統苦勸奢氏放棄約中割肉要求。奢氏不肯。巴桑里阿願加倍償還。奢氏仍然拒絕。總統不得已，派人前往帕堵阿請法律專家白那里阿，前來代判此案。白氏託病不來，另派一位律師（波女所扮）及一位書記（納里沙所扮）前來審理。律師到庭後，先勸奢氏。奢氏不肯。律師說：依照法律，奢氏據約要求，原係合法。現在只好讓奢氏在安氏心前割肉一磅，以了此案。奢氏聞言大喜，大贊律師公正，同時磨刀霍霍，準備動手。安氏自知必死，乃向其友巴氏作別，然後就戮。及至奢氏方欲舉刀開割的時候，律師忽說：約中只言割肉一磅，未言流血一事。假使開割時候，流血一點，那奢氏所有財產，照律應該全部充公。此外，割下的肉，必須恰好一磅，倘若多一分，少一分，奢氏照律應受死刑。奢氏聞言，不禁大懼，自願放棄要求。但該律師認爲奢氏有意殺害威尼斯市民，照律應處死刑。其後，威尼斯總統法外開恩，加以特赦，免其處罰。奢氏非常狼狽離開法庭。巴氏上前，願致薄禮爲謝。但這位律師一切不要，只要他手上的戒指。巴氏以爲這是妻子所贈，如何可以送人？遲疑未允。安氏以該律師曾救自己一命，不可不報，因勸巴氏割愛，將戒指送給律師。結果，巴氏不得已，將戒指交給友人格那扯羅轉送律師。格氏的定婚戒指也必須送給書記，以爲酬報。

第十七場　換景：街上。格那扯羅趕到，將戒指送給律師和書記。

第五幕：

第十八場　換景：富女波氏府第。波、納兩女接見她們的夫婿。巴、格兩人入門，手上都沒有戒指。於是醋海生波。幸安妥里阿從中勸解。最後，波、納兩人才將自己假扮律師斷案的經過揭穿，惹得大家大笑不已。同時，安氏商船已出險抵埠，才知從前謠傳全部沉沒，並非事實。大家都在一片歡樂聲中結束了此劇。

延展型戲劇，情節（動作）依時間而推進，大都以直接搬演來取代對話，直接把「動作」（人物的種種活動）在觀衆面前表演出來，甚少用追述倒敘的對話。

戲劇不像小說，可以慢慢推進。小說家可以利用文字緩緩推移，把人物性格與環境變化作細膩的刻畫。姚一葦說：劇作家在時間上採用跳躍的方式推進。勞遜（John H.Lawson）所說推向不安的情勢或平衡的破壞。亞契爾（William Archer）所謂推向緊張的「危機」。每一次跳躍都必須作巧妙，恰到好處的安排。不是任意胡亂的進行，目的在引發觀衆的情緒逐漸上升，以達高潮。這就是戲劇所謂的「張力」（tension）。高潮也就是情緒的緊張點（Optimum of intensity）。劇本所經時間越長，越需要情緒的強度，去維繫觀衆。長度和張力成正比。因此延展型的戲劇，必須使觀衆作下列的等待：「下面怎樣？」「下去將發生什麼？」「他或她打算做什麼？」「他或她能勝利還是失敗？」所以劇情要把握觀衆心理與情緒變化而推移。（說取姚一葦的《戲劇論集・戲劇的時空觀》）。

延展型戲劇適合於表現人物的性格。戲劇和小說常用以表現一個人物的性格或境遇，有些作家對性格的描寫更甚於境遇的描寫。莎士比亞的有些作品，被稱爲「性格悲劇」，像《奧瑟羅》（Othello, the Moor of Venice,1604）是由於過份妒忌的性格造成的悲劇，《哈姆萊特》（Hamlet,1602）是由於優柔懦弱的性格造成的悲劇。

延展型戲劇的缺點，容易流於散漫鬆弛、自由任性，漫無拘束。所以西班牙塞萬提斯（Cervantes, 1547-1616）在小說《唐・吉訶德》（Don Quixote,1605-1615）中批評當時戲劇說：「第一幕第一場還是在襁褓中嬰兒，第二場便成爲留鬚的男子。」「看過一部戲劇，第一幕放在歐洲，第二幕在亞洲，第三幕在非洲，如果還有第四幕，必然放在美洲。」這也是後來浪漫主義的劇作家常犯的毛病。

莎士比亞的《安東尼與克麗歐佩脫拉》（Antony and Cleopatra,1607），共分三十八場，劇情經過的時間差不多達十年之久，場地轉換頻繁，一會兒埃及，一會兒羅馬，一會兒宮廷，一會兒戰場，宛如今天的電影或長篇小說。可見結構的散漫與鬆弛。（安東尼，羅馬大將；克麗歐佩脫拉，埃及女王）。

劇作家大膽破壞傳統，自由發揮創作力，像狂飆飛揚。寫作過份自由，自不免流於輕率荒誕。

當時戲劇的時間律、地點律已不再有拘束力，採取延展型的編劇最爲普遍。但採用集中型稍加變化的三幕、四幕、五幕的戲劇也仍然很多，安排少數的幾段情節，減少場地的變換，刪芟枝節，使人物、事件集中一點，儘可能單純化的劇作，仍然常見。

十九世紀初，法國劇壇都是承襲十七世紀古典戲劇的形式，劇場是古典劇的地盤，浪漫活潑的戲劇無法插足。一八二九年二月十一日，大仲馬（Alaxandre Dumas Pere,1802-1870）的《亨利第三和他的宮廷》（Henri 3 and His court）開始在法蘭西喜劇院（Comedie Francaise）上演後，浪漫主義的戲劇才能陸續演出。招致七位古典作家的妒忌，聯名上書控訴他。大仲馬劇作很多，歷史劇如《拿破崙》（1831），愛情劇如《安東尼》（Antony）寫安東尼愛上亞黛爾。後來亞黛爾他嫁，重逢，舊情復燃。當她的丈夫回來，亞黛爾在愛情與羞愧交集的情況下，要求安東尼殺死她，以拯救她自己和她女兒的名譽，於是安東尼殺死了她，對她的丈夫說：「她拒絕我，我把她殺死。」後來大仲馬寫過《耐斯勒之塔》（The Tower of Nesle）等二十五卷戲劇。他對劇中的人物多半是熱情奔放，高貴受人憐愛，譬如安東尼為了保護情人，不惜負起兇殺的罪名。他懂得安排情節，不讓劇中人說空話，注意人物的言行。幾句對話就把這種愛情襯託出來。雨果的悲劇《歐那尼》（Hernani,1830）上演時更是轟動一時；詩劇《克林威爾》（Cromwell）都是不朽之作。

英國拜倫有《莽法里德》（Manfred, 1817）敘伯爵莽法里德與愛人阿斯塔臺的鬼魂一見而逝的事。

德國的戲劇家除了歌德有《埃格蒙》（Egmont, 1788）敘荷蘭自由軍將軍埃格蒙為自由而奮鬥的事蹟；還有《伊菲幾尼亞在陶瑞斯》（Iphigenia in Tauris）敘古希臘戲劇家寫過伊菲幾尼亞的事蹟；《泰沙》（Torquato Tasso, 1790）敘意大利詩人泰沙的事蹟，及詩劇《浮士德》。席勒的戲劇才分更在歌德之上，在舞臺演出的藝術有很大的貢獻，所作《搶匪》（Die Raeuber, 1781）演出甚獲好評，為狂飆運動的代表作，對於專制的社會的不平，有火一般的反抗；別林斯基評說：「《搶匪》是寄託於戲劇形式，火熾的沸騰的抒情長詩。」（見〈論俄國中篇小說和果戈理的中篇小說〉）；還有《卡洛斯先生》（Don Carlos, 1787）從歷史取材，敘一個西班牙王子，解除荷蘭人倒懸，鼓吹世界性的自由。席勒的戲劇多採用歷史的題材，《威廉退爾》（Wilhelm Tell,1804）是他最後有名的鉅著。克萊斯特（Kleist, 1777-1811）有喜劇《碎缸》（Der Zerbrochene Krug 1806）敘法官亞當調戲民女愛娃，打破磁缸，案情大白，終遭撤職。還有《海爾滿之戰》（Die Hermannsschlacht）等劇。海白爾（Hebbel,1813-1863）有《尤底斯》（Judith, 1840）等多種，敘少女尤底斯為了救城，投奔敵營，以美色誘殺敵將，擊敗敵人的故事。

奧地利有格里爾帕察（Grillparzer, 1791-1872）作有三連劇《金羊毛》（Das GoldeneVliese, 1821），最後一劇爲《美狄亞》（Medea），重寫古代的神話，美麗生動；《夢裡生涯》（Der Traum ein Leben）敘魯斯康與表妹未爾茶的婚姻，而寄以人生如夢，無非波光水影。

3. 浪漫主義的小說與散文

浪漫主義影響遍及世界各國，以英、法、德三國爲中心，在十八至十九世紀之間，浪漫主義的小說極爲興盛，如：

英國司各脫（Sir Walter Scott, 1771-1832）作了二十九部小說，總名爲《華委萊小說》（Waverley Novels），喜歡以蘇格蘭、英格蘭及歐洲大陸的歷史古蹟爲題材；如《埃文霍》（Ivenhoe, 一譯《劫後英雄傳》），即寫埃文霍去奸除邪，勤王復國故事，對中世紀的風俗歷史的描寫，頗爲成功。女作家奧斯汀（Austen,1775-1817）所作風情小說（novel of manners）六部，以英國鄉村士紳生活爲主。散文家藍姆（Lamb, 1778-1834）、狄・昆西（De Quinxey, 1785-1859））的隨筆散文（personal essay）也有高水準與成就。

法國大仲馬（Alaxandre Dumas P'ere, 1802-1870）的《基度山恩仇記》（The Count of Monte Cristo Le Comte de, 1844）描寫英雄復仇的故事；還有《三劍客》（Les Trois Mousquetaires, 1839）等。大仲馬寫過的各種作品，多達二百五十四卷。小仲馬（Alaxandre Dumas Fils, 1824-

1895）的《茶花女》（La Dame aux Camelias），描寫青年亞猛與茶花女相戀的悲劇；雨果《巴黎聖母寺》（Nortre Dame de Paris），述巴黎大教堂的一鐘樓駝俠，就是極其浪漫幻想的傳奇故事。喬治・桑的作品極多，有社會小說（Spiridion, 1838）、田園小說（Jeanne, 1844）、《魔沼》（La Mare au diable, 1846），歷史小說（Les Messieurs de Bois Dore, 1858）等，共九十六卷。

德國歌德的《少年維特之煩惱》（Werther），敘少年維特熱戀友妻綠蒂，終於自殺，表現青春的喜悅與悲哀，瑰麗流暢。此外，霍甫曼（Hoffmann,1776- 1822）寫的大都是超自然的故事，午夜的魔影，怪異的語聲，令人讀來生怖，作品有（Phantasiestucke, 1814-15）等。維涅（Vigny, 1797-1863）的《查特頓》（Chatlerton, 1835），敘一詩人不能適應物質世界生活，終不妥協而死。繆塞（Musset, 1810-57）名作《愛非兒戲》（No Trifling with Love）等，寫相愛的人卻因怕受到傷害，把感情深藏，反而傷害到對方，擴大裂痕，有的可以彌補，而圓滿結局，有的造成災禍。司托謨（Storm, 1817-1888）《茵夢湖》（Immensee, 1852）敘一對男女青年悽惋動人的愛情。梅里美（Merimee, 1803-1870）的《卡門》（Carmen），描寫蕩婦卡門勾引一個男人，爲她犯罪入獄；出獄時，卡門又愛上鬥牛士，他在嫉恨中將她殺死而自殺的故事，充滿了特異的風格：都是極有名的浪漫主義的小說。

(五)十九世紀末新浪漫主義的流派

浪漫主義發展到後來，作家放縱情感，馳騁幻想，到了漫無約束的地步，像斐希特把「自我」提升到創造一切的地位。許萊格爾「把世間一切，看做詩人手中的玩偶，可以任由幻想擺弄」。德國尼采（Nietzsche, 1844-1900）創造了「超人哲學」，把一切善良的品性，都鄙視爲「奴隸的道德」，只有憑藉暴力擴張權力，才是「超人的道德」。於是在政治上，形成德國法西斯主義，以擴張軍備侵略弱小爲能事，引致了歐洲大戰（1914-1918）。在文藝上形成主觀濫情的現象。

其實自十九世紀三十年代，浪漫主義極盛時候，寫實主義就悄悄登場；十九世紀中葉過後，自然主義接著產生，都是要取代浪漫主義。歐洲自英國產業革命之後，資本主義發達，城市腐化，手工業沒落，農村破產，人民生活困苦。而且法國巴黎公社的革命運動失敗，所以在十九世紀最後的一段年代，所謂「世紀末」（Fin de Siecle），作家一面想擺脫舊有傳統的觀念，一面想從科學萬能的迷夢裡覺醒，而想建立一套新的文藝觀，又開始著重探求人心的神秘與夢幻的世界，用冷靜態度觀察人生，探索內在精神，增加寫實成份，發掘潛在的意義。因此在十九世紀末到二十世紀初，產生了許多文藝的支派；頹廢主義、新婦女（the new woman）運動，象徵主義、唯美主義、神祕主義、享樂主義等，統統劃入「新浪漫主義」（Neo-Romanticism）的範圍。「新浪漫主義」這個詞，到二十世紀初，成爲一個確定的主義的專名。

對人生喪失信心，疲倦絕望，放棄理想，產生頹廢墮落、悲傷灰色的人生觀，徬徨於厭世與享樂之間，常想在官能刺激中去把握不可捉摸的東西，不管道德法律，只知寫美人醇酒來麻醉神經，追求消逝之美，爲法國詩人鮑特萊爾（Charles Pierre Baudelaire, 1821-1867）所創，稱爲「頹廢派」（Decadent）。

一八七〇年，普、法發生戰爭。第二年法國戰敗，割讓亞爾薩斯兩省給普魯士，賠款五十億法郎。法國人民組織巴黎公社，詩人魏爾連（Verlaine, 1844-1896）、蘭波（Rimbaud, 1854-1891）和馬拉梅（Mallarme, 1842-1898）參加這些革命活動，遭到君主黨的軍隊鎮壓，許多工人慘遭殺害。他們以詩歌揭露這些殘酷的事實，也因此產生沮喪頹廢之情；再加情感齟齬，犯罪入獄，生病痛苦，醉臥酒店時候，所作詩自然更充滿了徬徨厭世，頹廢絕望的色彩。魏爾連和天才少女藍波同居，浪遊各地，一八七三年因情槍擊藍波而下獄，作有《無言的戀歌》（Les Romances sans Paroles,1874）；蘭波也有《醉舟》（Le Bateau Irve, 1871）與散文詩集《一季在地獄中》（Une Saison en Enfer,1873）；馬拉梅有《愛倫・坡之墓》和《完全的詩》（Poesies Completes,1887-1899），他每一行詩都含蘊有種種複雜的意義。他們的詩推崇靈魂，注重感覺，講究韻律。他們並未以頹廢派詩人自居，而自認爲象徵派詩人，熱衷於「朦朧詩」的寫作。舊俄小說家阿爾巴綏夫（Artsybashev,1878-1927）是厭世個人主義，抨擊十九世紀的衰敗，作小說《沙寧》（Sanin）。

具有濃厚的象徵色彩，用具象的事件，寄託作者某一些觀念，暗示人生的隱秘面，稱「象徵主義」（Symbolism）。如比利時梅德林克（Maeterlinck,1862-1949）是近代象徵派的代表戲劇家。蘇俄詩人、小說家梭羅古勃（Sologub,1863-?）小說描寫不可思議的病態心理及夢幻世界，詩歌詛咒生活，贊美死亡，稱「惡魔詩人」，如：

我們一群被擒獲的野獸，

唯有聲嘶力竭地叫吼，

牢籠的門已緊緊鎖上；

我們沒有膽量，把它打開！

西班牙伊本納茲（Ibanez,1867-1928）的小說《啓示錄四騎士》（The Four Horsemen of the Apocalypse），敘阿根廷的一對姐妹，遷往歐洲，一嫁德人，一嫁法人，歐洲大戰時就互相殘殺；以四騎士象徵戰爭、饑餓、疫病、死亡四種災難。

專描寫色情，渲染性欲，叫做「色情主義」（Eroticism）。

把多愁善感的無涯情緒發抒出來，描寫纏綿悱惻的愛情，歌頌自然，懷念鄉村，沈思人生，抱怨命運，稱「感傷主義」（Sentimentalism）。

趨求官能享樂，以爲只有在肉體與物質的滿足中，才能發現人生的眞諦，稱「享樂主義」（Dilletantism）。

作者躲在象牙之塔，藝術之宮，完全脫離（或忘卻）醜惡的現實社會，積極尋求強烈的歡樂，希望得到新刺激，充實精神生活，以爲只有美的生活才是至高無上的，眞與善都在美之下，以爲美的感情，美的形式最重要，而求「爲藝術的藝術」（art for art's sake），稱「唯美主義」（Aestheticism）。英國王爾德（Oscar Fingal O'Flabertie Wills Wilde, 1856-1900）的戲劇《溫得米爾夫人的扇子》（Lady Windermere's Fan,1892），小說《杜蓮格雷之畫像》（The picture of Dorian Gray, 1891）；以及義大利詩人、小說家鄧南遮（Gadriele D'Annunzio, 1863-1933）小說《死之勝利》（The Triumph of Death），寫男女狂熱情愛，濃豔絢爛，如薔薇的芳烈：都是唯美主義的作品。

唯美主義和英國前拉斐爾派（Pre-Raphaelites）有密切關係，追求美妙的音樂感，文字優美絢爛，受濟慈的影響，英國有詩人丁尼生（Tennyson, 1809-92）、威廉・莫里斯（William Morris, 1834-96）、史文朋（Swinburne, 1839-1909），歷史家批評家卡萊爾（Carlyle, 1705-1881），美國小說家愛倫・坡，詩人論文家愛默生（Emerson, 1803-1882），挪威戲劇家易卜生（Ibsen,1828-1906）晚年的作品，都是。

在這個世界上，最刺激感動人心靈的，是未知的事，是神秘的美，所以特別著重於描寫幽幻的情思或神秘的故事，稱「神秘主義」（Mysticism）；早期如美國愛倫・坡（Edgar Allan Poe, 1809-1845）多以哥德式小說（Gothic Novel，一譯古堡小說），常用神祕、恐怖、罪行等做寫作的題材，所作《黑貓》（Black Cat），述一死囚的自白，他因酗酒中毒昏亂，用刀子挖出黑貓的眼球，又殺死牠，後終因此誤殺他妻子的故事，情調極爲怪誕恐怖，並有一抹神秘之影，刺激人的情緒，給人的感染極深。霍桑（Hawthorne, 1804-1864）的長篇小說《七個屋翼的房子》（The House of the Seven Gables）是一神秘的鬼怪故事。都是帶有神秘色調的作品。

其他如英國史蒂文孫（Stevenson, 1850-1894）的《金銀島》（Treasure Island, 1883），寫尋求寶藏與海盜戰鬥的冒險故事；吉卜齡（Kipling, 1865-1936）的小說，寫印度生活故事，在《林莽集》裏（The Jungle Book），描寫狼熊豹猴象等野獸的動作語言，在寫實中帶有浪漫的意味；也都是新浪漫主義的作品。美國當代女小說家密琪爾（Margaret Mitchel, 1905-1949）的《飄》（Gone With the Wind），取材美國內戰時的一種傳說，也是一部富有浪漫情味風行一時的小說。

到了二十世紀，新浪漫主義的作家，則大都懷有強烈的政治與社會的理想，企圖在我們的人間建立新樂園。

㈥結語

一八四一年，蘇俄別林斯基在〈論人民的詩〉中說：古典主義是模仿自然，美化自然，結果成爲雕琢說謊，矯揉造作，士兵和統帥、主人和僕人說一樣的話，牧女穿著撐起的裙子，臉上點著黑痣，屈膝敬禮，舞步似走路。舞臺的姿勢，誇張的文辭，成了必要條件。爲了解決這些缺點，新古典主義詩人將農民和小市民摒除悲劇之外，只寫貴族和英雄，脫離現代生活的題材，所寫都是古希臘人羅馬人，抽象的影子代替了實際的人物，只是造些幻影，供善惡道德，化成舞臺上行走的人物。德國天才們粉碎了古典主義的枷鎖。莎士比亞成了新典範。法國一群青年作家起來建立浪漫主義。不過，他們又誤解浪漫主義爲玩世不恭的自然。如果說古典主義像鑲著玻璃眼珠的蠟像，那浪漫主義就像熱狂的酗酒的女人，披頭散髮，作著野蠻無恥的動作。現在時代在變遷，大家需要寫的是現代的生活與社會，而浪漫主義寫的是騎士制度，不合現代的需要。所以浪漫主義的沒落是不可避免的。巴爾札克出來提倡寫實主義，就取代了浪漫主義。

浪漫主義作家寫過的題材，有希臘羅馬事情，歐洲歷史事件，神話傳說中世紀史詩，東方異國題材，夢預言奇跡，幻象靈視招魂等神祕故事，超自然世界，宗教與信仰，愛與罪與死亡，亂倫題材。今天，浪漫主義的思潮雖然過去很久了，但浪漫主義表現的手法，並沒有完全過去，仍然在世界各地的詩人、小說家、戲劇家的筆下展現出來。過去有人說許多自然主義的作家，也是浪漫主義的作家。我要說現代作家，也往往採用了浪漫主義的手法，但要注意的一點，是「題材」的選取要特別注意到「現代性」。

（一九九八年三月刊於《中國現代文學理論季刊》第九期）

七、寫實主義（Realism）

寫實主義（Realism），又譯作「現實主義」，在英、法、俄三國的文學界有非常大的成就，尤其是小說方面。

英國狄福（Danial Defoe, 1659-1731）取材一七○四年水手西爾考克（Alexander Selkuk）孤居

斐奈得斯(一譯弗南地茲)島上生活經驗，作《魯濱遜漂流記》(Robinson Crusoi, 1719)，敘一位航海家在遠洋遇難，飄流荒島，獨自與環境奮鬥的故事，描寫逼眞，開拓了英國小說，也是西方最早的一部寫實小說。後來女小說家奧斯汀(Jane Austen, 1775-1817)作六部小說，寫的都是平常人的生活與心理，沒有英雄的熱情，驚人的奇遇，風格平易細膩，深切動人，被稱爲「寫實主義之母」，所作《傲慢與偏見》(Pride and Prejudice, 1797)，我國有翻譯本。還有愛琪華斯(Maria Edgeworth, 1767-1849)的小說《拉克林特堡》(Castle Rackrent,1800)，描寫地主的罪惡與貧民的困苦生活，也充滿著寫實的色彩。狄更斯(Charles Dickens, 1812-1870)作《匹克威克遊記》(Pickwick Papers, 1836-37)，是一部重要的寫實主義的作品。狄更斯幼年貧困，生活艱苦，後來在律師事務所工作，見過各式各樣的人物，希奇古怪的事情，他在作品中所寫的往往就是當時現實情況的縮影，在人實際生活中汲取題材來表現實際的人類生活，由於他經歷豐富，見聞廣博，他的小說所寫的也就無奇不有了。他過去貧困艱苦的生活，由他的《塊肉餘生記》(David Copperfield)中可以看到影子，對可憐人物的描寫尤其深刻動人。撒克萊(William Makepeace Thackeray, 1811-1863)，文筆幽默鋒利，簡潔有力，所作《浮華世界》(Vanity Fair, 1847)是一部寫實小說，將人們的生活情思，活生生描繪了出來，尤其上流社會簡直被描寫得一文不值。

法國司湯達(Stendhal, 1783-1842)的《紅與黑》(Le Rouge et le Noir, 1831)是法國第一部的寫實主要作品，以描寫心理，分析性格著稱於世。巴爾札克(Honore de Balzac,1799-1850)所作

《人間喜劇》（La Comedie Humalne）包含他一生重要的作品，內容分爲個人、外省、巴黎、政治、軍隊、農村各方面的生活寫眞，共計九十七卷，描繪出十九世紀前半葉法國社會的全景，包羅社會上各式各樣的人物，各式各樣的生活，開拓了寫實主義的寫作領域。巴爾札克在《人間喜劇》前言(1842)中說：「要嚴格摹寫現實」，「一個作家應該成爲忠實、成功、耐心地描寫人類典型的畫家，講述私人生活戲劇的人物，社會情況的考古學家，職業名冊的編纂者，善惡的登記員，還應該進一步研究產生這些社會現象的原因，並且尋出隱藏在這些人物和故事裏的意義。」巴爾札克要求他筆下的人物與實際的人物，沒有兩樣，寫成爲一種典型，務要使讀者讀來覺得他所寫的都是眞實的，不是作者創造虛構的。爲了要達到這種效果，他特別偏重實地觀察，把握其特點。他常常悄悄地跟在一些人的後面，細聽他們說話，體會他們心思，到後來他滿腦子裏裝的都是這些人物的影子，到後來他對人物的體察就幾乎成爲直覺了，由人物的外表，就能揣摩其心靈深處，所以他所描寫的人物都是有聲有色，刻畫入微，能將不同典型人物的服裝、言談、動作，都寫得恰如其份。巴爾札克常以描寫環境、加強氛圍來襯托人物、加強情節，所以他對環境描寫特別仔細；像他描寫「高老頭」（Old Gorcot）寄居的公寓，就是由外至內，一步一步的，非常細膩逼眞地寫出了它貧窮陰暗、缺乏生氣的意味。他筆下的人物，上至貴族，下至平民，總有兩三千人；由他所寫的環境，就能叫人體會出這些人物的情況，聞出氣息，聽到聲音，感覺到他們的性格心態了。

福樓拜（Gustave Flaubert, 1821-1880）繼承巴爾札克的路子而發展，作《波華荔夫人》（Madame Bovary, 1856)，在巴黎雜誌上發表後，受到許多責難。甚至有人說《波華荔夫人》就像一個脫光了衣服的女人，一點也不美。第二年這部小說改編成戲劇上演，非常成功。福樓拜認爲藝術只是一種表現，不是教導，作家只能客觀地去描寫外界人事物，不作主觀的評論，所以日常低下醜陋的生活是最好的寫作材料。他在一八五七年三月十八日給讀者尙特比女士的信說：「《波華荔夫人》是一篇虛構的故事，假使有的話，是它的客觀性。作家所寫，就像上帝所創造，到處可以感覺得到。」他描寫一個不安於室的婦人，夢想那浪漫的生活，於是背了丈夫，追求那放浪不羈的情愛，寫的都是齷齪的現實。此書一出，寫實主義風行歐洲，取代了浪漫主義的勢力。他在一八七六年二月十六日，致喬治·桑的信中說：「一件東西只要眞，就是好的。淫書僅因缺乏眞實性，才是不道德的。」福樓拜講究寫實，也就特別注重用字用詞。他曾經告訴他的弟子莫泊桑(Maupassant)說：「天下沒有兩粒沙，兩個蒼蠅，兩隻手，兩人鼻子是一般無二的，要描寫它，非發現它的異點不可。我們不論描寫什麼事物，要表現它，只有一個名詞；要賦與它動作，只有一個動詞；要刻畫出它的性質，只有一個形容詞。我們必須苦心思索，非發現這惟一的名詞、動詞與形容詞不可。否則，僅僅發現一些似是而非的詞句是不行的。更不可因爲困難，便用類似的詞句敷衍了事。」這就是修辭上有名的「一語說」（Theori du mot unique)。當時的人把福樓拜看做寫實主義的大祭司。但法國寫實主義到了福樓拜，也就接近了尾聲。

舊俄果戈里（Gogol, 1809-1852）是俄國寫實大師，所作喜劇《欽差大臣》（The Inspector

General, 1836)，一個名叫赫萊司達科夫的官吏，被貪贓枉法的一個市長和幾位官吏誤認爲從彼得堡派來的巡按大人，大加奉迎，他也就樂得將錯就錯，騙取吃喝玩樂，甚至市長女兒的婚事，最後才被揭穿，諷刺地方官吏的昏庸和腐敗，每個人物的嘴臉性格都刻畫得非常眞實生動。長篇小說《死魂靈》（Dead Souls, 1841-46)也極有名，暴露沙皇專制與農奴制度之下俄國小人物。批評家說：《死魂靈》中的人物，遍佈俄國，觸目皆是。那些厚顏無恥、庸俗無能、卑劣醜惡的人物事情，經果戈里描寫了出來，都能給人留下無法磨滅的印象。一八四〇至六〇年代，俄國作家除托爾斯泰和屠格涅夫外，其他作家都深受他的影響，產生許多不朽寫實的作品，開始舊俄文學的黃金時代，稱做「果戈里時代」。別林斯基《論俄國中篇小說和果戈里的中篇小說》，說：「寫實的顯著的特色，在對現實忠實，不改造生活，而是把生活複製、再現，像突出的鏡子一樣的，把生活複雜多彩的現象反映出來。」他認爲寫實就是「藝術與生活密切的結合」，把「生活刻畫得赤裸裸的，到令人害羞的程度，把醜惡和美善一起揭發出來，好像用解剖刀切開。我們要寫的，不是生活的理想，而是生活的本身，像它本來的面目，不管好還是壞，我們都不想裝飾它。」他認爲眞實就是美。又在《一八四五年的俄國文學》中，說：「撲滅一切虛僞、說謊、不自然的東西，應該是寫實文學的新方向。這新方向在《欽差大臣》應世的時候，就完全顯露出來。」可見果戈里的作品，對俄國寫實作品影響的深遠。

由這些理論，可知「寫實主義」是怎樣的一種文藝思潮。

朱光濳在《西方美術史》下卷說：寫實主義在文學領域裏首先出現，是在德國席勒（Johann

Christoph Friedrich Von schiller, 1759-1805)的〈論素樸的詩與感傷的詩〉(1795)的論文裏。席勒說的「現實主義」，指的是古典主義。用寫實主義來標明文藝的流派，晚至一八五〇年，法國小說家向佛洛里（Chamfleury）才初次應用它，畫家庫爾柏（Courbet）和多了彌耶（Daumier）等人加以附和，辦了一個叫做「現實主義」的刊物，主要的口號是「不美化現實」。

寫實主義者認爲在自然界有不可改易的法則，因此認爲忠實表現自然，就是文學寫作的目的。寫實主義特別重視現實與事實，不相信有理想的社會，所以排斥虛張及空想，而以描寫當代生活、現實社會爲主體。即使描寫歷史故事，也要力求明確眞實。他們主張用純客觀的態度，科學的精神，對社會狀況，對人物性格，作冷靜觀察，緜密分析，並以優美的文筆，精確的描寫，希望能將世人生活的諸種眞相把握住，如實描寫了出來。他們常從現實生活中選擇比較有意義的事件，加以整理描寫，尤其喜歡選取城市罪惡的生活與污濁的舊社會爲題材，「不管怎樣平凡的事情，怎樣隱藏起來的人生醜惡面，怎樣痛苦不快的事情，也都要如實描寫了出來，雖然藝術本身是嫌忌平凡，追求美感的，但寫實小說總是努力照事實照生活來描寫，雖然藝術的目的，是給人快樂的，但寫實小說無論怎樣不愉快的事情，也從不避免寫進去。」他們希望對社會對人生有針砭藥石之效。寫實派可以說「爲人生的藝術」。尤其著重人物性格的刻畫，希望能寫得栩栩如生，在讀者的心裏留下深刻的印象，無形的影響。

寫實主義隨著時代的演變，不斷求新的發展，初期的寫實主義的作家，只注意描寫社會表面的現象，到了十九世紀末葉，英國作家如哈代（Thomas Hardy,1840-1928）等特別著重遺傳與環境對人性的影響，稱做「經驗的寫實主義」。像哈代生於英國多塞特郡（Dorset shire）對於當地農民的生活曾做過精細研究，所以他的小說多描寫鄉民生活。又如哈代的《苔絲姑娘》（Tess of the D'Urbervilles, 1891）的悲慘遭遇，是由於意志薄弱，哈代認爲一半是由遺傳，一半是由氣候，使她萎靡不振；他認爲「人物的性格是遺傳與環境的產物」。

二十世紀初年，美國的傑克倫敦(Jack London, 1876-1916)等人，創立了報告文學(reportorial Literature)，特別重視當前社會問題，含有維護正義尋求眞理的精神，所寫人物事件都必須有依據，不能虛構杜撰，頗有新聞記者的筆風，文體矯健有力，稱做「新聞的寫實主義」。傑克倫敦曾從事很多不同的職業，他的小說大都是他的生活的紀錄，以寫勞工生活及冒險故事爲主。他所作的《馬丁・伊甸》(Martin Eden, 1908）寫一個水手，努力自修，克服困難，終而極迅速成爲非常有名的作家，當他達到希望的巔峰的時候，卻在絕望中自殺了。《馬丁・伊甸》就是他個人的經驗，自己的寫照。像《野性呼喚》（The Call of the wild, 1903)中的狗兒「白克」，就是他自己的畫像，敘述白克怎樣適應亞拉斯加的氣候和習慣，就是追憶自己在克朗迪克的生活。每一個生活經驗，他都把它寫成一個故事。到德國雷馬克（Frich Maria Remarque, 1898）又爲一變，認爲心靈本體就含有主觀性，一篇創作，雖力求眞實，但寫成後卻自有作者的主觀性存在，心物自無法分開，打破了「心物二元」的觀念；他就採取主觀的態度，去觀察現實，描繪人物，得到輝煌的成就，稱做「主觀的寫實主義」；所作《西線無戰事》(All Quiet on the Western Front)，描寫戰地士兵的生活，表現戰爭的殘酷，死亡的恐怖，就是極有名的作品之一。美國新寫實主義（Neo-Realism），描寫他們熟悉的各種美國人平凡的生活故事，自然美麗的景物，以幽默樸素的文筆表現出來，把握了大衆的情感與想像，成爲現代新小說的一種特色。還有以宣揚某種思想爲目的，就是借小說來灌輸某種思想，也稱做「新寫實主義」。

（一九八六年八月刊於《國文天地》第四卷第三期）

八、自然主義（Naturalism）

古典主義持續了兩個世紀，浪漫主義的時代比較短，以後轉入了寫實主義與自然主義。

自然主義是十九世紀末到二十世紀初的一種文藝思潮。自然主義意味著一切回歸自然眞實。自然主義因爲受近代自然科學如醫學、生物學、生理學、心理學、社會學的影響而產生，主張用「科學實驗獲得知識」的方法，作爲處理文藝作品的手法，從觀察、分析、實驗人物和事件，去解剖人生情思與社會狀況，認爲某種人物處在某種環境中將會產生某種結果。對人生的描寫，求其眞實，不管善不善？特別注意一個社會的蛻變，多取材社會的黑暗面與平民困苦的生活，忠實描寫，毫無隱藏修飾。一切求其自然忠實，無須想像虛構。蓋他們認爲「浪漫派的想像文學只能產生一些怪物。」①他們認爲小說除了描寫眞實的「生活」，不能描寫超乎感官以外的東西，所以歪曲生活就是壞作品，就是虛假作品，就是想像的怪物。②

左拉在《戲劇上的自然主義》中說：「自然主義的小說不過是對自然存在的種種事物加以探討，想像不再有重要的作用，情節對於小說也不再是重要的項目。我們無須想像出一場複雜的冒險事件，也無須再給它安排一系列戲劇的效果，從而導致最後的一個結局；我們只須在『生活』中選取一個人或一群人的故事，忠實記載這些人的行爲。」並舉巴爾札克(Honore de Balzac,1799-1850)《貝姨》中的于洛男爵爲例。他把于洛安放在某種境遇之中，于洛處身在這樣環境這種情況之下，會有那種種感情的活動，加以描述；使我們獲得了關於「人的知識」，使人的感情成爲可以分析的東西。自然主義的小說，就是小說家憑藉科學觀察，對人作出的一種實驗。莫泊桑說：對左拉來說，唯有眞實才能產生藝術作品；因此不應該憑藉想像來寫作，必須仔細地觀察、描繪你所看到的東西。③

這種思潮以法國爲中心，著名的小說家左拉（Emile Zola,1840-1902）著有論自然主義的文字，特加標榜，繼寫實主義之後，激烈排斥古典主義與浪漫主義，倡導自然主義。一八八〇年，他把他自己對文學的主張，寫成〈實驗小說論〉(Le Roman Experimental)。一八八一年，他在高倡「自然主義的戲劇」中說：浪漫主義雖然對古典主義的文學，作激烈的反擊，衝破了形式的束縛，但仍然用僞裝去改扮眞實。浪漫主義選擇的題材，仍然侷限於中世紀，所以古典主義採用希臘、羅馬的古裝，而浪漫主義改穿中世紀的鎖子盔甲和緊身上衣。由於背景模糊，可以胡說亂扯，隨意編排，人物大都是一般化，只是一些從推理上虛構出來的，寫的只是紙糊和石雕的人物，不是有血有肉、有獨特個性的人物。他認爲在古典與浪漫的戲劇中的人物，可說都已經是僵硬化了。在舞台上扮演的，這個代表義務，那個代表愛國，這個代表迷信，那個代表母愛：一個接一個都是抽象觀念的表象。從沒有讓一個人物的肌肉與頭腦「自自然然」的活動。古典主義與浪漫主義都是閹割眞實修改自然。對他們來說，一切都存在於過去和抽象之中，人物與事情的理想化之中；一旦讓這些作家面對日常的生活，滿街的平民，便只有驚慌失措，以爲這些平常、這些醜惡的人物事件，配不上藝術；所以他們所選擇的題材，必須是傳奇無稽之談，人物必須僵化如大理石一樣，這樣才能夠隨心所欲地安排。這種寫法並不太費事，簡直可以成打地塑造。他進一步論自然主義的寫作的特點：作者必須深入去探討人類，研究生活，採擇眞實偉大的事件與人物，並且強有力地表現了出來。這樣的工作自然是十分艱巨的，自然嚇壞了那些習慣於從遠古的歷史中，搜尋題材的作者。他又說要做到這一點，自然應該用適當的形式去表現。今天自然主義宣揚眞實，不需任何矯飾。他認爲古典的悲劇和浪漫的浪漫劇都已經壽終正寢了。

莫泊桑在《愛彌爾・左拉研究》（1883）中說：每個藝術家都有他獨特的氣質，會使他所描寫的事物，帶著屬於作家思想的本質和獨特的風格。就是一個作家有多少才能，就能在他描寫的事物景象中呈現多少獨特性。但他認爲「絕對的眞實是不可能存在的」，因爲每個人對事對物都有他的觀點，教我們這樣的或那樣的去看；同一件事情，這個人認爲正確，另一個人可能認爲錯誤。要想描寫得絕對的眞實，這只是一種無法實現的妄想。作家最多只能根據各自的觀察和感受，把我們見過的感受過的印象描寫下來。其實，左拉自己是過著隱居的生活，足不出戶，對社會的情況並不瞭解。他怎麼寫作呢？他僅靠筆記本裡的一些札記，一些零碎材料，來做他的小說，創造人物，刻畫性格。結果他不得不虛構。不過，他盡可能遵循合乎邏輯的發展線索，盡可能不脫離眞實的情況。左拉的作品和他的理論，永遠是不一致的。只要他能寫出許多傑出的作品，能不能符合他理論又有什麼關係呢！

莫泊桑在一八八七年進一步論《小說》的布局，說：小說家要想把生活的形象正確描繪出來，就應該避免選擇特殊的事件。蓋寫作決不是給讀者敘述一個故事，去娛樂他們感動他們，而是要強迫我們的讀者去思索、去理解含蘊在故事裡面的深刻意義。我們必須愼重深入地去觀察宇宙、萬物、事件和人，然後以個人獨特的方式，努力在小說裡再現，傳達給讀者的正是這種富有個性的人世現象。我們把粗糙、不動人的現實，創造成一個特殊動人的作品，不應該過分考慮逼眞的問題，應該要隨心所欲去處理事件，作有計畫安排。這樣才能使讀者喜歡感動。小說故事在人物生涯的某一時期開始，通過自然的轉換，把他們帶到下一時期；描寫人物的心理，在某種環境影響之下，會怎麼樣的改變？感情和欲望會怎麼樣的發展？怎麼樣的相愛？怎麼樣的相恨？怎麼樣的在社會上相爭？財產、金錢、家庭、政治的種種利益，又怎麼樣的衝突？小說並非在創造奇遇，也並不是讓它從頭到尾都在趣味盎然之中鋪敘出來，而是在非常自然的情況下發展開來。小說布局的巧妙，決不是在有沒有引人入勝的開端？或者驚心動魄的結尾？而是將一些可信的小事作巧妙的安排，組合成意義明確的作品。如果要想把十年生活，寫在三百頁的小說裡，那麼就必須懂得如何在無數日常的瑣事中，把那些沒用的材料統統刪掉，並且要精心刻意去安排格局，突出表現那些一般人所忽視，可是對作品有重要的意義和價值的情節，形成十分微細、十分隱蔽，幾乎看不見的線索貫穿了全篇小說。小說的布局就是一連串巧妙地導向某種結局匠心的組合，使事件朝著高潮和結局發展。而結局的基本作用，必須能夠滿足讀者的一切好奇心理，使讀者的興味至此告一段落，並且讓所敘述的故事至此完全結束。這就是自然主義的小說家莫泊桑對寫作現代小說「布局」的理論。莫泊桑的「布局」和左拉的理論是有一點出入，但他的布局仍是站在自然主義的立場來建立理論。

左拉出身貧家，他的小說大多描寫下層社會的狀況。一八九三年，他完成的《羅貢・麥加爾叢書》（Rougon Macquart）、《三大名城》（Les Trois Villes）、《四福音書》（Les Quatre Evaugries），就是從自然主義的觀點，把法蘭西帝政時代的社會情形，詳細忠實地描寫了出來。如《羅貢・麥加爾叢書》第九卷《娜娜》（Nana, 1880），就是用實驗小說的手法，描述美貌女伶娜娜，妖媚淫蕩，色藝雙全，顛倒了許多男人，玩弄許多男性，成爲罪惡之花，使許多人傾家蕩產，身敗名裂。她對她的私生子非常疼愛，在上流社會豪華生活中演盡了無限愛慾的生活，卻終因看護私生子的病染上天花，成爲一個滿臉麻點令人生厭的醜女人。最後結束於娜娜之死與普法戰爭爆發，加深了感動力。他描寫的人物全是靠動物的情慾生活著。《三大名城》，是以倫敦、羅馬、巴黎三個城市爲題材，表現他的新社會。《四福音書》表現他人生理想。自然主義雖然不重道德，不管善否；不過他們分析現象，羅列事實，卻是希望能給讀者善的觀念，以期理想的社會因此建立；缺點在放肆粗野，機械板滯。

自然主義分做兩派：一派盛倡以純客觀的寫實的科學方法去寫作，以得到絕對客觀的現實爲目的，稱「本來的自然主義」（Naturalism Proper），又稱「報告的自然主義」，以從法國福樓拜直系下來的左拉、莫泊桑爲代表。如莫泊桑(Guy de Maupassant, 1850-1893)描寫人物，不僅寫他的外表，而且深入分析人物的精神與靈魂，寫出他的秘密，已達自然主義的極峰。這一派作者，因過份注重描寫人間的黑暗事實及暴露罪惡，也時常有極露骨的描寫性慾的文學出現；左拉、莫泊桑的作品裡，都有這類作品。

另一派主張插入作者主觀的印象，把作者的感觀直接感受事物微妙的印象，以及由這個印象所產生的情趣，照樣而徹底的表現於作品，藉此表現作者自己的人格，稱做「印象的自然主義」(Impressionist Naturalism)，又稱「徹底的自然主義」，以法國龔果爾兄弟（Freres de Goncourts）愛德蒙（Edmond,1822-1895）和裘爾（Jules, 1830-1870）爲代表。愛德蒙和裘爾共同創作小說，兩人同時動筆，每寫好一頁，互相比較選擇，然後再結合一起。這樣的完成作品，再用兩人的名義發表，世人稱他們爲「龔果爾兄弟」；兩人的風格接近，也就看不出結合的痕跡了。他們注重平民的生活，客觀觀察，忠實記錄自己對人事物的印象。爲了正確表現他們的印象，在小說裡常使用許多特別的文字與句法，因此不易瞭解。像他們的《日米尼．拉瑟特》(Germinie Lacereux）就是描寫下層社會的平民生活。日米尼，原是一個工人的女兒，父母早亡，十四歲就出來充當咖啡店女侍，爲人所污；後來爲女傭，又與少年傑皮羅同居，傑皮羅回去，日米尼有孕，墮胎，又與人發生關係，最後終淪落爲街頭的娼妓，染病而死。還有綠蒂（Pierre Loti, 1850-1923）也是法國印象主義有名的小說家；他少時服務海軍，多年航海，經歷各國，常以各國風物爲題材，如《冰島漁夫》(Le Pecheur D'Islande)就是寫北方漁民生活的故事，富有異國情調；在他看來這個世界不過是色彩、感情與經驗的三集合，不管道德善惡的問題。

自然主義對歐美各國作家的影響甚鉅，蘇俄杜思妥也夫斯基（Feodor Dostoevsky, 1821-1881）《卡拉馬卓夫兄弟》（The Brothers Karamazowy）和《罪與罰》(Crime and Punishment）都是著名的自然主義的長篇小說。《罪與罰》就是寫一個大學生因家庭貧困，對鄰近一個放高利貸的女人非常痛恨，殺死這個女人；這時愛上一個妓女，因殺人而心理不安，終而自首，被判流放西伯利亞八年；這個妓女爲愛他，跟他同去。

二十世紀美國小說家巴索斯（John Dos Passos）的《USA》，描寫錯綜複雜喧囂擾亂的美國三十年代的社會，把許多人的生活十分生動寫在一起，表現現代社會的冷酷與悲劇，認爲要改造社會，先須改造組成社會的個人，稱「新自然主義」（Neo-Naturalism）。

德國哲學家奧鏗（Rudolf Eucken,1908年諾貝爾文學獎得主）在《自然主義乎？理想主義乎？》（見《諾貝爾文學獎全集》卷六）中，提出人是否要受自然的左右？人能不能夠超越自然？他認爲自然主義是要人的生命合於自然的型式；理想主義則要讓人的本質顯露出來，人的生命應有它特有價值。他說十七世紀以後，科學知識的累積成爲十九世紀豐碩的成果，只要努力就能提高生活水準。我們人的理念逐漸趨於支配的地位，產生創造意欲，前一時代不可能的事，在我們這一時代大都實現，非常艱難的事也都已被巧妙地突破，進化看來沒有極限，生活豐富得難以測度。這對人是一種魅力，也是一項挑戰。自然和我們的關係出乎意外的重要。自然主義認爲人類生活與自然環境的關係極其密切，才受自然環境的限制。奧鏗卻認爲人類與自然的關係越密切，越顯出人類優於自然，所以不可以把人看做自然的一部份。我們越認識現代科學的知識能力，就應該越遠離自然主義。人對自然的優越，可由現代科技的發展，加以證明。科學技術是在追求想像的預知，擬定計畫，探知新可能性，正確預測和大膽冒險。單靠自然是不能完成這種工作的！由於人類的行動，也顯示現代人是充滿著信心，不受環境條件的限制，能夠知覺並判斷所處的境況，運用自己的力量去改變這種境況。他認爲這就足以駁倒自然主義。自然主義決不能適切地表現現代生活。自然對我們是重要的，但不能說我們只是自然的一部份。自然主義的錯誤，就是把人的精神在環境中所產生的變化，歸之自然本身。錯在只重結果，忽略了產生這種結果的人。我們內心大都有偉大的方向，追求新的生活方式。詩人有如魔術師把語言賜與事物，事物才能宣稱自己的存在。事物只有在詩人的內在世界中，才會顯得栩栩如生。一個人的生命不是爲了認知世界，而是爲了要創造世界。生命不僅面對外在世界，也面對自己的內在世界。起初，人是屬於自然層次，現在人已提升到新層次，依自身而行動。

理想主義所以能攫住人心，乃在於生命的自我表現。理想主義和自然主義的不同，不是藉自然來瞭解精神，而是藉精神來瞭解自然。自然主義認爲人是環境的產物。自然主義小說在環境的描寫方面發揮了力量。奧鏗批評自然主義不承認文學有內在獨立性，不許文學家本身有主導權，只能如實摹寫，記錄事件。只能記述印象，也許可以使我們更了解那時代人的感情欲望；可是這會阻礙創造，對提高人的心靈與情性不會有什麼貢獻。這種文學一定缺乏動人的力量。文學能向人提示永恒的眞理，支持生活在黑暗裡求生的信念。文學可以幫助提昇人生的境界，這樣的文學對人生對時代才有所助益。他特別強調「理想主義」的重要。④

【附註】

① 莫泊桑《愛彌爾・左拉研究》（1883）引賀拉斯《詩藝》說：「如果畫家作了這樣一幅畫像：美女頭裝在馬頸上，各色的羽毛蓋滿它身子，拖著醜惡的一條魚尾巴。」意謂「想像只能製造怪物」。

② 說見莫泊桑《愛彌爾・左拉研究》。

③ 說取左拉的《實驗小說》。

④ 奧鏗的理論，據《自然主義乎？理想主義乎？》濃縮粉飾。

（一九九八年十月據一九七三年四月《國文學報・西方小說的流派》增補）

九、理想主義（Idealism）

認爲文學家要有理想，文學是爲道德爲人生的，不能無所作爲，不能只爲藝術而藝術，必須有益於世道人心，所以作者常藉各種虛構的人物和故事，表現個人的理想社會，或諷刺現實社會。換句話說，就是不滿足於現實，進而追求理想的一種主義。如十六世紀英國摩爾（Sir Thomas More 1478-1535）作「烏托邦」（Utopia 1516），描寫理想的島國的社會生活情況。後來史惠夫特（Jonathan Swift, 1667-1745）作《格列佛遊記》，敘一水手遊歷大人國、小人國、飛島、魔術島、霍因島的故事，對當時社會加以冷嘲熱譏；可以看出作者厭世嫉俗，非凡的諷刺筆力，就是屬於理想主義的小說。現代以寫實爲基礎，發揮某種理想的，稱「新理想主義」（Neo-Idealism）。它沒有自然主義的消極悲觀，作者對人生與社會，大都提出積極的理想與主張，多從描寫現今社會上的人物與日常的瑣事，寄寓他的理想，讀來覺得特別親切，沒有舊理想主義架空的現象。此外如英國莫理思（William Morris, 1834-1896）是社會主義者，作《虛無鄉消息》（News From Nowhere, 1891），表現他夢中理想的社會。在這理想的社會中，人人都有工作，交易不需要貨幣，戀愛自由，沒有婚姻制度，沒有學校、法律、疫病、戰爭與貧窮；威爾斯（Herbert George Wells, 1866-1946）所作科學小說《在月球上的第一批人類》，想像人類登陸月球的故事，以物質科學爲根據，想像未來世界的進步情形；法國羅曼羅蘭（Romain Rolland, 1866-1944）於《約翰．克利斯多夫》（1904-1912）中，表現主人公克利斯多夫忍苦奮鬥的理想超人的人生觀，人道主義的倫理觀，以及他於一九二〇年發表非戰小說《克雷朗溥》等作品，愛自由，尚和平，反對戰爭：這些都是屬於新理想主義的作品。羅曼羅蘭認爲現代世界充滿醜惡與虛僞，人類應該用愛及眞理，向虛僞、醜惡的現實宣戰，又稱《新英雄主義》（Neo-Heroism），所作《約翰．克利斯多夫》就是這個主義具體的表現。

十、人道主義(Humanitarianism)

人道主義，在文藝上，爲排斥教會，鼓吹自由思想的主義；在倫理上，與博愛主義相同，主張破除階級、種族、國家等隔閡，而以互相專重，互相扶助，謀增人類全體的幸福。推而廣之，就是愛護動物，也屬人道主義。這種泛愛的倫理，影響世界許多名作家的寫作趨向，如俄國託爾斯泰（Leo Tolstoy, 1828-1910）的《戰爭與和平》，法國羅曼羅蘭的《約翰・克利斯多夫》，雨果的《哀史》，都帶有人道主義的色彩。如雨果的《哀史》（Les Miserables）一譯《悲慘世界》，敘貧農瓦爾琴因偷了一塊麵包，判刑十九年，逃獄後因受一位牧師的感化，改名換姓，經商致富，並做市長，不久爲警長識破，自首，後又逃獄，救出他亡友之女柯賽特，並撫育長大，柯賽特與貴家子馬里斯相戀，惟馬視瓦爲下流人，羞與爲伍，瓦爲柯幸福計，就離開他們，又遇警長欲拘他歸案，惟過去瓦曾救警長一命，警長因感恩，乃拔槍自殺，最後瓦爾琴也寂寞死去。作者人道主義的心情溢滿紙上，成爲世界上不朽的名作。美國女作家斯陀夫人（Mrs. Harriet Elizabeth Stowe, 1811-1896）作《黑奴籲天錄》，對當時黑奴的悲慘遭遇，表示同情，也是人道主義的小說。

十一、心理分析派（Psychoanalysis）

二十世紀奥地利心理學家弗洛伊德（Sigmund Freud, 1856-1939）對「性本能」及「夢」，創立了新說，認爲人有性的欲求，及其他欲求，幸有社會的公論、道德、禮法的觀念，將各種欲望控制住了，逐回潛意識的領域，形成「情意結」。夢的發生，乃由於受抑制的欲望之強求表現；人當清醒時，所有欲望都受意識的監視，凡是社會禮法道德所不許，或是個人人格所不容的欲望，立被克制；但一入睡眠狀態，意識作用鬆弛了，這種欲望就尋求滿足，——存在潛意識中的「意象」就會湧現出來——尋求在夢境中得到實現滿足。所以人常藉夢境、幻想及文藝活動來發散治療這種「情意結」。夢中滿足欲望，與精神病之起因欲望求滿足，其理相同；夢實爲精神病的初型，有時轉形成神經病和歇斯底里。基於這樣的論點，弗洛伊德派心理學家把文藝創作看作是潛意識中欲望的「昇華」。他用以解釋夢的方法，稱「精神分析」（Psychoanalysis）。這種著重心理分析的學說，流播各國，在文學方面也發生很大的影響，產生了許多心理分析的小說，英、法兩國尤多，採用分析心理的方法，來探討（或描寫）人物的個性與心理狀態。其實在弗洛伊德學說產生以前，心理小說就已經存在。像英國理查遜（Samuel Richardson, 1689-1761）發表《帕蜜拉》（1740），《卡拉麗莎哈羅》（1748），《卻斯特格藍狄遜》（1753）三部小說，都是用書信體寫成。他認爲書信之妙，就在能充份表現人物的心情。他的小說不重詭奇曲折的情節，而重人物內心的描寫，所以有人說：理查遜「發現了人物小說的藝術」；德國歌德所作《少年維特之煩惱》用書信體，實受他的影響。美國霍桑（Hathaniel Hawthorne, 1804-1864）作《紅字》（1850），敘少婦柏里尼與一牧師戀愛，生了私生子，被判終身佩帶紅字A（Adulteress），表示蕩婦的意思，她始終不肯說出牧師的名字，自己去邊地做慈善事業，後來牧師因不堪內心的痛苦，終當衆將自己的罪狀公開，即時死在柏里尼手臂上；霍桑刻畫柏里尼及牧師心理的變遷，極深刻感人。戈果里（Nikolai Vasselevitch Gogol, 1809-1852）的《狂人日記》，寫狂人心理，極深入逼真。小說本來最重人物描寫，現代的小說描寫各種人物的心理達到極深刻的境地，由人的潛意識，去探討人類的各種欲望，各種心理，解釋人類的各種行動，使現代各種小說發生了許多變化，有專描寫兒童心理、青年心理、婦女心理、及變態心理等小說產生。至弗洛伊德學說流行後，心理小說就更加流行了。如奧國馬查霍（Sachn-Masoch）作的小說中，多描寫變態性慾心理——「被虐待狂」，患者被異性虐待，受到種種痛苦，才感到性的滿足；後來「被虐待狂」就定名爲「Masochism」。法國女作家高萊德（Colette, 1873-1954）描寫性愛和性心理，坦白大膽。過份描寫色情，渲染性慾，不重精神方面的愛，流爲「色情主義」（Eroticism）；相傳Eros是古希臘的戀愛之神，「色情主義」一詞是從它引伸出來。英國勞倫斯（David Herbert Lawrence, 1885-1930）的《查泰萊夫人的情人》（Lady Chaterley's Lover, 1928）等描寫性慾心理的小說；喬埃斯（James Joyce, 1882-1941）的《尤里西斯》（Ulysses, 1922），描寫青年史蒂芬和卜羅姆的白晝的生活與意識的活動；人類的本能、欲望與記憶，常常掙扎著從潛意識突進意識裏，《芬尼根的醒覺》（Finnegans Wake, 1939），寫黑夜的生活和睡眠時下意識的活動，表現意識之流的飄忽與朦朧。許多批評家說勞倫斯和喬埃斯沒有道德觀念，都是晦淫的作品。英國女作家曼殊斐爾（Katherine Mansfield, 1888-1923）就是心理分析小說的名手；她常選擇人類最平淡普通的片段生活，寫他們細微的動作，來表現他們的情思性格。像她的短篇〈一杯茶〉，就是描寫一個貴婦人露絲曼麗，幫助一個飢寒交迫的女孩，招待她一杯茶的故事，但實際上是在剖析露絲曼麗的虛榮、自私、嫉妒的心理。

十二、虛無主義（Nihilism）

虛無主義是一種激烈的政治主張，十九世紀中葉起於俄國，否定一切政治及宗教的權威，主張徹底改革社會制度，使各階級歸於平等，個人有絕對的自由。一八六二年屠格涅夫在所著小說《父與子》中，始有此名稱。以後就有一派青年以虛無主義者自任，組織團體，專事破壞工作、暗殺官員。俄國政府對之極爲嚴厲，被處死刑及流放西伯利亞的極衆。一八八一年，俄皇亞歷山大第二被刺，此派活動達於最高點。以後漸趨沈寂，一部份與其他社會主義派混合，成爲俄國革命之先驅。此原爲政治思想，卻也影響了舊俄時代的文學。如阿志巴綏夫（Michael Artsybashev, 1878-1927）所作小說，就因極端發揚虛無及厭世的個人主義，於一九〇五年被俄國政府逮捕入獄，幾處死刑；他的代表作《沙寧》，描寫主人公沙寧讚美肉慾主義，謳歌自由戀愛，倡戀愛至上，認爲生活全部的意義都在戀愛，對於社會、國家、道德等等，都看做無關重輕的。

十三、存在主義（Existentialism）

存在主義，一譯「實存主義」，由丹麥哲學家齊克果（Soren Aabye Kierkegaard, 1813-1855）所創始，討論人生的究竟與存在問題；後來德國雅斯培（Karl Jaspers, 1883-）確立存在哲學；海德格（Martin Heidegger, 1889-）著有《存有與時間》（1927），《形而上學問題》（1929，形而上學指純理學）；法國沙特（Sartre, 1905-）著有《存在主義就是人文主義》（1946）、《存有與空無》（Being and Nothingness）；形成了現代的「存在主義」。但研究存在主義的學者，又將帝俄時代喜歡描寫人類內在生活，表現自我意志的作家陀斯妥也夫斯基（Feoder Michelovich Dostoevsky, 1821-1881），和德國以超人思想爲中心，而樹立一種形而上學，強烈主張自我的個人主義的尼采（Friedrich Nietzsche, 1844-1900），以及德國詩人里爾克（Rainer Maria Rilke, 1875-1926），卡夫卡（Franz Kafka, 1883-1924），出生阿爾吉利亞的卡繆（Albert Camus, 1919,）都包括了進去。存在主義，在思想上不屬於任何一個派系，只是反抗西方自柏拉圖以來至黑格爾、約翰米爾的傳統哲學思想的一股逆流，排斥理性，不再信仰上帝，認爲人只是他所處的世界上的一物，由於他生存於世，參與這個世界的活動，一切的外物才告存有，也就是「自我存在」要與另一個「自我存在」交通時，人才會自覺「存在」；反之，一切就歸於空無。世界上唯一存在的東西，叫做「人」；只有人才「存在」，其他萬物「樹、馬、上帝」只有「有」，而不是「存在」；這並非說其他萬物不實在，而是說人能創造自己，作育萬物，表現自己的存在而已。存在主義的觀點，要使每一個人把自己存在的責任，完全放在自己身上。人的存在，乃是與其他萬物的關係而存在，個人無法超越整個人類，個人的行爲會影響到人類，我們對自己有責任，對別人也有責任。一個人創造自己的生命，描繪自己的畫像。除了這生命這畫像外，就別無所有。如李白就是李白自己寫成的作品的總和；所以夢和希望都是虛幻的。人除了自己生活之外，就空無所有。比如自然主義作家描寫懦夫或英雄，就會指出他的懦弱或英勇的行爲，是由於遺傳或環境或教養所引致；存在主義，就會指出這應該由他自己負責，並不是由於他的生理或環境所致。他所以成爲懦夫，是他懦弱的行爲，使他成爲懦夫；英雄是他英勇的行爲，使他成爲英雄；一個人是由他的作爲來界定的，人的命運是操之於己；人除了行動之外，別無希望，只有行動才能使他自己具有生命。要求生存，是人生的任務，人必須爲生存而工作，雖然如此，最後仍必歸於死亡。人類的共通是「存在」，主要的觀念就是個人自由行動的絕對性質。存在主義所探討的是人生問題，原是哲學思潮，今人將它應用於文學，遂成爲現代文學的新思潮。第二次世界大戰時，法國作家身經亡國的慘痛生活，於是遂將哲學上探求人生問題的存在主義思想，應用於文學方面，描寫戰時亡國生活的慘痛、恐怖的景象，闡明生命的虛幻、絕望，主張大衆應該團結一起，共赴國難，爭取自由與倡導博愛爲主要的內容。文學是不能脫離人生與社會，文學家應該爲人類生存的社會理想而奮鬥，應該重視人生的痛苦、死亡、恐懼、不安、罪惡和絕望等等題材，進入哲學和文學混合的領域。如沙特就曾被德人俘虜，關進囚牢，後來逃到巴黎參加法國地下抗德運動。沙特所作短篇小說〈牆〉，就是以古典的手法，討論存在主義的中心問題——描寫等待槍斃的囚犯，面對死亡恐怖的故事；這也就是他親自生活的體驗。至於卡繆作的《異鄉人》、《瘟疫》，里爾克的《馬爾特札記》，卡夫卡的《審判》和《城堡》，也都是存在主義的名作。

（理想主義、心理分析派、虛無主義、存在主義，均錄自《國文學報》第二期方祖燊作〈西方小說的流派〉）

十四、前衛運動（Avant-Gardes）、現代主義（Modernism）與後現代主義（Postmodernism）

㈠前　言

過去一百多年（一八九〇——一九九七），由前衛、現代、後現代的文藝作家，努力創造了不少新思想和新作品（Ideas and Works of the New）。這些文藝的新思潮已漸漸傳播到世界各地。其中受它影響最深的是繪畫、詩歌；其次是音樂、雕塑、建築與工藝設計；再其次是小說，雖有心理小說、意識流小說與哲理小說的興起，作者僅十幾人，其他都仍用舊手法寫小說；影響最少的是電影，雖有「實驗電影」的產生，但只限少數個人的實驗，並不流行，因爲電影純屬商業性，沒票房就沒法推廣。現代詩與意識流小說都標榜寫人的心理與潛意識，可是都寫得極晦澀難懂。小說用傳統的方法可以寫得具體動人，何況小說的題材廣泛，不只心理與意識，所以各國小說家仍多沿襲浪漫、寫實與自然主義的舊路，安排故事情節，描寫人物景物；這一百年來，西方這類著名的小說家當不下七、八十人以上。現代詩作者雖多，讀者卻極少；不過，近年來似已逐漸趨於寫讀者能懂的了。

(二)前衛、現代、後現代的分期

「前衛、現代、後現代」三個時期的分界，是很難劃分清楚的。大概只能說「前衛運動」產生於十九世紀與二十世紀之交。「現代主義」是從二十世紀初至三十年代前後，餘緒則持續到一九六五年。「後現代主義」這個名稱，始於一九三四年；有人說「現代」與「後現代」以第二次世界大戰（一九三九—一九四五）爲分界嶺；有關後現代的作品與評論，在一九六〇年代後漸盛。

這三期的文藝，各國輸入的時間並不盡同，有些地區至今仍不受它影響的也有。可是由於它涉及範圍廣泛，內涵複雜，近來雖有一些學者探討，仍不易鉤畫出輪廓與概念，要從哲學思想、政治經濟、宗教信仰、婦女地位、語言文字、心理學說、修辭語意、藝術音樂、文學美學、科技工藝各方面的情況去探究，才能理出這一百年來西方的文藝思潮的萌生與發展。

赫山（Ihab Hassan）在美國威斯康辛大學一九八二年出版的著作《希臘奧菲斯的支解》（The Dismemberment of Orpheus）：「展望後現代主義文學」（Toward a Postmodern Literature）上，發表一篇〈跋1982：邁向後現代主義的觀念〉（"POSTFACE 1982：Toward a Concept of Post-modernism"）。他認為「前衛運動」產生，是和二十世紀早期的幾個藝術運動有關；其次，他將「現代主義」與「後現代主義」的分別，作了一些「條目式提示」。單從這些「條目」實在仍無法理解它內涵。然而，「前衛、現代、後現代」這些專詞，我們已經時常掛在嘴巴裡、寫在文章中；看來似乎都懂，又似乎沒法說清楚！為要使我自己瞭解，所以特地就赫山先生的這篇文字，作詳細的詮釋與補充。

㈢前衛運動（Avant-Gardes, 1890-1920）

前衛（Avant-Gardes）出自法文的軍事術語 avagard，就是「先鋒」，所以又譯做「先鋒派」。英國女小說家吳爾芙（Virginia Woolf, 1882-1941）認為：「前衛運動」是在一八九〇年左右產生的一種新潮流，鼓吹更新藝術的形式與表現的手法。

十九世紀末，新浪漫主義興起的時候，歐洲資本主義已經迅速地發展，資本家和工、農的收入有很大差距，造成貧富不均、階級矛盾的現象。再加到二十世紀爆發第一次歐洲大戰（一九一四－一九一八），各國死傷三千萬人，城市廢墟，田園荒蕪，戰後物資匱乏，通貨澎漲，社會不安，民生艱困，亟需復原建設，戰爭還造成許多人心理失常；這時，文學與藝術自然暫趨沒落，產生一些非戰與焦慮的文學。作家親歷戰亂，感受極深，對傳統的觀念都被戰火摧毀，認爲世上根本沒有永恆的東西，因此產生了許多新思潮。像一切都不在乎的「達達主義」，就是在一九一六年大戰期中產生，成爲「前衛運動」的先驅。

前衛運動的流派，根據赫山的說法，有吧嗒啡稽學、立體派、未來派、達達主義、超現實主義、至上派、構成主義、墨茲主義、以及德·史帝爾主義九種。這些騷動二十世紀初期的運動，起先從藝術下手，借重法、意、德、奧、蘇俄各國一些藝術的思潮形成。然後再加達爾文（Darwin,1809-1882）的進化論（Evolutionism），波特萊爾（Baudelaire,1821-1867）的象徵主義（Symbolism），塞尚（Cezanne,1839-1906）的幾何圖形的畫論，弗洛伊德（Freud,1856-1939）的心理學，馬克斯（Karl Marx,1818-1883）《唯物論》（Materialism）與階級鬥爭，尼采（Nietzche,1844-1900）超人說，德布西（Debussy,1862-1918）夢幻清麗的音樂和愛因斯坦（Einstein）的《相對論》（Theory of Relativity）。尤其弗洛伊德的潛意識說，在戰後大爲盛行。在繪畫方面就產生野獸、立體、未來、超現實、抽象等不同的新畫派；在文學方面產生專寫內在世界的「現代詩」與「意識流小說」。現在先介紹弗洛伊德學說，然後再將前衛運動的九大流派，分別介紹如下：

1.弗洛伊德（Sigmund Freud，1856-1939）學說

奧地利心理學家弗洛伊德，精神科醫生，發表許多專門論著，對文藝影響最大的，有《夢的解釋》（

The Inter-pretation of Dreams, 1900）與《精神分析五講》（Five Lectures on Psycho Analysis 1910）。他對「性本能」及「夢」創立了新說，認爲人有強烈的性欲及其他欲求，幸有教育理念、社會規範、道德禮制、法律刑罰等觀念，形成自我意識，將各種欲望控制了起來，逐回潛意識（Unconsciousness）的領域，形成了「情意結」（Complexes）。夢的發生，乃由於受壓抑的欲望之強求表現。弗洛伊德把文藝創作看做是潛意識中欲望的「昇華」。他用以解釋夢的方法，稱「精神分析」。這種著重心理分析的學說，在第一次大戰時就流播各國，在文藝方面發生很大的影響，英、法兩國作家尤多採用他的學說，來描寫或探討人物的個性與心理狀態。大戰期中的達達主義，大戰後的超現實主義，現代主義與後現代主義，無不受其影響，產生了抽象畫、現代詩、心理分析小說、意識流小說、心理片、恐怖片等。就是到了今天，他的影響仍未少衰。

2. 巴嗒啡稽學（Pataphysics）

Pataphysics（一作Pataphyque）一詞，是法國阿爾弗烈德・雅里（Alfred Jarry, 1873-1907）所創造。他十八歲到巴黎，出入各種文藝沙龍，開始寫作。腳騎著自行車，腰掛著左輪槍，招搖過市，炫耀張揚，行同怪人。一八九六年十二月十日，他二十三歲，所作的短劇《烏布王》在創作劇院上演，諷刺小學校長烏布，是一個兇暴自負的傀儡式人物，後來當了波蘭國王，實際是極愚蠢又貪婪的統治者的象徵，爲權勢所驅使，不惜做出各種慘無人道的勾當，卑鄙齷齪的事情。劇情怪誕不經，對話語無倫次，充滿著蔑視權威的觀念，以喧噪聲、貓叫聲貫穿全劇。首演之夜就引起軒然大波，兩晚之後，即告停演，被視爲荒誕派戲劇的第一部作品。他的生活沒有規律，酗酒無度，越陷越深。一九〇〇年，又作續集《被束縛的烏布王》；一九〇一年，又有《成爲衆矢之的烏布王》。一九五八年，這三部戲劇在民衆劇院陸續上演。他也發表過故事和詩歌，格調屬象徵主義。一八九七年所作《日日夜夜》，寫一士兵桑格，在夢中摧毀了現實與想像之間的一切障礙。他所作的戲劇，衝破了通常的作法，對二十世紀後現代主義的荒誕劇（Theatre of Absurd），有相當的影響。以豐富的想像力，虛構荒謬怪誕的滑稽劇，譏刺時事。Pataphysics，在法文中，意指分解想像的技巧科學（science of imaginary solutions）想像（Imagination）這個名詞，在十七世紀，是指文字的幽默滑稽，詩人作家憑藉他們的想像力，去渲染杜撰編造作品。現代文學理論，認爲想像是人類心靈的一種作用，是觀察事物吸收材料的能力，也是綜合過去經驗，創造新觀念和新作品的能力。

3. 立體主義（Cubism）

十九世紀末，法國產生印象派（Impressionists），他們把握住光線的感覺，畫出光與色瞬息萬變的風景畫。後期的畫家塞尙（Paul Cezanne, 1839- 1906），不只畫現象的外殼，還想畫出人物內在的生命，不過畫面醜陋扭曲僵硬。他說：「自然形態是由立方體、球體、圓錐體、圓筒體造成的。」西班牙畫家畢卡索（Pable Picasso, 1881-1972）和布拉克（George Braque, 1882- 1963）看到非洲黑人的雕刻，形態單純，架構自由，形成了有血有肉的造型。畢卡索把黑人雕刻和塞尙理論結合一起來作畫，用圓筒體畫人中間的軀體，用三角體畫人鼻子，用半球體畫女人的乳房，用菱形（立方體）花紋畫馬戲班中演員的戲裝；希望透過這種「幾何圖形」來畫人物，能夠給人立體的感覺。馬蒂斯（Henri Matisse）看到這種造形的畫，說是「立方體」（cube）組合，於是產生「立體主義」（Cubism）。

畢卡索在一九一〇年畫的「裸婦」就是由許多塊六角形組合成的，是立體主義的代表作。畢卡索又摻雜巴黎野獸派（Les Fauves）的技巧，畫出造型怪異的畫，人有三個鼻子，常將人的左、右、背、側、頭頂五個方向的形象同時畫出來，而成充滿著刺激、擁擠、粗野的畫面。他從非洲黑人雕像的造型，領悟出線條、面和塊的自然美，成了一種純粹的繪畫，不管一個女人有幾張臉，幾個眼睛，像與不像，畫的只是一種「美」，只在表現畫家內心造型之美，是著重新形式的一種造型藝術。野獸派是馬蒂斯等所創，採用單純線條，奪目色彩，建構變形眩目的畫面，一九〇四至〇七年之間席捲歐洲畫壇。立體派畫家阿爾柏·格萊塞（Albert Gleises）和約翰·梅津格（Jan Metzinger）合著《論立體派》（Du Cubisme）說：

> 在我們之外，沒有任何眞實的東西。我們並不懷疑那些人事物的存在；可是我們所能肯定的，只有這些人事物在我們內心裡所形成的形象。

個人是衡量一切人事物的標準，畫家可以畫自己認定現象的畫面。這些畫面雖然令人發笑，但沒關係，因爲一般人不懂藝術家的言語。藝術家無論如何不能對他們讓步，不必作任何說明與敘述。他們認爲描繪立體幾何的圖形，沒有什麼不可以。只要能將他們心裡的現實形象表現出來，畫得好就行。（說取李杭諾的《藝術與社會生活》，1912-13）。這種作畫理論，的確沒什麼不妥當的；「畫」之美，是在色彩美，線條、面、塊造型之美。這都可以訴之直覺來欣賞評斷。立體主義在意大利曾風靡一時，繪畫、建築、室內裝潢、舞臺布景、普通陳設與織物花式，也都採用立體的造型。

4. 未來主義（Futurism）

由於立體主義的流風，促使意大利的繪畫形成另一種新運動，就是「未來主義」（Futurism）。未來主義是受現代迅速發展的科技，歐戰激烈的戰火，弗洛伊德的心理學，尼采的超人說、叔本華的超意志力的影響，從純抽象、純想像和潛意識中去挖掘材料，並用象徵手法來表現，而波及英法德俄各國。

當時意大利有許多畫家、雕刻家、音樂家和文人，認爲意大利是一個古老保守的國家，他們被傳統藝術觀，像鄧南遮（Gadriele D'Annunzio,1863-1938）的唯美運動所束縛，不能自由發揮創造新穎的作品。一九〇八年，馬利奈諦（Marinetti,1876-1944）寫了一部小說《未來主義者馬夫卡》（The Futurist Marphka）被政府禁止，還判處妨礙公安罪。引起文藝界不平，起來支援，在巴黎飛加索（Figass）報發表宣言，未來主義因此騰傳於世，宣揚現代科學，謳歌機械工業，以及革命的政治觀念、社會運動、激變生活等等。常以騷擾喧囂等動態，爲文藝創作的對象，痛惡靜默休止的事物，所注意描寫的都是動的事物，如工場、汽車、飛艇、爭鬥、革命、戰爭、無政府主義等。當時有許多追隨者。在他們的心目中，機械是有生命、有感覺、有靈魂的東西，還有怪癖與個性。如李博曼特薩尼

（Ribemont-Dessaignes）的小說，就是描寫機械力的美和現代都市的宏偉。馬利奈諦還將未來主義的理論應用於戲劇，著有《綜合的未來主義的舞臺》、《他們來了》和《月色》等劇本。他認爲戲劇應該面向未來，探索未來，應該表現物理或機械的力量，反對傳統戲劇。現代其他流派小說家也有受他影響，在作品中表現這種理念。

一九一五年，馬利奈諦在《戰爭——世界唯一的救星》的詩集中，歡呼第一次世界大戰的爆發，煽動意大利參加戰爭，成爲法西斯主義的狂熱份子，支持墨索里尼的支持者，終而失去許多支持者。

未來主義者主張「力和現代」，使畫家特別注意到「動態的東西」，像機械都成爲繪畫的題材，採用立體派的技巧來表現「機械」，也是一種創舉。只是流行時間不長，未被大家注意。

未來派注意動與力的機械文明，文藝作品自然表現萬物的「動態」，他們認爲宇宙是不停的流動，應該把這種動態描寫出來。還注意到「光」。白拉（Jocomo Balla）的〈婦人與狗〉，畫著一個女人牽著一隻狗在疾走。他畫許多條狗腿和許多尾巴，來表現狗搖尾快走的現象；狗鍊也畫成好幾條，來表現狗鍊抖動旋轉的情形；還畫著許多鞋子影子，來表現狗主人也在快走啦。他爲了表現動感，似乎要把「空間」藝術，轉變成「時間」藝術。這種表現機械的動態，是依據實際觀察與科學分析來畫的。

未來主義影響現代藝術最大的是「動畫」（Animation），俗稱「卡通影片」。他們希望經由形象動的變化，暗示生命的活動。但無論畫的多麼生動逼真，充其量仍是一幅靜止的畫面。後來法國科學家愛米柯爾（Emile Cohl）創造第一部動畫電影「杜拉馬」（Brame）。

一九六五年，未來主義已演化成專門預測未來的發展，就是德國歷史家弗萊赫苔姆所謂「未來學」（Futurology），預測將來的政治、社會、經濟、生態、文化與科技的發展。幻構未來的社會與科技的情形，自然變成後現代小說家寫作的內容。

5. 達達主義（Dadaism）

一九一六年四月十六日（第一次世界大戰中），在瑞士蘇黎世（Zurich）齊列奇一家咖啡館，由羅馬尼亞人扎拉（Tristan Tzara）、阿爾薩斯人亞爾普（Arp）、德國虛肯白克（Huekenbeck）、法國詩人阿拉岡（Aragon）、艾努亞（Eluard）和一些荷蘭人、美國人舉辦了一個集會，合辦了一個文學刊物（Litterature），產生了「達達運動」。他們對世界大戰深感痛苦，對人類的智慧與理性也感到灰心，產生了這種帶有虛無主義（Nihilism）的文藝運動，否定傳統的價值觀、理性及慣常的藝術形式，成爲前衛運動的先驅，產生了現代詩。

法語達達（Dada）就是「玩具木馬」、「無所謂」、「不求什麼」。主張作品要寫得永遠不能懂的，是徹底的破壞主義，是離奇怪誕的藝術運動。藝術家只要用新穎形式，表現心裡的感覺、想像或夢幻之美，對現代繪畫音樂舞蹈雕塑建築文學都發生影響。文學作品則不講文法，不要邏輯，反對約束，反對傳統，專寫一些怪奇悠謬、似通不通、無法讀懂的文句；小說則不重結構，不重情節，想到那裡就寫到那裡。繪畫、音樂這些藝術，直接訴之人的感官，新穎之美，人可以欣賞接受，而覺得新奇，不落傳統的窠臼；但文學則不同，是訴之人類的心靈與理智，要想激動人的情緒，引導人的思想，自非這類晦澀難懂的作品所能達到，所以由達達主義產生的一些文學作品，僅如曇花一現，旋即沒落。未來派、達達派常用黏合，拼湊，剪貼的方法來作畫。

6. **超現實主義**（Surrealism）

法國詩人布勒頓（Andre-Breton,1896-1966）受虛無主義與達達主義的影響，創「超現實派」。並在一九二四年於巴黎創辦「超現實派的革命」雜誌。有許多作家和畫家參加，影響英、美、德及西班牙各國。他們以夢象、幻覺、欲望與本能爲創作主題，只憑快速的自語寫下空想與感情，不寫現實的事物，只記錄內在世界的現象——游離飄忽、夢幻荒誕、複雜流動的潛意識。因爲不經過意識的整理，往往敲破了邏輯的法則，作品時常是上下不相聯貫，混亂而沒有秩序，流於印象模糊，命意不明，文字造作之極。他們認爲這樣可以打開幻想的境界，解除想像力的羈束，恢復兒童的純眞，天然的新穎，達到超現實的境地。主觀和客觀、自我和宇宙都進入較高度的混合境界。如布勒頓的《諾加》、《瘋狂的愛》就是。

在藝術方面，超現實主義尤佔重要地位。俄國夏茄爾（Chagall）的「藍色的小提琴家」（一九四七），畫人和椅子都浮在空中，房屋很小，幾乎不成比例，白色月亮，大朵鮮花，高懸天際：顯然畫的是夢境。對這位畫家來說，這不是幻境，是具有超過現實之上的現實。畫的就是他夢中的故鄉－俄國維德布斯克村，顯現的是他潛意識的心態。喜歡想像的青年畫家，多醉心於用光怪陸離的色彩與線條，把心中的幻境畫出。超現實派畫家契力柯（Chirico）在一九一五年提出《形而上的繪畫論》，一九一八年畫「赫克與安德羅瑪姬」，畫著兩個用木板、鐵條、彈簧拼湊成的一男一女的人物，畫面怪異而神祕，好像要把人帶到另一世界。超現實主義所畫所寫的，大都是幻想中的事物，但他們卻又自認是非常眞實的。布勒頓認爲超現實主義要表達的是眞實的心靈，作家可以採用「自動寫作」（Automatic Writing）的方式，在催眠狀態下，或服用藥物後，在「自我意識」控制鬆弛時候，開始寫作；所寫所畫自然是非常眞實的。

7. 至上主義（Suprematism）

至上主義（suprematism，一譯「絕對主義」），是一種非具象（non-objective）的藝術，由蘇俄畫家馬列維基（Kasimir Malevich）首創。他在《非具象的世界》（The Non-Objective World）中說：絕對主義已經放棄對人物面貌（也包括一般物象）的描寫，而用一種新象徵符號，來描述他的心靈的感覺。他所謂的新象徵符號，就是一些方形、三角形和圓形，這好像原始民族具有象徵意味的面具。一九一五年，他在紐約現代美術館展覽會中，作品多是非常簡單的幾何圖形。如「絕對主義的構成」（Suprematism composition），畫面上只有一個紅方塊與一個黑方塊，從上下層次的擺列，來表示空間感。一九一六年後，他趨向三度空間，藉不同色彩及暗影，使形體出現「浮雕感」，給觀者無限的感覺。利希斯基（El Lissitzky）也是絕對主義的代表畫家，一九二二年前往德國，絕對主義的理念也隨之傳播歐洲。

絕對主義所提倡就是抽象畫。「抽象」（Abstract）與「具體」（concrete）相對：凡就多數事物抽出它共同之點綜合成一觀念，這樣的心意作用，就叫做「抽象」。不講物體形象美，像大自然蟲聲鳥語之美，人為的音樂旋律之美，都是抽象美。柏拉圖（Plato）等人的美學，有「抽象理想說」，認為能夠超出現實世界的物象，就是最高的理想。音樂屬於抽象藝術；現代有些畫家主張美術要像音樂，要脫離形似具體的物象，於是有「抽象派」產生，畫家要用畫畫出內心的情思。作曲家不必按照自然界的聲音來作曲；畫家也不必依照自然界的物象來作畫，要運用線條與色彩畫出自己心裡意象。英國劉依斯（Wynham Lewis）的〈作戰計畫，1914〉是一抽象的圖形，畫中的兩條平行線和深色部分，表示兩軍對峙，上右角一大片的黑色，表示一軍以雄厚的右翼兵力，攻擊敵軍的左翼；他沒畫人物，也沒畫戰爭場面，只畫這一些線條與色彩，如果不加說明，實在不知道他畫些什麼。可以說「抽象畫」是「為情思而作畫」。

8. **構成主義**（Constructivism）

構成主義，沒有精確定義和一致用法。二十世紀頭二十年，construction和constructive用指那些經過深思熟慮之後構成的藝術，不是那種臨時衝動、即興創作的藝術。構成就是「組織」，就是如何挑選材料與組織材料？到二十年代，這個詞被兩個不同的運動所採用。

一是蘇俄的構成主義：它是在一九一七年蘇俄革命成功之後形成；深受馬克思主義影響，跟共產主義有密切關係。這時，蘇俄人民盼望建立一個社會主義的烏托邦。次年十一月，馬雅可夫斯基宣布：不要僵死的作品，要活生生的藝術，最需要的是建築造型、城市繪畫、普及劇院、宣傳文學與工業設計；藝術要走上實用的路子。塔特林（Tatein）提出「物質文化」，藝術要用於美化科技。藝術家要用藝術去創造物體的結構，創造新形式，掌握結構的審美。反對純藝術和實驗藝術。這些理論在建築、電影、戲劇和文學中廣泛傳播。不允許藝術的幻象，要開發實際的財富。當時藝術家希望能創造出：對社會大衆最有效用的藝術品。有些畫家去畫地形圖和書籍的封面，有些去設計傢俱、服裝和工人住宅，有些畫陶瓷花樣和紡織物圖案，有些去搞舞臺的設計，甚至去設計卡車和飛機。這種理論引起許多爭論。

蘇俄迦波（Gabo）把構成主義帶到歐洲。他認爲藝術的創造，應該是非社會的、非效用的。一九四八年，他在耶魯大學「幻想之橋」的報告中，反對蘇俄的構成主義。他認爲藝術家要用他們的才能去創造物質（像房屋、桌、椅）的價值，在哲學上是「唯物論」（Materialism）；在政治上是「馬克思主義」（Marxism）；但在藝術上只看到「佔有欲」；這對共產主義的社會是有害的。他反對這一種思潮。他又說：藝術正好是一種遊戲、一種娛樂，是人類最有效的交流工具，是人類最高的一種創造能力。他認同歐洲的構成主義。

一是歐洲的構成主義（或稱國際構成主義），認爲藝術家是新秩序的創造者；這種理念來自達達主義和反理性主義（Irrationalism），因此攻擊傳統的藝術；也來自創作衝動和直覺意識；後來在超現實主義、意識流、自動主義的作品中，發揮盡致而達到巔峰。構成主義支持非典型、非表現，而接近幾何構圖的「抽象」，產生「構成派」（Compositionism）。這種新畫派，源出未來主義，是蘇俄畫家康丁斯基（Wasslly Kandinsky）離開蘇俄之後所倡導的。他作了一幅畫就叫「構成」，主張作畫要跟音樂家作曲一樣，不必注意實際的物體形象，而要運用抽象化的線、形和色彩，去抒寫心靈深處的情緒。完全用幾何線條來構成畫面。

在二十世紀的抽象畫，有兩種含義：一指非表現物體形象的抽象（指只有些色彩的抽象畫），一指用以表現物體形象的抽象（像美國畫家阿瑟・道夫的「霧中號角」表現號角聲；中國潑墨畫的荷花是）。這兩種抽象結合一起，就成了二十世紀藝術最重要的一個特徵，成爲現代畫家或雕塑家表現著幾何圖形與抽象意味的畫面與造型。到第二次世界大戰的前夕，才逐漸衰落。

9. 墨茲主義（Merzism）

《墨茲》（Merz）雜誌是在一九二三年創刊，達達派已經沒落。德國畫家史維特斯（Kurt Schwitters，1887-）出版這個刊物時候，他在大衆眼中仍然是個達達主義者。他堅持他自己繪畫的理想，早在一九一九年從其他現代畫出來，開始創作「拼貼畫」（collages），也屬一種抽象化（abstractions）作品。這一年，他在柏林Sturm美術館，開墨茲拼貼畫（Merz collages）展覽。他說：所以叫做「MERZ」，是從一家銀行（KOMMERZ UND PRIVAT-BANK）的廣告（advertisement）所用「Kommerz」字的第二音節「Merz」來的。他說「Merz Pictures」是表示在抽象形式下的一種畫。他起先是用來稱他詩集（1917），後來稱跟他有關係各種活動，最後稱他自己做（MERZ）。他的墨茲拼貼畫，完全是隨他個人的興趣，利用舊車票、報紙、商標、鐵線、車輪、鈕扣、裝飾品和閣樓間的各種廢物，把這類特別的材料拼貼構成各種畫面。像他所作的（The Star Picture,1920）、（

Unicos Importadores, 1921）大都是用舊報紙、商標拼貼成的畫。

10. 德・史帝爾（De Stijl）主義

一九一七年，荷蘭的畫家蒙德里安（P.Mondrian, 1872-1944）與杜斯堡（Van Doesbury）出版《風格》（De Stijl）雜誌，提倡「新造型主義」（Neo-Plasticisme，來自荷蘭語 Nieuwe beelding），主張用幾何學來構圖造型。一九二八年，他用垂直線和水平線相交，並採用紅、黃、藍三原色，構成一個極爲嚴格又充滿詩意的幾何抽象的畫面。他們認爲「黃色是光線的運動，藍色是天空的色彩，紅色是黃、藍二色的伙伴。線是水平線。黃色放射，藍色後退，而紅色懸浮」。蒙德里安用一系列浮動的「方形藍色塊」構成畫面。這種造型的手法，不僅用於繪畫，還用於現代建築（住宅的整齊窗戶）及工業設計（紅藍色、直線型傢俱）。它產生於一九一六年，至一九三一年解體。

總而言之，這些在現代主義之前，許多前衛派紛紛產生，發表宣言，創造作品，突然興起，突然消失，激起了一波波漣漪，使文壇一時呈現無政府的狀態。他們用宣言與作品，沖擊了中產階層，好像葛籐一般蔓延，但不久就相繼流失凋落，給人留下無常之感。

㈣現代主義（Modernism, 1910-1965）

現代主義是繼十九、二十世紀之交的前衛運動之後，西方的詩歌、戲劇、小說、音樂、繪畫、建築以及其他藝術，出現世界性的巨大的轉變，隨後影響二十世紀大多數西方的文學與藝術。第一次世界大戰前後，到達巔峰狀態。現代主義在不同時期在歐美各國發展，比較重視審美和形式，表現現代人的思想、政治與文化的轉變情況。

一九一〇年十二月左右，開始有「現代主義」（此據吳爾芙〔Virginia Woolf〕之說），跟它祖先法國象徵主義（Symbolism）一樣的穩定發展，產生了不少成就非凡的詩人作家。現代主義受到前衛運動、象徵主義、心理學家威廉・詹姆士（William James）、弗洛伊德（Frued,1856-1939）和哲學家柏格森（Bergson, 1859-1941）學說的影響，產生了現代詩（Modern Poetry）和意識流小說（Stream-of-Consciousness Novel）。

在二十世紀二、三十年代發展，英、美的現代詩，多隱喻暗示，文字晦澀，句子不合語法，省略連接詞、標點符號，將一個字中的一個字母結束一行，而將其他字母另起一行，採用多種語言（英語、拉丁語、法語、意大利語、漢語、及專業術語）來作詩。像法國詩人梵樂希（Valery, 1871-1957）詩集《年輕的巴爾克》（La Jeune Parque, 1917），簡潔而深奧。

現代意識流小說，打破傳統的講故事，開始偏重描寫人物的內在世界，採用像「獨白、聯想、象徵、暗示」之類新技巧，來表現心理狀態，並特別利用時間的寬容度，在一個情節（時間）內，透過意識聯想的手法，不斷把其他情節穿插進去。他們要表現的是深心裡的意識與情思，缺點是破壞了語法結構與辭意表達。像法國小說家普魯斯特（Proust, 1871-1922）所作的《往事追憶錄》（Remembrance of Things Past, 1913-1928）十五卷，每卷均千頁以上；他 刻畫心理深入細緻，但文字晦澀難解，有些連名小說家紀德（Gide）都讀不懂。那寫得不好的，就更不必說了。

一九二〇至一九三〇年代，歐美現代詩與意識流小說最盛。英國小說家喬埃斯（Joyce,-1941）的作《尤里西斯》（Ulysses,1922），寫卜羅姆一天十八小時的瑣事心態。勞倫斯（Lawrence, -1930）的小說多探討性欲與苦悶心理的問題。詩人劇作家葉慈（Yeats, -1939）多寫神秘傳奇。德國里爾克（Rilke, -1926）的詩集譯做英文，有《上帝的故事》（Stories of God, 1932）。英國史班德（Spender）受他影響。德國學者、小說家托瑪斯・曼（Thomas Mann, -1955）研究藝術家心理、藝術家與社會關係，繼承尼采（Nietzsche）、叔本華（Schopenhhauer）、弗洛伊德的學說，作品富浪漫意味。慕西爾（Musil）。美國詩人、文學批評家龐德（Pound, 1877-1972）和歐立德（Eliot, -1965）先後移居歐洲；龐德長詩（Cantos,1930-40）最有名；歐立德詩語多反諷，措辭銳利，常濃縮古人名句，融入他新作中，實現「共存秩序」（simultaneous order）理論；他的理論對二十世紀的文學思潮影響甚大。還有小說家福克納（Faulkner, -1962）作有《喧聲與狂怒》（The Sound and The Fury）等十幾部，描寫心理常用「隨意聯想」、「內心獨白」，揭露人物記憶與意識中的事件。

這些都是現代主義時期的才情人士。紀德、葉慈、托瑪斯・曼、歐立德、福克納都得過諾貝爾文學獎。在這些詩人作家努力之下，現代主義有非常輝煌成就。他們的作品，都深受浪漫主義（Romanticism）、象徵主義、形而上學（Metaphysics）以及弗洛伊德心理學的影響。現在，我根據赫山對「現代主義」與「後現代主義」比較之後，所列舉「現代主義特性」的項目，作詳細的闡釋如下：

現代主義（Modernism）

1.浪漫主義（Romanticism）／象徵主義（Symbolism）

現代主義的詩人與作家，深受浪漫主義與象徵主義的影響。浪漫主義產生於十八世紀末，偏重幻想與理想，高倡想像和熱情；至十九世紀末，產生許多支派有象徵主義、頹廢主義（Decadent）、唯美主義（Aestheticism）、神秘主義（Mysticism）、新婦女運動（The new woman-movement）等。法國象徵主義詩人，鮑特萊爾（Baudelaire）、魏爾連（Verlaine）、蘭波（Rimbaud）、馬拉梅（Mallarme）作詩充滿著象徵色彩，常用具體形象、況喻隱秘的情思。現代派詩人與作家梵樂希、紀德、葉慈、里爾克、史班德、龐德、歐立德等人無不受法國象徵主義的影響。托瑪斯·曼帶有德國浪漫主義色彩，以頹廢唯美、變態死亡做小說內容，有《威尼斯境內之死》（Death in Venice, 1913）。

2.形式（Form）（連接的conjunctive，嚴密的closed）

作品之所以的動人，是緣於作品形式的完美與內容的充實；內容是作品的生命與靈魂，形式是作品的軀體與外表；過去，作家寫作時無不講究詞藻的優美，聲韻的和諧，結構的嚴密，期能恰當地表現內容。現代派英、美作家，講「結構主義」（Structuralism），特別重視連接的與嚴密的（conjunctive, closed）結構，希望能造成有意味的形式。其實，現代的其他藝術家，也追求形式之美，所以繪畫則注重線條、色彩的變化，光影明暗，色調飽和度，構成崇高和諧的畫面；音樂家則注重音色的高低抑揚，旋律的優美；建築家則注重造型與結構。形式相同的作品，大致具有同樣的模式與表現的手法。各種作品的形式，大都是作家有意識造成的，是靠平日涵養與創作時構思。但現代心理學家認爲無意識的活動，也可以產生文藝作品的形式。現代主義的美學講究優美的形式，「美」可以增添創作與觀賞的樂趣。

現代主義藝術像：文學、戲劇、抽象主義（Abstraction）繪畫、造型藝術（Mold-Art）、音樂中十二音序作曲法、和電影中超現實主義（Surrealism）等，都是要創造一種純形式的藝術。

3.目的（Purpose）

作家寫一篇作品當然是有目的的。有的是用來說理，有的是用來抒情，有的是用來寫景的；畫一幅畫也是這樣的，有的是用來表現意趣的，有的是用來賣錢的；設計建築物圖，有的是用來表現個人的才華，有的是爲了賺設計費。從這看來，寫作、畫畫、設計的目的，一種就在作品本身，藉作品來表現個人的情思、意趣和才華。一種是偏重作品以外的目的，以作品來說教感人、賺錢養家的；又像寓言、諷諭詩和悲劇之類，另有寄託，也是這類作品。

4.設計（Design）

Design，在英文中是製圖設計的意思，就是根據審美原則，通過想像與巧思，去創造一種東西的價值與美感，叫做「設計」。設計，從古就已存在，小的像擺設，燈具、服裝、傢俱、瓷器等等，中的像住宅、庭園、舞臺等等，大的像道路、橋樑、大建築物的結構設計。過去偏重手工藝製品的設計，一九〇〇年起機器產品的設計，日益受人重視。像荷蘭玻璃製品的設計起了帶頭作用。二十世紀初，工藝設計成爲一種獨立的專業，和生產者與消費者保持密切的關係，去創造物品的美。現代工業設計像瓶蓋的式樣、紡織品的圖案色彩、浴缸廚具的造型；科技設計像汽車、飛機、輪船、機器、電腦軟體、工廠自動化等等。現代設計大致已經放棄傳統的藝術，趨向於現代人的審美觀念與實用功能。現代有不少藝術家參加各種實用設計的工作，如設計住宅，裝潢店面，爲瓷器描花，爲紡織物畫圖案，爲圖書雜誌設計封面。還有設計與材料有密切的關係。從前，美國加州的房屋外牆以紅木爲主體；這幾年來，外牆除了用木板外，還加上隔熱泡棉、鋼網，在外牆再噴上顏色美觀的水泥漿，社區間房屋的造型、漆色與路樹，則求整齊中有一些變化。文學像詩歌的音節押韻、行數排列的形式，經過詩人特別的安排，也是一種「設計」；像西方十四行的商籟體詩（Sonnet），中國八句的律體詩就是；現代詩非常講究詩句的排列。還有小說的人物造型，格局安排；戲劇的情節發展，舞臺劇景，現代作家也常作嚴密的設計。

5.**階級組織**（Hierarchy）

據 F.M. Keesing《文化人類學》（Cultural Anthropology, 1958）之說，「階級組織」一詞，是指具有上下、尊卑、貴賤之別的地位關係。從社會觀點分，有上層階級與下層階級；從政治觀點分，有統治階級與平民階級。像馬克斯（Karl Marx）從經濟觀點，把人分做無產階級與有產階級；無產階級包括工農勞動大衆，有產階級又分封建階級、資產階級、小資產階級；並認爲在貧富不均的情況下，必然會走上無產階級革命、專政的路子，最後建立一個沒有階級差等的理想社會。階級（Class）不同，生活觀念也就不同，也必然發生價值衝突與利益衝突的現象，表現於作品中的意識形態，自然也就有很大的不同。第二次世界大戰前後，左右兩派作家表現於作品中的情思就有很大不同。尤其馬克斯主義者認爲文藝應該爲政治服務，爲改造人類思想，要宣揚階級革命政策，文藝作家爲大衆利益而創作。英、美兩國一九三〇年代小說就受其影響，有激烈批評社會的傾向；中、俄等共產國家的文藝作品及批評理論自更不必說了。現代文藝作家追求理想，在第二次世界大戰前後，加入某些社團政黨，階級組織，於是作家成爲他們的代言人。像法國存在主義（Existentialism）的沙特（Jean-Paul Sartre,1905-1980），一九四五年在《現代》雜誌創刊號上發表「介入性文學」（Litterature engagee）的宣言；一九四七年又發表〈文學是什麼?〉指出貴族階級「永恆的價值」與無產階級「革命的思想」之間的路子。沙特表現出左傾的意識形態。沙特在第二次世界大戰期間，曾被德軍俘擄，晚年參與創立法國「革命民主黨」。他所作短篇小說「牆」（The Wall）寫等待槍斃面對死亡的囚犯故事，即攻擊中產階級的道德觀念。至五十年代末至六十年代初，「介入性文學」是指一切爲宣揚政治、道德、宗教的流派。西方評論家把共產黨人阿拉貢、存在主義的沙特、天主教徒別爾納諾斯等人的作品都歸入介入性文學。六十年代和七十年代，歐洲和蘇俄社會主義國家的文學家，更用以強調無產階級的政治思想。在西方國家則以強調民主政治、自由思想與基督精神。如高爾基（Gorki）《母親》反映俄國革命運動的事；還有亞當斯（Henry Adams）的《民主國家》（Democracy）、史諾

（C.P.Snow）的《陌生人和同胞》（Strangers and Brothers）都是政治意識的小說（Political Novel）。

6.名家（Mastery）／標誌（Logos）

歷來文學都是講究「語文藝術」的，大作家能夠熟練地透過語文，把我們現實生活中的各種現象描寫出來，把人類心裡最細微的感情思想表現出來。文學名家能夠非常出色利用語文的力量，熟練地應用語文來表達他們的見聞與情思。這裡的「Master」就是指名家、大師，也可用以形容「熟練」；所以這裡的Mastery／Logos，就是說現代派的名家大師，能精鍊的運用語言文字，創作優美而成功的作品，形成他們自己的風格與標誌。當然，大師級的音樂、繪畫、雕塑，也各有其風格與標誌。logos，希臘語，詞、言語的意思。

7.藝術品（Art Object）／成品（Finished Work）

藝術品，是指有藝術價值的成品，具有高水準的表現力，完美的形式，充實的內容，有一定程度的完整性，為讀者、觀眾所喜愛，能耐人欣賞，能產生美感，能激動人心靈，能教人悲涕歡笑。這樣的作品便是藝術品。當然，真藝術品和假藝術品，有時是很難分辨的，自古有「魚目混珠」、「玉石難分」之歎；常見低俗平庸風行一時，塗鴉噪音充斥藝壇。藝術品創作的原則，在各國歷史上都是不斷演變，西方古典主義（Classicism）講「三一律」，重自然、勻稱與完整。寫實主義（Realism）希望能寫出生活與社會的真實面。自然主義（Naturalism）主張用科學去剖析人生與社會。浪漫主義（Romanticism）偏重感情與想像。二十世紀美學觀念的改變，因此對藝術成品的認定分爲兩派，一派是唯物主義（Materialism），像結構主義（Structuralism）、形式學派（Formlism）、左翼陣線（Left-wing Front）、西歐測量美學（Measurement Aesthetic）；他們講究實用，把藝術作品與物質製作結合一起，偏重建築造型（Plastic-art）、工藝設計、實用美術等；設計精美的工藝品，也可躋身於藝術品之列。另一派是唯心主義（Idealism），像現象主義（Phenomenalism）、存在主義（Existentialism）、詮釋學（Hermeneutics）和新批評派（New Criticism）屬之，偏重純精神的審美觀。

8.**美學距離**（Aesthetic Distance）

所謂「美學距離」，就是讀者觀衆和藝術作品之間有一段距離，所以不會將藝術與生活混淆一起來看。過去聽歌看舞，唱的自唱，聽的自聽。又如看戲儘管你對反派人物厭惡之極，但也不至於跑上舞臺，把演員痛揍一頓。這就是「美學距離」。蓋從前教育不太普及，文學、繪畫與音樂都是屬於文雅之士的涵養，音樂、舞蹈與歌唱大都是宮廷與民間專業之事，所以詩人、作家、畫師、演員、歌手、舞者不是生來才華橫溢，就是受過嚴格的訓練。他們的成就只是受到少數人敬仰。他們成功的演出，也只是供少數人玩賞罷了。他們的創作與表演並不是專爲著大衆而來的，更沒意思要和大衆融成一片的意思，這自然跟觀衆讀者有一段美學距離。蓋他們所創作表演的都不屬於「大衆藝術」。

9.**創造**（Creation）／**全體化**（Totalization）

創造，希臘文爲Heuresis，在亞里斯多德《修辭學》中是指「立論」。後來，擴展做「發現材料的能力」。文藝復興時期，創造是跟機智、幻想、想像同義，爲組合材料、編造故事的一種能力。十七世紀，創造指機智與想像，爲詩歌之母，天才之果。十八世紀末，想像是浪漫主義主要的手法，創造單指想像而言。十九世紀後，創造就是虛構—創造虛構的作品。過去小說家寫作小說都是編造故事情節，講究布局結構，務求把人物與事件寫得合情合理，生動感人，成爲一個完整的有機體；故云「全體化」。

10.綜合（Synthesis）

綜合就是完美地聯合、結合的意思。在某一種作品內，結合不同門類藝術的手法來表現，叫做「綜合」。像歌曲是文學和音樂的綜合；現代出版物是文學與美術設計、電腦打字技術的綜合。其實，許多文學與藝術，就是綜合性的作品，如小說、交響樂：綜合性藝術，如戲劇、電影、電視。小說《紅樓夢》雖以散文與對話爲主，其中穿插詩詞辭賦謎語酒令對聯，就是綜合文學。戲劇除了劇本對話，還得有演員表演，道具幕景，聲音效果配合一起來演出的，也是綜合藝術。電影與電視，更不必說了，是融合文學、戲劇、音樂、舞蹈、繪畫、聲光、科技於一爐的綜合藝術。就一種文學本身來說，也是一種綜合體；我們寫一篇小說，要描寫人物，安排情節，撰寫對話，渲染氣氛，描繪環境，務使整篇小說結合成一個完整統一的有機體。

11.在場（Presence，一譯「顯在」）

過去小說的寫法，作者無論採用「全知全能的觀點」（Omniscient point of view），或「第一人稱的觀點」（first-personal point of view）或「第三人稱的觀點」（third-personal point of view），敘述故事情節，刻畫人物動作，描寫環境景物，渲染氛圍情調的時候，作者本身則時常出現小說之中，寫他自己主觀的印象與感受。劉鶚的《老殘遊記》，小說中的老殘，就是作者劉鶚的化身。歌德（Goethe）的《少年維特之煩惱》（Leiden des Jungen Werther），寫的就是作者歌德自己的愛情。現代派的英國吳爾芙（Woolf）的《燈塔行》（To the Lighthouse），取材她自己早年生活的經驗，雖也用「內在獨白」（Interior Monologue）的手法，表現人物的心理與意識，但她卻時以指引與評論的情況出現於作品。作家非常明顯把自己溶入小說；（presence「在場」）一詞，就是說明這一種現象。

12.集中（Centering）

我們都知道無論創作什麼作品，都必需先建立一個「中心」（Center），做創作「主題」（Motif），然後集中材料去表現這個主題，這樣才能構成一個前後貫連、內容統一的完整作品。音樂指以重複出現一節旋律爲主旋律。繪畫指以表現一個單純的意念來構圖。雕刻指詳細地處理表現一個題材。文學作品尤重突出表現主題。詩歌、散文、戲劇與小說表現「主題」的方法，就是「集中」，跟主題密切相關的材料，分節分段，分場分章，寫進作品裡去，無關的去掉。像施耐庵的《水滸傳》是表現作者的一個意念——政治黑暗，逼民爲盜，再說簡單點，「逼上梁山」四字就是這部小說的主題。於是作者就安排一百零八條好漢一個一個逼上梁山爲盜故事。又如法國大仲馬（Alexandre Dumae Pere, 1802-1870）的《基度山恩仇記》（Count of Monte Cristo），主題在「復仇」：大仲馬以復仇爲中心，構想水手旦蒂斯爲何要復仇？他爲何有那麼強烈復仇意念？他被什麼人陷害？害到什麼地步？如何脫險翻身？又如何計劃報復？最後他的仇人又如何下場？這些安排，就是所謂「集中」。還有寫小說要凸顯一個人物的性格，可以描述專屬於這個人物的形貌服飾、家世學識、身分地位、生活方式、遭遇環境、談話行爲和情感思想，這也是所謂「集中」。

13.文類（Genre）範圍（Boundary）：

Genre就是類型或種類。西方文學的分類，在古希臘時代就已形成，像史詩（Epic）、抒情詩（Lyric）和戲劇（Drama）；最簡單的分做詩歌（Poetry）與散文（Prose）兩類；也有把文學分做高雅、平庸、低俗三類。中國在先秦時代有詩歌與散文兩類；以後又增加小說、辭賦、駢文、樂府、詞、戲曲，共八大類。各類文學各有它的特徵與範圍。文學理論家把各種不同的特徵作區分文體的基礎。在二十世紀，許多理論家按照文學的形式與內容的特徵來分類，於是有「文學類型論」產生，分類更加詳密。像小說以篇幅長短來分，有短篇小說（Short story）、中篇小說（Novelette）和長篇小說（Novel）。我在《小說結構‧第二編小說類型論》中，就把小說分做：生活小說（Life-Novel）、社會小說（sociological Novel）、愛情小說（Love-Story）、心理小說（Psychological Novel）、意識流小說（Stream-of-Consciousness Novel）、歷史小說（Historical Novel）、神怪小說（God and

Bogy Story）、恐怖小說（Terrific Novels）、科幻小說（Science Fiction）、武俠小說（Knight-errant Novel）、偵探小說（Detective Story）和微型小說（Petite Story）十二類，而討論它的特質、範圍與寫法。現代大多數作家寫作的時候，仍遵守著各種文學的體例，以及它的性質、界限和特殊的作法。詩歌、散文和戲劇也有各種不同的類型，不同的寫法。

14. 語意學（Semantics）

文學與語言的關係非常密切，所以有關語意的探究早就存在；不過，發展成一門學問「語意學」，則是進入二十世紀三十年代後的事。它是專門研究語言的意義，探討要怎麼說話？才能達到說話最佳的效果。要如何聽人說話？才不致誤解人意。怎麼說服人？安慰人？怎麼挖苦人？諷刺人？怎麼演講？怎麼辯論？這些探究語言的功用和運用的方法，就是「語意學」的內容。我們的思想是受大腦裡的語言所控制。我們說話寫作可以說全是利用語言工具來進行。我們的思想用聲音表達是聲音語，用文字表達是文字語，用手勢表達是手勢語，用符號表達是符號語（如燈號）。時代、民族、地域、文化、階級、教育、職業、性別和年齡的不同，所用的語言也就不同，各有他們所用的詞彙。詩人和作家怎樣措辭用語？抒寫心裡的聲音，凸顯一個人物的言行。如何利用語言去表達意思？譬如：一對男女上了床，有人說是「甜蜜神聖的戀愛」，有人說是「傷風敗俗的醜事」。對這一類的愛情的描寫，可以有許多不同措辭，像浪漫、纏綿、香豔、風流等詞來稱美，也有用風騷、淫蕩、無恥、下賤來謾罵，也有用緋聞和醜聞做評論。

吳洛坡（Hugh R. Walpole）的語意學（Semantics，1941）歸納出語詞的構成與表達的方式，有「直接」（如指鼻子說鼻子），「類似」（蝙蝠像老鼠），「字譯」（掌，手心），「部分」（內艙），「全體」（人民），「反面」（好壞），「兩端」（沸點冰點），「居處」（臺灣人），「來源」（紹興酒），「年齡」（老頭），「時代」（現代詩），「形狀」（短髮、圓規），「大小」（大象、細菌），「性質」（燃點、癡呆），「原料」（紗布、木架），「狀況」（屍塊、病號），「情感」（喜帖、哀涕），「智力」（敏捷、聰明），「感覺」（細嫩、紫紅、噪音），「因果」（光合），「行爲」（優良、粗魯），「性別」（母牛、公雞），「用途」（雨傘、落地窗），「親屬」（女婿，表親），「法律關係」（法官、律師、原告）二十五種。語詞應用和作品成功，有非常密切的關係。怎樣說的寫的委婉，有力，銳利，恰當，動人，流暢，都跟語意學有關連。

15. 範例（Paradigm）

範例，指可作模範的例子。文學與藝術都是從模仿到創作。吸收前人的經驗與技巧，以補自己不足；後一代的文藝，可說是前一代人經驗的累積。作曲由彈奏名曲著手，寫字與學畫都是由臨摹下手。現代學習寫作文學作品，講修辭語法，形式結構，寫作的原理與技巧，也都是教人從模仿到創作。要模仿就需要範例。因此現代語文學的研究，特別注意詞彙的組合，而產生「詞組」；句子的結構，而產生「句型」。詞組與句型的變化，必須舉「例」做模範。現代詩多以象徵詩做範例。現代派往往模仿前代作家的作風、慣用手法，語言的特點。

16.從屬（Hypotaxis）

在語文措詞的方面，有主從結構。像修限詞組，先立一個字爲中心，然後在這個字的前面或後面加上適當的修飾、形容、限制的字。如紅花（The red flower）；紅衣女郎（a girl in red）、紅血球（red blood cell）。這裡的「紅」、「紅衣」、「紅血」都是「從屬」部分。在畫家筆下人物的配置，也常見「主從」方式。像超現實主義瑞．曼（Man Ray, 1940）所作的油畫「沙德想像肖像」（Imaginary Portrait of D.A.F. de Sade），半身肖像佔整個畫面三分之二，一個側面的頭，前額光禿，後半則梳著一捲一捲的頭髮，直到衣服的領子上，臉部是由長方形板塊構成，眼框子深凹，眼尾皺紋很深，神彩奕奕，挺直有力的鼻子，厚突下巴，豐滿臉頰，衣服也是由橫板塊構成。這個肖像在畫面上已經非常突出。但在這肖像前一角空間裡，再畫一城堡做遠景，及城下一條彎道，道上一些小小人物作爲襯景，使這個肖像更加醒眼。這種從屬的配景，收到極佳的效果。

17.隱喻（Metaphor）

比喻是修辭一種方法。像「鐵石心腸」（A heart of stone）就是隱喻；「鐵石般的心腸」（A heart like stone）就是明喻（Simile）。現代派作家多用隱喻的修辭，他們是承接象徵主義來的。十九世紀末，法、英、德的詩人作家像波特萊爾（Baudelaire, -1867）、馬拉梅（Mallarme, -1898）、魏爾連（Verlaine, -1896）及蘭波（Rimbaud, -1891）等人，多採用隱喻手法與深奧典故，象徵個人的情思；這對二十世紀的意象主義（Imagery）與超現實主義的作家都有影響。比喻（Image）是建立在主物和比喻物兩者之間的相似點上；明喻，在兩者之間加上：「如、像、一般、似的」之類的連接詞；隱喻省了這個連接詞；所以「鐵石心腸」是隱喻；「鐵石般的心腸」是明喻，因爲它有連接詞「般」（like）。隱喻不只是語言的修飾，也是現代作家常用的一種藝術手法。

18. 篩選（Selection）

篩選就是將最優秀的藝術作品挑選出來。現代表現主義（Expressionism）產生時代，作家與藝術家認爲只有社會上精英分子，才能創造最優秀的藝術作品，才能評賞最優秀的藝術作品。現代主義的文學、戲劇、「抽象主義」繪畫，十二音序列作曲法產生的音樂，造型藝術和超現實主義的電影，都屬於「精英藝術」（Elite-arts）。他們主張創造「純審美」「純形式」的藝術，反對大衆化藝術（Popular-Art），絕不爲實用或社會的目的而創作。這些文學家藝術家都是意在表現「自我」（ego）。他們的作品趨向脫離眞實與模仿，趨於抽象和隱喻，強烈要求表現和創造，關心典型和事物的本質，渴求驚世駭俗的效果。像維也納的音樂家荀白克（Arnold Schonberg），從一九二三年以後，開始用精密「十二音序列」的方法，作鋼琴曲、變奏曲、歌劇《摩西與阿倫》。他對後來音樂家影響很大，德國史托克豪森（Stockhausen, 1928-），法國布雷茲（Boulez, 1925-）都是序列主義的作曲家，就屬於這種精英藝術。後現代的藝術與文化，大抵是走上比較大衆通俗化的路子。

19. 根（Root）／**深層**（Depth）

人類用語言表達情思，早已存在。但把語言（Philologos）當做研究的對象，是從亞里斯多德（

Aristotle）開始。語言學（Philology）成一科學，研究語言的起源、變遷、本質、語族分布、發音方法、語義由來、詞類語法等等問題，則是近世（十八世紀）之事。在二十世紀，瑞士語言學家索緒爾（F.de Saussure,1857-1913）創「記號學」（Semiology），他提出了「結構主義」（Structural-ism），認爲語文結構，有「深層」（Depth）結構與「表層」（Surface）結構。蓋語文意義的表達有不同層次：語義比較抽象隱蔽的叫「深層結構」；可就語文表面的結構進行分割的叫「表層結構」。像英文是由字母（音符）構成，有很多「字根」（root），含義各自不同；我們研讀英語必須從深層結構的字根著手。字根是字基礎，也叫「語素」（morpheme），是不能再作意義分割的語言單位；但在一個字根上面加字頭（prefix），下面加字尾（suffix），就可以造成一些新字；從所加字尾，就可知道字的詞性，所以稱之「表層結構」。

劉厚醇說：electrocardiogram是由electro（電）cardio（心）gram（圖）三個字根構成的，表示「心電圖」的意思。還有字根tele，「遠也」，跟phone（音）或gram（圖）或vision（幻影）或communication（消息）組合，而構成telephone（電話）、telegram（電報）、television（電視）和telecommunication（電訊）等詞。「字根」的意義是比較抽象隱藏的，好像植物的「根」深埋土中，不是一看就知道，所以是英國語文的深層結構。我們要了解英語一個字意義，要創造一個新詞，應從字根下手。

現代有所謂「句型」（Sentence patterns）。因此，有人誤會語句也有深層結構與表層結構。

其實「語句」通常只在「意義」解釋方面，有表層與深層之分。例如“A drop in a bucket,”表層意義是「一滴水在一只水桶裡」，跟中國成語「滄海一粟」用意相同；深層意義，借喻「非常渺小」。又如「Those dogs are barking up the wrong tree」表層意義是「那些狗圍著這一棵樹亂叫」，深層意義是「他找錯了對象」。從這兩個例句看來，句子的文字結構一點都沒增減，但語義卻有「表、裏」兩說。英文「肯定句」（I know him），可以變成「否定句」（I don't know him），變成「疑問句」（Do you know him？）；這三個句子的結構不同，意義也跟著轉變。漢語的句子結構，有主謂句（包括主語、謂語；或者還包括修飾詞、限制語、賓語、補語及插進語）、省略句（把句中某些成分省略）和單語句（我們說話或寫文章，常用一個詞或詞組來表達）三種基本結構。我們可以從這三種基本結構，衍生許多意義不同的句子。因此，可以說漢語「句子結構」，有「基本結構」與「增生結構」兩種。我們可以用「同類」、「擴展」和「變化」三原則，創造不同的句子。譬如從「我吃飯」（我是主語，吃飯是謂語；吃是謂語中的動詞，飯是賓語）這個「主謂句」的基本結構，可以變化為「你喝茶」，「他唱歌」；也可以擴展為「我們參加運動會」，「猴子喜歡吃花生米」，「大家一起努力克服了許多困難」。又如把「花開」這個最簡單的「主謂句」，加一些限制語、修飾詞、補語、插進語，擴展成「那棵生在牆邊的梅花，在這大雪飄飛的天氣裡，開得很盛」。這個句子，在本質上看，仍然是「花開」。其他的文字都是「擴展」的結果。因此，可以下個結論說：漢語的語句結構，可以分做「基本結構」和「增生結構」兩部分。「深層」和「表層」都是語義的問題，我國的雙關詞、雙關語和象徵用法，都是語義的表現，無涉於語句結構。

20.詮釋（Interpretation）／閱讀（Reading）

詮釋（一作Hermeneutics）就是解釋，最早是用來解釋《聖經》，希臘人 Hermeneus就是一個詮釋神學的；十九世紀末，德國狄爾錫（Dilthey）和海德格（Heidegger）引以解釋哲學。其實，對其他作品的研究詮釋，早已存在，像西方學者對莎士比亞戲劇的研究詮釋也多得很。我國歷代對於經史子集的注疏闡釋，多到不可勝數，而且有些詮釋家成爲著名學者。假使沒有詮釋的幫助理解，可能無法閱讀前人的作品。就我個人注譯《古今文選》十七年，對詮釋有許多經驗。我認爲某些作品含義，解釋較難原因：有的是由於時代的悠隔，古今用詞不同，也有用引伸義，用冷僻詞，用雙關語。這些都必須加以注解詮釋。有的詞涉專門術語，史蹟地名，也必須加以說明。有的是作者的措詞另有所指，或暗含影射，或情有寄託，或意在象徵，這種現象也常見於我國的詩歌、《楚辭》中。孟子在〈萬章篇〉中說：「說詩者不以文害辭，不以辭害志，以意逆志，是爲得之。」他說要解說詩歌，不可單據文字誤解辭意，也不要因爲辭意而妨害對作者情志的理解。應該以自己的心，去推敲、去體會詩人所要表達的情志，這樣纔能得到眞正理解。他又舉〈雲漢〉詩：「周餘黎民，靡有孑遺」，說：要是相信這句話，那麼周朝人民半個都沒留下囉！這跟現代西方的主觀詮釋的理論很相類。要詮釋作品，先要研究其詞，理解其義，然後探討作者的意圖。但後現代有一些現代詩人、意識流小說家，故意寫些讀也讀不懂的作品，就是請作者的本身來作詮釋，恐怕也不容易說得明白的。這是說現代主義時期的文藝作品是可以解釋，可以閱讀的。

21.意指（Signified）

意指與意符（Signifier）都是語言學上的用詞。意符，表示一個詞的意義符號；如「玫瑰」（rose）這一個詞，就是意符，指的是又紅又香的玫瑰花。有時「玫瑰花」這個詞卻另有所指，會使人聯想到熱烈愛情、高雅氣質、多刺厲害的女人，這就是所謂「意指」。《紅樓夢》就用「玫瑰花兒」象徵三姑娘探春是一個可愛又厲害的人。「意指」是含有「言外之意」的語義在內，不像「意符」含義的單純。

22.閱讀的（Lisible）口頭語〔Readerly〕

口頭語產生，在書面語之前。古代民間的許多傳說故事、情歌童謠，諺語俗話，大都從口頭相傳下來，注重說與聽的「口語藝術」，語言活，富表情，措詞生動，語調響亮。現代作家爲了便利於讀者閱讀，寫詩歌、寫對話，也大多用鮮活而生動的口頭語。二十世紀愛爾蘭詩人葉慈（Yeats,1865-1939）的晚期作品，不但題材採自生活，所用語言全是靈活的口頭語，爲讀者（Reader）所愛讀。中國老舍的《駱駝祥子,1937》運用純熟的北京口語。

23.敘事文（Narrative）／完史（Grande Histoire）

敘事文，在西方指詩歌，如史詩、敘事詩；散文如故事（笑話、寓言、神話、軼事）、短篇小說，中篇小說和長篇小說：都是以描述人物的故事與情節爲主。史詩（如荷馬〔Homer〕史詩《伊利亞特》

〔Iliad〕）和敘事詩（如拜倫〔Byron〕《唐璜》〔Don Juan〕），在西方文學中極爲盛行。中國敘事詩（如無名氏〈孔雀東南飛〉）和史詩（如白居易〈長恨歌〉）的數量很少。散文體的敘事文，大都是以主人翁爲中心，結合一連串的故事和情節寫成了小說。西方小說如莫泊桑（Maupassant）的〈羊脂球〉（Boule de Suif），人物稍多，情節稍複雜。長篇小說如托爾斯泰（Tolstoy）的《戰爭與和平》（War and Peace），描述許多人物和許多事件。

我們知道中外的歷史小說家，都是先蒐集史料，加以縝密組織，再運用想像與寫實兩種手法。做一個歷史小說家，都是亟盼能夠精確地重現當時不朽的歷史，驚天動地的戲劇場面。《戰爭與和平》所寫事件長達十五年，記法、俄二國在一八〇五至一八一二年間的戰爭。當然，赫赫有名的歷史英雄，政治人物的自傳與回憶錄，有時也有關涉重大的歷史事件。這類歷史歸之於「完史」（Grande Histoire）意指雄偉重要的歷史。現代牽涉到歷史的小說，像美國瑪格麗・密琪爾（Margaret Mitchel）《飄》（Gone With the Wind）寫美國南北戰爭與男女愛情；德國雷馬克（Remarque）《西線無戰事》（All Quiet on the Westerm Front, 1929）寫第一次世界大戰故事，是非戰小說。

24.名家的技巧與原則（Master Code）

現代派詩人，如法國梵樂希（Valery, -1957）和紀德（Gide, -1950），英國史班德（Spender），德國里爾克（Rilke），美國龐德（Pound）和歐立德（Eliot）寫作的技巧與原則，都是受法國象徵主義（Symbolism）的詩人馬拉梅（Mallarme）、魏爾連（Verlaine）和蘭波（Rimbaud）的影響。他們認爲人是無法描摹現實，只有用「象徵語」去暗示，常用隱喻，講究韻律（Meter），注重描寫內心的感覺，排除大衆俗濫的用詞，而創造純粹的語言。至於小說像德國里爾克、托瑪斯・曼（Thomas Mann）和法國羅曼羅蘭（Romain Rolland,-1944）等人，大多繼承過去的道路，成爲聞名世界的作家；他們作品成爲後人寫作小說的典範。

25. 徵象（Symptom）

這裡「徵象」（Symptom）應指象徵（Symbol）的徵象。現代詩人像梵樂希、里爾克（-1926）、史蒂芬・喬治（Stefan George,-1933）、龐德（-1972）與歐立德（-1965）都是受象徵主義影響。象徵，就是用具象表現抽象；以一物代表另一物；歐立德所說「客觀影射」（objective correlative），用意象語（Imagery）表現意象背後的感情；我國的詩人用寄託的言辭，暗示的手法，去掀開深藏心裡的情感與思想：這就是所謂「象徵」。象徵帶有神秘的意味，我們所謂的含有雋永不盡的餘味。彌爾頓（Milton,1608-1674）在《失樂園》（Paradise Lost）中，用「秋風横掃後的落葉」比喻撒旦的敗兵殘將；班婕妤的怨詩，以「秋風棄扇」比喻被丈夫遺棄；這都是「象徵」手法。例如梵樂希在〈海濱墓園〉中就用「屋頂上啄食的鴿子」的徵象，來描寫靜謐的海面上的「白帆」。

26. 典型（Type）

典型，這裡是指一個人物的性格或形象的類型；它是作家從一些（一群、一集團、一個階級、一個民族）人的身上概括出來的，進而勾畫這些人物的言行、情思、形象與性格的特徵，造成一種人物的「典型」。像「阿Q精神勝利」說，就是魯迅從我國的民族性概括出來的。《西遊記》中孫悟空，是作者根據猴子的形象，再加一些想像寫成，作神話中理想的英雄人物：他的形象與性格的特徵是活蹦活跳的猴子，紅腮幫，尖下巴，火睛眼，性格暴躁，口齒伶俐，本領高強，身手矯捷，幽默詼諧，勇敢地去解決困難，打敗妖魔，完成取經的理想；豬八戒則由豬的形象勾勒出來，大耳朵，長嘴，大肚子，他是普通人民的化身，性格懦弱，常說蠢話，貪吃好色，懶惰愛睡，行動蠢笨，甚至弄巧成拙，一遇困難就要拆夥回家：成爲兩種不同人物的典型。《紅樓夢》中的林黛玉與薛寶釵代表的是舊女性兩種不同的類型，林黛玉父母早逝，孤苦無依，羸弱多病，又多愁善感，再加聰明驕傲，自然成爲愛情失敗者；薛寶釵出身富家，端莊美麗，豁達隨和，再加是王夫人、鳳姐的嫡系親屬，自然成爲愛情的勝利者。作家描寫的只是少數人，卻可以用來代表多數人；典型人物是一整類人的代表。莎士比亞筆下的「奧瑟羅」（Othello）是極端妒忌的男性的代表，「哈姆萊特」（Hamlet）是猶豫不決的性格的代表。作家常常觀察而集合一群人物的特徵，製造典型人物。郁達夫〈沉淪〉中的主角是「零餘者」的典型，也是當時苦悶頹廢的知識青年的典型。抓住人物的性格寫出永恆的人性。藝術方面，西方古典畫派和中國國畫的人物畫，都是屬於典型的畫法。

費茲傑羅（Fitzgerald）在一九二五年出版的《大亨小傳》（The Great Gatsby）裡的窮小子蓋茨比（Jay Gatsby）想娶富家女黛西（Dsisy）不成，遠走他鄉求發展，終衣錦榮歸，時黛西已嫁富家子布坎南。布有情婦，黛亦未忘情蓋。一次出遊，蓋向布攤牌，沒有下文；回程時，黛駕車不愼撞死布的情婦。蓋爲祖護黛，代她認罪。布卻趁此誣告死者丈夫威爾森，蓋爲眞兇。威一怒殺死蓋。布和黛又重歸舊好。這部小說是描寫二十年代繁華人生的典型的作品。蓋茨比，這窮小子因愛挫折，努力奮鬥而有成就，終又爲情而死，也是現代生活中一種人物的典型。

27.生殖的（Genital）／陽物崇拜的（Phallic）

男女兩性的不平等，自古來中外都是一樣的。中國歷史上，女性享有權力的僅有武則天一人；西方還有一些女王、女伯爵；在一般人民的生活中，女人依靠男人而生存，處於附屬地位，仍只是料理家務、滿足性欲，生育子女。我國談論婦女問題，大約是在一八二八年（清道光八年）李汝珍作《鏡花緣》，批評婦女纏足、男子納妾、算命合婚的不合理，提倡女子有受教育、考試、參政的權利，希望眞能做到男女平等。這種理想，當時並未引起社會的迴響。到一九一九年（民國八年）五四後，爆發新文化運動，「男女平等」的理念才又騰播。西方由於十九世紀產業發達，需要女性勞工，可是對女性地位的提升，有許多小說家（如英國女作家勃朗特（Bronte））在作品中提到婦女的權利，但仍然沒有什麼作用。

法國女性主義理論家所謂「陽物崇拜」。過去父系血統的觀念，是以男人爲一家之主，工作賺錢負擔家人的生活。陽物爲男性的象徵，過去由於「陽物崇拜」，整個社會乃充斥著「男性至上論」，「重男輕女」，「男尊女卑」的價值觀念。表現文學中，也多只是女性的哀怨悲傷、悱惻纏綿的愛情罷了。

28.誇大妄想症（Paranoia）

蘇俄戈果里（Gogol）的小說《狂人日記》，記一個小官吏產生幻覺，以爲自己是西班牙皇帝，就是患了「誇大妄想症」的精神病。一種是作家選擇幻想怪異的故事，寫成表現妄想症的作品，像美國小說家愛倫·坡（Allan Poe）的《黑貓》（The Black Cat）、戈果里的《狂人日記》〕另一種是由作家自己的幻想怪誕的靈感所觸發，寫成妄想症的作品，像英國蘭姆（Lamb）的文章，荷蘭梵谷（Van.Gogh）的畫「麥田群鴉」。至於英國威爾斯（Wells, -1946）的科幻小說，也可以歸於這類幻想性的作品。還有像喬埃斯的《尤里西斯》中的人物，自述潛意識中冗長的囈語，顚倒迷亂，就好像詩人的精神的迷亂瘋狂（Poetic madness）。

29.起源（Origin）／造因（Cause）

我們從各種文藝與歷史來看，各種文學各有它起源與造因。現代派文學，源自浪漫主義與象徵主義，現代詩沿著法國象徵派波特萊爾（Baudelaire）來的，畫則從後期印象派畫家塞尙（Cezanne）來的，文學作品中形而上學的哲學思想則從德國尼采（Nietzche）來的，社會主義思想則從馬克斯（Marx）來的，小說的精神分析則從弗洛伊德（Freud）來的。

30.聖父（God the Father）

基督教（Christianity）是由耶穌（Jesus）所創始，瑪利亞受神（上帝）的聖靈生了耶穌。耶穌是神（God）之子，是彌賽亞（Messiah，救主），是基督（Christ，王），奉上帝之命，降生人間傳布福音，廣行善事，教人信奉上帝，愛人如己，有罪向神祈禱懺悔，就可得到赦免，死後就可回歸天國。耶穌在公元二九年，被羅馬總督以企圖爲猶太人之王，在逾越節日（星期五）釘死十字架。耶穌是爲了要拯救世人脫離罪孽而死。星期日耶穌復活，此後四十日又與門徒一起，以後又再升天。他的十二個門徒，都被賦予「聖靈」新權力，將福音傳佈各地，有無數信徒皈依，組成許多教會，受到許多迫害。一直到公元第三世紀，上層人士才加入。公元三一三年，取得羅馬帝國的寬容與承認。基督教信徒稱上帝爲聖父，耶穌爲聖子。公元三八一年，基督徒在君士坦丁堡會議通過，只要說「我信聖靈」即可成爲上帝的選民，就可以得救。基督教「三位一體」（Trinity）的教義，由此產生。到狄奧多修大帝（Theadosius the Great,379-395）基督教成了羅馬帝國的國教，他給主教相當大的統治權。於是小兒出生、結婚喪葬都採用基督教儀式。基督教特別重視家庭，認爲是宗教與道德的中心，主張提高婦女地位，保障已獲自由的奴隸，提倡誠實、勤儉、節制、樸質、努力，於是好鬥犯罪比率日漸減少。由教徒的奉獻，在各地設立更多醫院、孤兒院、殘廢院、救濟院、收容所和農場、學校，貧人病人殘障者受到更多照拂，也提高了落後地區的教育。因興建大教堂，促使建築物有新的造型，油畫與雕刻有新的創造，音樂也有新的樂曲產生。鑲崁裝飾的工藝品也因而發展。文學方面也產生了許多不朽的教會史、宗教詩、小說、戲劇。像但丁（Dante）的《神曲》（La Divina Commedia）、密爾頓的《失樂園》、雪萊（Shelley）的宗教詩，艾略特（T.S.Eliot）的哲理詩，都是極佳的作品。基督教修改了異教文化，在世界各地散佈基督教的教義，成爲西方文明的主流，人民根深蒂固的生活觀念。這也是西方社會能夠安定，人民能夠守法的主要力量。公元十一世紀，教會分爲天主教與基督教。

31.形而上學（Metaphysics）

形而上學，講的是極抽象、難懂的哲理，和認識論（Epistemology）、倫理學（Ethics）組成哲學。研究宗教哲學、文藝美學等屬於「認識論」；研討人倫關係道德修養，屬於「倫理學」；解釋科學、宗教、歷史、美學等普遍存在的原理，屬於「形而上學」。這裡則指源於十七世紀英國的形上詩人，他們所作詩並沒含有深奧哲理，只是好作驚人的巧喻（conceit），把詩寫得晦澀難懂，艱深似形上學，故稱「形上詩」（Metaphysical poetry）。當時形上詩多寫上帝與神學、宮廷與教會、愛情與自然，注重形式與韻律，寫實與論辯，並多用借喻之辭，給人粗獷的感覺。其反抗精神，寫實方法，奇怪巧喻，成功作品，對現代美國詩人歐立德（T.S. Eliot,1888-1965）和推特（Allen Tate, 1899-1979）等留下很深的影響。歐立德在一九二七年移居英國後，成爲英國國教教徒，在詩中力陳正統宗教的教義，以反諷法表現，措辭極銳利；他的批評理論對二十世紀文學思潮有極大的影響。推特，喜用諷刺與繁複的手法作詩，以科學方法詮釋詩之意象（Imagery），爲現代新批評的中堅人物。

形而上的理念影響到西方繪畫。契力柯（Chirico）作《形而上的繪畫論》（Metaphysical Paintology）。二十世紀四十至五十年代，美國出現了各種不同的抽象畫，稱做「抽象表現主義」（Abstract Expressionism），爲當時美國藝術主流，代表畫家有傑克遜・包拉克（Jackson Pollock）

和維廉·德·枯寧（Willem de Kooning），他們的畫，脫胎於超現實主義，以他們心靈的「選擇」作爲畫畫根源，風格粗獷，把內在情感表現於繪畫中，生動地隱喻出宇宙間的能和動力，達到一種至上境界，使觀者爲之神往。馬克·瑞司科（Mark Rothko）和克萊弗德·斯蒂爾（Clyfford Still）則是從象徵主義演化來的，他們的畫內容簡化，風格含蓄，感情是超乎自我，包蘊「形而上學」的意味，是具體的現實與理想的飄渺之境的媒介。這是繪畫和形而上學相關的一斑。

32. **決定性**（Determinacy）

人類認爲大自然與這個世界處處都受到「因果律」（Law of causation）的支配，每一件事有它發生的原因，有它必然的結果。人生與歷史也受「因果關係」的支配，構成了命運與國運，而逃脫不了；所以歷史的盛衰不斷重演，人生也否極泰來樂極悲生。同樣的，從未發生的事也永遠不可能發生。決定論（Determinism）原則，是過去西方哲學家所公認的一種自然規律，有的認爲最具概括性；有的認爲是一種必然性的眞理，最容易証明；有的認爲它是根據經驗、探究眞理必要的條件。決定論（宿命論〔Predestination〕）的思想，當然會影響文學作品的表現。像過去作家受決定論的影響，就產生許多命運悲劇，像《梁山伯與祝英台》、《羅蜜歐與朱麗葉》都是深受命運擺弄所造成的悲劇。人類處身戰爭動亂的時代，自不免生活轗軻，甚至家破人亡。戰亂的文學也因此產生。

33. **超越性**（Transcendence）

「超越性」與「內緣性」都是屬於哲學的名詞。Transcendence，一譯「超驗」，就是超越人類經驗的範圍。超越性反面就是「內緣性」（Immanence）一譯「內在」。人類生活在現實世界，面對人生的種種困難痛苦無法解脫，也是人生活經驗所無法解決，因而嚮往超越現象世界，尋求精神的解脫。像「一神論」（Unitarianism）的基督教的上帝，存在上帝所創造的世界之上，這就是超越人類的經驗；「泛神論」（Pantheism）的上帝，存在人類自己能體驗得到的世界之內，所以是「內在」。超驗世界是指在現實世界之外。這種對超越世界的嚮往，丹麥哲學家齊克果（Sören Aabye Kierkegaard,-1855）在《死病》（Sickness Unto Death）中，感慨至死還病，人生極痛苦，而盼望來生解脫。作家面對著歐戰的動亂，想透過政治或宗教的理想，建立一個夢幻世界。波西米亞小說家卡夫卡（Franz Kafka,-1924）所作《審判》（The Trial,1924）和《城堡》（The Castle,1926），勾劃出一九三〇年代，歐洲人對獨裁者的恐懼，無法超脫現實世界的噩夢；這跟兩人都是存在主義者（Existentialist）有關；他們主張無神論，人是暫時存在，未來就是死亡，生活的現實環境是這樣的陰暗淒涼，充滿著悲觀，自然無法超越現實世界。但是對人生的看法持樂觀的思想家，像德國哲學家康德（Kant）的「超驗哲學」（Transcendental Philosophy），認爲人類的一切知識可以超越經驗；英、美一些文學家，也認爲人能夠超越經驗世界，單憑直覺，一個人靈魂（soul）、精神（spirit）或理智（reason）就可以直接和上帝溝通，體認上帝與眞理。英國詩人布雷克（William Blake）就說：「一粒沙裡看世界，一朵花中見天堂。」美國愛默生（Emerson）的《自然論》（Nature），強調人可在平凡的事物裡領悟宇宙的眞理。培里．密勒（Miller）在《超越主義者的序言》（Introduction to The Transcendentatist, 1950）中，說明人類所要超越的就是經驗（Empiric）、理性（Rationalism）與物質（Substance）。

(五)後現代主義（Postmodernism, 1939～）

赫山說：一九三四年，德·歐尼斯（Federico de Onis）首先使用「後現代主義」一詞，（見馬德里出版的《西班牙暨美洲西語詩選》〔Antologia de la poesia espanola e hispanoamericana, 1882-1932〕）。六十年代後，大家對許多人事物都愛加一個「後」字。「後現代主義」就是指在「現代主義」之後，也就是賡續「現代主義」的舊潮流，卻又衍生後現代主義的新潮流。所以有些批評家認爲「後現代主義」就是「現代主義」；甚至有人認爲「後現代主義」是要回到二十世紀初期，而說是「新前衛論」（neo-avant-gardism）。這說明後現代有一些文藝作品，兼有「現代主義」或「前衛運動」的特性，形成既相同又不同，既統一又分裂的三重景象（triple view）。

歐洲各國在第一次世界大戰後，經過長長的二十年，情況逐漸恢復，但不幸又有德國納粹黨的產生，意大利法西斯主義的興起，日本軍閥也有大東亞共榮圈的說法，又以戰爭爲手段，去掠奪小國的物資，侵佔弱國的土地，於是世界局勢又發生劇變，引發一九三九年九月一日第二次世界大戰。至一九四五年八月十五日，日本宣告無條件投降，才告結束。有人說：西方現代與後現代的文藝思潮，以第二次世界大戰做分水嶺。大戰後就進入「後現代主義」時期。後現代主義產生的背景，我認爲有下列幾點：

1.**大戰後世局的影響**

第二次世界大戰後，各地的局部戰爭仍不斷發生，西方殖民地紛紛宣告獨立，美、蘇兩大集團長期冷戰對峙，局勢時緊時弛；不過西歐各國逐漸恢復。西德和日本也從戰敗的廢墟中重建，成爲科技強國和經濟強國。整個世界發生激烈的變動，人造衛星，登陸月球，科技的發展一日千里，形成知識的爆炸，國民教育的普及與提升，書籍的出版，新聞的自由，資訊的發達，波音飛機縮短洲際的距離，貨櫃船提高貨運量，電子工業的發展，電腦革命的成功，經濟蓬勃的發展，衛星通訊，電話普遍，世界的格局變得很小，千里咫尺，朝發夕至，一切在大變動，國與國關係的日趨密切，交流頻繁，影響自深，世界觀逐漸形成，於是人際關係，家庭結構，社會政治，人生道德的觀念，也都在不斷變動，人們體認到沒有永恆不變的東西，舊日舊觀念已無法應付現代新生活，對文學藝術也要求新潮多變，也產生極大變化，文藝趨向大衆化。藝術家應用科技去創作。這就是所謂「後現代主義」的現象。

2.**過去思想的影響**

後現代主義受存在主義、弗洛伊德、大衆社會論、人類學、新女權運動、現象學、結構主義與現代科學的影響，形成西方現代美學的觀念；其本質和前衛運動有共通處，建立在唯心主義和形而上學的理論基礎上；跟達達派、超現實主義相類：可以說是選擇前人的一些觀念，作重新發展。

3.**電視發展的影響**

電視出現於三十年代，四十至六十年代推廣到世界各地，產生許多連續劇，以後走向多元化，節目有新聞、氣象、交通、報導、論壇、綜藝、音樂、體育、教學、科技、連續劇、雜技、電影、商業廣告，具備聲光色彩之美，直接訴之視聽感覺。這在都會影響到後現代時期文學與藝術的發展。

4. 戰後美國為文藝中心的影響

第二次世界大戰，美國本土遠離戰爭，戰後成最富強的國家，紐約爲世界畫壇中心，畫家把抽象主義與行動繪畫結合。洛森魁斯特（J.Rosenguist）、李克登斯坦（R.Richtenstin）等人提倡「波普藝術」（POP Art），接著又有「歐普藝術」（OP Art）打破現有藝術觀念，傳遍世界各地，被認爲是代表現代新繪畫的運動。

5. 今人觀念急變的影響

今天，人類對文藝看法，社會變化，人生態度，文化取向，都是非常急速變動，去年的時尚一瞬間都將成爲明日的黃花，不只時尚如是，人們對繼起事物的來臨，也是如是。這表示今人的生活觀的急速變動。

美國藝術史論家路易·史密斯在《一九四五年以來的視覺藝術》中說：西方藝術從自我轉向客觀，從手工品變成大量生產，從敵視工業科技轉爲應用工業科技。二次大戰期間，許多藝術家避難美國，藝術中心遂由巴黎移到紐約。大戰後，在美國崛起的是抽象表現主義（Abstract Expressionism），強調潛意識、夢幻和自動創作，以後就極度追求色彩本身的表現。五十年代產生波普藝術，集合藝術，用機器複製藝術品，主張藝術應與人類生活，大衆文化，消費文明，藝術與科技結合，新小說、荒誕劇、幾何畫面，偶發藝術、光效應藝術，電腦藝術，電子音樂是後現代的產品。文藝已經和昨日不同，應該有一個新標籤。

赫山猜想「後現代主義」可能始於一九三九年九月，就是二次世界大戰爆發以後。他列舉史德恩（Sterne），沙德（Sade），布雷克（Blake,-1827,英國詩人雕刻家神秘主義畫家），蘭波（Rimbaud,-1891，法國象徵派詩人，常將字義與句法歪曲），婁推阿蒙（Lautreamont），賈利（Jarry），扎拉（Tzara,達達主義者），霍夫曼．斯達爾（Hoffmann sthal），史妲茵（Stein,-1946,美國詩人小說家，詩講究聯想聲響，造句不按常規，小說著重心理與印象，安德森〔Anderson〕與海明威〔Hemingway〕都受她影響），晚期喬埃斯（Joyce）和龐德（Pound），杜商（Duchamp），阿陶（Artaud），胡歇爾（Roussel），布羅許（Broch），巴太爺（Bataille），歸諾（Queneau）與卡夫卡（Kafka）等作家，創造了「後現代主義」的模式。

還有愛爾蘭小說家、劇作家貝克特（Beckett, 1906-），小說寫人的孤獨無助，劇作渲染人物，對話曲折，形成荒誕喜劇，有《等待果陀》（Waiting for Godot, 1954）。柏赫斯（Borges, 1899-）以短篇小說聞名，將極端主義（Ultraism）引入阿根廷，鼓吹前衛派文風。納波可夫（Nabokov），龔布露瑞祺（Gombrowicz）也都可能是後現代主義的作家。

現在，根據赫山所列舉的「後現代主義的特性」的項目，加以詮釋：

後現代主義（Postmodernism）

1.吧嗒啡稽學（Pataphysics）／達達主義（Dadaism）

後現代主義的作家與藝術家，受吧嗒啡稽學與達達主義的影響。「吧嗒啡稽學」，是法國阿爾弗烈德・雅里所創，以想像方法虛構荒誕的戲劇。這對後現代的荒誕劇作家像卡謬（Camus）、貝克特（Beckett）、哈羅德・品特（Harold Pinter）、愛德華・阿爾比（Edward Albee）自然有影響。達達主義，主張什麼都無所謂，作品一定要弄得別人都不懂，文字怪誕離奇，不通之極，寫小說不管結構情節，作畫也可以黏合、拼湊、剪貼。後現代時期的許多觀念，像反形式、反創造、反詮釋、反敘事、講機遇、無聲、變形、分散、混合藝術和荒誕戲劇，應該都跟達達主義有關係吧。

2.反形式（Antiform）（分離的disjunctive,自由的open）

Anti-form這一個詞，是由阿姆斯特丹藝術館伯爾尼美術館所創造的，反對傳統的形式。二十世紀六十年代後期的「大地藝術」（Earthworks），將巨石群構成的埃及金字塔，和阿美林迪安石頭墓葬群，當作「大地藝術」的先例。這種以大地做設計對象，實在無法講固定的什麼形式。還有像一九七〇年意大利「波沃拉藝術」（Arte Povera），類似情境藝術、觀念藝術，反對傳統的藝術形式與肖像畫法，主張從粗糙無用的物質中創造藝術品。魯西阿諾・法勃羅在一張白色的大檯布上，放一個巨大的玻璃缸，缸裡放滿乾淨的玻璃杯，然後加個名堂「把施洗約翰的頭，放在盤子上給我」。這是據英國王爾德的《莎樂美》（Salome）及《新約聖經》取材的。還有像馬里奧・麥茲用成綑的藤條、柱子、鋁箔箱裡的泥土、瘦皮條、啤酒瓶和弓形霓虹燈管，構成了一個「空中物體」。這類作品都「無形式」之可言，也都是反形式的作品。觀念藝術，就是單獨一人的藝術，每個人都可按照自己觀念去創造藝術，像在人體上繪畫，只要你能想出點子就用來表現；這當然也無一定形式之可言。

文藝作品的形式是隨著時代的風尚而轉變，十九世紀末至二十世紀初，一些文學流派呈現著不同的形式，像象徵主義的詩人，喜用糢糊的語意，特殊的音韻，可以說是偏重形式，而使內容艱澀難解。至於立體派、未來派、達達派的繪畫，更宣揚形式主義（Formlisme），他們不管實物形象，特別注重構圖，喜愛非系統無結構的構圖，以新穎形式來吸引人觀賞。文學方面，認爲要表達潛意識中撲朔迷離、飄忽不定的心態，需要特別用分離的（disjunctive）、自由的（open）的語言來表現，文學也變成了抽象藝術，造成內容的貧乏。到後現代主義的時代，這些文藝作品更變本加厲，其結果最後連形式也放棄，這些作品也可以說都是「反形式」的。

3. **遊戲**（Play）

有些文藝作家認爲「藝術是獨立自由的，應該以自己的技法去創作。」因此走上游戲的路子。其實，文字遊戲早就存在，中國的對聯、謎語、酒令、回文、寶塔詩、藥名詩之類的作品，都是大家公認的遊戲筆墨。在小說或戲劇中，刻意寫一些的幽默、誇貶、解嘲，逗趣、說笑的話，又何嘗不是遊戲的文字？還有精心幻構許多子虛烏有、變化萬千的故事情節，像吳承恩的《西遊記》之類小說，應該也可以歸入「文字遊戲」之列。西方也儘多這類作品，也有回文（Palindrome）、對偶（Parallelism）、雙關語（Paronomasia）、形象詩（Pattern Poetry,把詩句排成菱形）、謎語（Riddle,砍啊，砍不斷；劈呀，劈不碎↓陽光）、笑話、俏皮話；後現代有一個作者，他把一個單純的事件，用一百幾十種文體來表現；還有人寫一篇小說，虛構各種情節去拖長它，這都只爲表現個人的手法與游戲的心態。不過，我認爲這些都是有目的的寫作，並不是無意識的產物。只是寫作的態度偏向於遊戲。

4. **機遇**（Chance）

過去作家寫作都是有意識的，有目的的。但自達達主義興起，這派作家主張「自動寫作」（Automatic writing），就是無意識的寫作，寫作不要在心靈的意識控制下進行，亂寫亂塗就行。超現實主義者甚至設計了一個自動寫作的辦法，讓自己在催眠狀態中寫作，或服了藥在迷幻中寫作。二十世紀六十年代，有人用亂插「單詞卡」拼湊成十四行詩。這種作品可以說是靠偶然性「機遇」來產生的。抽象畫、拼貼畫的畫家作畫時，有時還用臨時找到的東西剪貼在畫布上，再塗上油彩，效果有時也不錯：或將臨時看到的「偶發事件」畫進畫面裡，成爲一幅相當動人的畫；這兩種作畫方式也屬於所謂「機遇」。在音樂方面，也有所謂「偶然音樂」、「機遇音樂」的產生。機遇音樂的鼻祖，是美國作曲家約翰・凱奇（John Cage,1912-,荀白克學生），在一九五一年開始創作「偶然性音樂」。他認爲作曲家要放棄控制聲音的意念。他按中國《易經》的六十四卦，製成六十四個音樂圖示，然後扔三個硬幣求卦，求到那一卦就用那卦的音樂圖示，組成樂曲來演奏。這種作曲全憑偶然的機遇。斯托克豪森（Stockhausen）的《鋼琴曲XI,1957》和布雷茲（Boulez）《第三鋼琴奏鳴曲,1957》也有偶然音樂的傾向。斯托克豪森作有十九個片斷的樂曲，演奏者可以隨意組合、重複、省略，改變速度、力度和出音法。

5.無政府（Anarchy）

赫山認爲在二十世紀初前衛運動的時期，各種文藝的流派紛然產生，包括吧嗒啡稽學等九種，使當時文藝呈一片混亂狀態，用他們的藝術（art）、宣言（manifestoes）和滑稽動作（antics），衝擊了中產階級（bourgeoisie），可以說進入無政府的（Anarchic）狀態。後現代主義時代又延續了前衛運動時的混亂、無秩序的狀態。當時有些批評家就認爲，後現代主義就是「前衛論」（avant-gardism）甚至是「新前衛主義」（neo-avant-gardism）。

6.技窮（Exhaustion）／無聲（Silence）

這應該是指美國作曲家凱奇（Cage）在一九五二年所作《四分三十三秒》，在這年八月二十八日首演時，鋼琴家大衛・圖德走出前臺，在鋼琴邊坐了四分鐘零三十三秒，沒有彈奏一個音符，然後起身謝幕。凱奇認爲聽衆在這四分三十三秒裡，凝神摒氣所聽到的劇場內外各種各樣偶然發出的聲音，就是這支曲子的「音樂」。他企圖打破「有聲音樂」與「無聲音樂」的界限。他想打破音樂表現內心情感的觀念，要使音樂變成客觀的音響。赫山在他的文章裡，除了提到「無聲音樂」，還提到「無聲的文學傳統」（the literary tradition of silence）。現代詩、意識流小說，好像夢中的囈語，文字雖然平白，但一句一句讀來，後文不對前文，的確很難理解，只有從句與句中間無聲的部分，去揣摩，去猜想，也許可以勾畫出一些輪廓吧。

7.過程（Process）／演出（Performance）／即興事件（Happening）

即興創作（Improvisation），自古就有，喜劇演員、行吟詩人、小丑和街頭藝人，在演出過程中常就現場的人事情景，臨時增編一些情節、臺詞、動作和噱頭，增加趣味，吸引觀衆。後來，詩人雅士也有即席賦詩作文的；民歌手和說唱藝人也常臨場唱作些新歌新曲，杜撰些故事傳說。從事音樂、舞蹈和戲曲的專業人員，也時常在演出時創造新東西。後現代「即興創作」已經盛行於表演藝術（戲劇、舞蹈、音樂、歌唱、魔術、雜耍），還有素描、漫畫、詼諧畫、爵士樂和無聲電影（默片）。才華橫溢的演員、音樂家和藝術家，常以技巧和經驗，做「即興創作」與動人表演。

8.參與（Participation）

這裡的「參與」是跟「美學距離」對比。這裡「參與」應該是指「文藝參與」，不是指民主時代的「政治參與」。中國戰國時宋玉曾說：「〈陽春〉、〈白雪〉和者數十人，〈下里巴人〉和者數千人」。這是說「曲高和寡」；大衆藝術大家可以參與，普通歌曲大家可以歌唱。後現代教育提高，人人能寫能畫，能唱能舞，文藝走向「大衆化」，大家一起來參與自然成爲一時的潮流。最明顯的像搖滾樂，幾乎舞臺上下「演者與聽衆」熔成一片，搖滾吶喊，一起歌舞。卡拉 OK，只要你有興趣，就可以上臺演唱。大幅繪畫、大型雕塑，也時常是集體創作，許多人一起參與完成的。其實，過去民間藝術像史詩、童話、舞蹈、民歌、小調，也是經過許多人慢慢地增刪完成的作品。只是現代人參與文藝活動的興趣特別高。參加兒童畫展，動不動就是數百人。飆舞，更是上千上萬人來參加。報紙的論壇過去是專欄作家的園地，現在開放給大衆參與。這樣子，報攤文學也就日漸走上低俗淺短之路。過去西方作家不太參與政治，現代大多積極地參與政治與社會的工作，他們的作品反映時事與社會的也就日多。年輕人參加飆舞，因此造成了男女兩情相悅、一夜繾綣的關係也不少；於是造成了十七、八歲女學生未婚懷孕，墮胎和棄嬰的社會問題，也日益嚴重，破壞了傳統的比較純潔的愛情。文學作品的題材自然也就不同於往昔。總而言之，後現代的文藝作品，也因此趨向於平庸。一九二三年M.塔爾曼用平庸文學（Trivial literature），說明當時小說的風尚，取代十八世紀浪漫主義時的騎士小說、強盜小說、驚險小說，而產生一些通俗作品。trivial，就是平常的、通俗的意思。後現代作家用通俗淺現的文字，描寫這時代的平凡生活和平常事件，讀來輕輕鬆鬆，但了無深意。

9.反創造（Decreation）／解結構（Deconstruction）

結構（Construction）原是建築工程學的用語。我認爲由現代的「創造」與後現代的「反創造」來探討，這裡「結構」這個詞，應該是小說理論家所謂小說情節（plot）的「結構」；就是一部小說若能作周密的布局，就合乎建築學（Architectonics）的結構設計。日本木村毅說：「長篇小說就像建造一椿偉大的建築工程。」長篇格局（plot）是大型的結構，要好好構思安排。現代與後現代的意識流小說家，英國吳爾芙（Virginia Woolf）、喬埃斯（James Joyce）、美國福克納（William Faulkner）寫小說，只描寫人物的心理與意識，已經不再注重虛構故事，也不再講究情節結構。de

表示相反、否定；解結構就是否定結構；這是說後現代意識流小說家是反創造／解結構的。

現代語言學家也用Construction這個詞，探討語言的結構（詞結構和句結構），以利造詞與造句。過去認爲作家能夠得心應手，掌握語言，寫作文學作品；現代語言學者卻認爲我們思考必須憑藉語言，而且受語言結構的框制。語言學者索緒爾就提出用語言表達意思未必正確，指出意符與意指之間沒有必定關係，要正確就得注意語文結構。從語言結構觀念，衍生文學作品也要講求結構，因此有卡勒（Jonathan Culler）《結構主義的詩學》（Structuralist Poetics）之類的理論問世，也因此引發結構與反結構的論爭。

10. **對照**（Antithesis）

Antithesis，一譯對比；指觀念的對立，通常是用針鋒相對的文字構成。一個是主題，另一個是反主題；一個是正面，另一個是反面；由於尖銳的對照襯託，因而加強論辯情景的效果。如說：「直到現在，我在心裡都把你當做值得信賴的朋友；從今以後，我要把你當做背信棄義的敵人來回避。」又如吳敦義在宣布參選高雄市長時說：「與其詛咒周遭黑暗，不如點亮手中蠟燭。」這種對照的修辭法，在十八世紀後期，西方常用於詩歌、散文之中；但到了二十世紀初比較少用；後現代派作家可能又再常用它，所以赫山把它列爲後現代主義的特點。中國修辭學稱它做「映襯格」。

11. **缺席**（Absence）

後現代的一些新小說往往沒有情節，人物造型模糊，姓名在小說裡幾無作用；小說家所描寫的，不是人物感官所接觸到的事物，就是人物接觸了這些事物的心態。作家只將這些塡滿小說的篇幅。赫山在這裡用（Absence「缺席」）一詞，來說明作家在新小說裡「不存在」的現象。後現代小說家運用「內在獨白」（Interior Monologue）的技巧，來表現人物心裡散漫、不連貫、飄忽不定的心理與意識。這種由小說人物直述她自己的心理，默然無聲地傾訴出來，讀者卻似乎竊聽到深藏人物心裡的情感與思想流動之聲。像喬埃斯（Joyce）在《尤里西斯》（Ulysses）中，直寫茉莉（Molly）躺在床上胡思亂想的心聲，也可以說這時作者已不復存在。

12.分散（Dispersal）

後現代主義者對時間的觀念是支離破碎的。他們受威廉·詹姆斯（William James）的「意識流」的觀念，和弗洛伊德（Frued）「精神分析」與「夢的解釋」的影響，創作意識流小說與現代詩，盛行於二十世紀二十年代至三十年代。像喬埃斯（Joyce）與福克納（Faulkner）的晚期，都是聞名世界的意識流小說家，所作大都不注重故事的情節，採用「單一觀點」、「直抒胸臆」、「內心獨白」、「自由聯想」、「快速記錄」等等手法，將人物的心中遮掩壓抑、飄忽迷離、閃爍跳動、乍起即逝的心理活動與意識形態表現出來，所以他們的文字，常常是斷斷續續，上下不連貫，一片混亂，晦澀難懂。現代詩也是這樣的分散雜亂，難以理解。

13.文本（Text）／與文本之間（Intertext）

Text，一般譯做「文本」，也有譯做「文章」或「作品」。字頭inter含有交互相關的意義。語言學者將「Text」探究的目標，侷限於「單詞與句子」的關係。修辭學者研究各種不同的修辭技巧而構成各種規則性的辭格。文體論者研究各種文章的體裁與特質，將寫景、抒情、敘事、論理，融成一篇文章。小說與戲劇則探究情節與表現。詩歌研究音節押韻，抒發情思，創造意象與境界。這就是「文本」。

14.**修辭學**（Rhetoric）

修辭學是講究如何修飾語辭與文辭的一門學問。從古以來，中外的詩人作家都講究修辭。周朝時我國詩人寫詩就應用「賦、比、興」的手法，屈原在《楚辭》中用了許多象徵（symbol）。比喻（metaphor）、誇張（overstate）、對偶（couplet）、排比（parallel）、雙關（pun）這些修辭方法，早就存在中國文學作品中。一些修辭理論在先秦、漢朝就已萌生，齊、梁時代漸盛。西方亞里斯多德著《詩學》（Poetics）就已開始講修辭；中古世紀以來，文藝理論家從文學作品中鈔錄範例，歸納出一些修飾文句的方法，稱之「修辭格」。尤其詩歌最講究修辭。我國在一九三二年陳望道著《修辭學發凡》收有三十八個辭格。這裡提到的反諷（irony）、借代（metonymy）、並列（parataxis）、對照（antithesis）和隱喻（metaphor）都是修辭方法。後現代派作家喬埃斯就非常講究修辭，在《尤里西斯》中用「內心獨白」（interior monologue）表現人物的欲情感覺，並使用典故（tale）、雙關、比喻各種修辭的技巧。

15.**綜範**（Syntagm）

根據赫山的說法，建構「後現代主義」的理論範圍，包羅非常廣泛：哲學家有德希達（Derrida）等兩人，史學家有符寇（Foucault）等兩人，心理分析家有拉崗（Lacan）等四人，政治哲學家有馬庫耆（Marcuse）等三人，科學哲學家有庫恩（Kuhn）等兩人，文學理論家有巴特（Barthes）等四人，舞蹈家有克寧漢（Cunningham）等三人，音樂家有凱吉（Cage）等三人，藝術家有勞申伯格（Rauschenberg）等三人，建築家有溫度里（Venturi）等三人，其他各類文學作家有貝克特（Beckett）、尤涅斯可（Iunesco）等二十人，以及美國作家巴斯（Barth）等九人。由於這些屬性各異的人名，過於龐雜，所以並不能形成一種運動、範例（paradigm）或流派，但仍然各有他們不同的成就與價值，仍然可以作各種相關文化的取向，所以稱它做「綜範」。syntagm疑爲syntogm的錯字。

16.並列（Parataxis）

把兩個詞或兩個句子不分輕重地擺在一起，叫做「並列」。並列的現象有三種：第一種是詞的並列形成「並列詞組」：不加連接詞的，如風花雪月；加連接詞的，如太陽和月亮；加副詞的，如時好時壞、邊走邊談。第二種是短語（詞組）的並列，不加連接詞的，如：她那媚人的眼睛，雪白的牙齒，櫻桃的小嘴，嫣紅的臉頰，烏雲般的頭髮，都教我徹夜不能成眠。第三種是句子的並列，不加連接詞，如：狡兔死，走狗烹；高鳥盡，良弓藏；敵國破，謀臣亡。這些「並列」的修辭方式，不論用不用連接詞，都使文字簡潔化。也有人說：把意思相反的兩種文字擺在一起，是另一種「並列」，如：天上星星給大地撒下昏暗的光亮。昏暗與光亮是詞意相反的並列，由於相襯而加深了詞意。在後現代超現實主義的構圖中，也有並列方式，像馬格利特（Magritte）的「暴行」（Art of Vioience,約1932），畫面中間有一圓頂形門框，可以看到對面建築物的一些窗戶；右邊是一個高高立體櫃子，櫃子的側面上下漆著幾朵白雲；左邊地上放著一幅畫，好像畫一女人乳房以下、大腿以上的裸體；由一面暗色牆和木板地面，襯著這三個「並列」的物象：給人一種富有魅力的幻象。

17.代喻（Metonymy）

Metonymy一譯「轉喻」，其實就是中國修辭學中所謂「借代」。甲與乙有關係，可以借甲代稱乙。如杜甫詩：「朱門酒肉臭，路有凍死骨。」古代富貴府第的大門漆紅色，人死了最後變成朽骨；因此借朱門代稱富貴人家，借骨代稱窮人。又如《創世紀》說：「你必汗流滿面，纔得餬口。」這裡流汗滿面代稱勞苦工作。後現代派作家喜用代喻。

18.混合（Combination）

混合（Combination，一譯聯合）。在二十世紀五十年代初期，當美國抽象表現主義（Abstract Expressionism）的高潮快要過去，有一些青年藝術家試圖否定繪畫的本身，主張要用新的傳播工具——表演、電視、電影和錄像來代替繪畫。但這些傳播工具畢竟不屬於美術的範圍。於是又有一些藝術家，認爲可以把繪畫和攝影等原始素材聯合一起，就是把攝影圖片和廢品實物組成畫面，再塗上顏色油彩作一些拼合、勾調和塗繪，產生所謂「混合繪畫」（Combine Painting）。他們想要打破傳統的繪畫和雕塑的界限。美國羅伯特・勞申伯格（Robert Rauschenberg）「土耳其宮女」可作代表；他用一個貼著一些現代照片和古典裸體畫的長方形盒子，接在一根棍子上，象徵一個人身體，棍子插在一個枕墊上搖擺著。在盒子頂上立著一隻雞標本。這個作品爲德國科隆路德維格藝術館所收藏。法國觀衆一看，就會聯想到一個俚語：「把情婦叫做『昂貴的雞』」。他用過的廢品有：硬紙板、瀝青、鳥標本、破傘、掛鏡、明信片、空罐頭、腳踏車車輪、石頭等等。他把小廢品剪貼，拼接，用膠黏在畫上，再塗顏料描繪，甚至噴漆。大的廢品就構成立體雕塑。勞申伯格稱它做「混合藝術」，使後現代的一些畫與雕塑走向繪畫和拼貼的道路。

19.根莖（Rhizome，一譯地下莖）／表層（Surface）

英國語文，在字根上加「字頭」，大抵是在限制這個字根的意義。譬如字頭de有「向下」意思，加在字根press（壓擠）上，再在後面加個字尾ion，構成被向下擠壓的這個名詞depression（沮喪）。deflower（摘花）也是這樣構成的。字根port（港口），加字頭ex（向外），構成 export（出口、輸出）；把字頭改做im（in，在內），import（進口、輸入）。字頭se（分開、離開），select（選擇。字根elect〔挑選〕）；secede（脫離。字根cede〔走〕）；seceder（脫黨者）；secessionism（分離主義）。

附加「字尾」大抵是用來顯示這個字的詞類。名詞的字尾，大抵加er（lighter〔打火機〕）；加ion（production〔生產〕）；加ure（pleasure〔快樂〕。pleas〔高興〕）；加 ness （lightness〔

輕快〕）；加ment（agreement〔同意〕，development〔發展〕）。形容詞字尾，加al（facial〔臉面的〕）；加ive（productive〔多產的〕）；加ish（flourish〔花俏的、興盛的〕）；加ous（humorous〔幽默的〕，generous〔慷慨的〕）；加en（lighten〔放光的〕，wooden〔木製的〕）。動詞字尾，加ate（maturate〔化膿〕，associate〔聯合〕）。副詞字尾，加ly（lightly〔輕快地〕）。很多字加一個字尾，就變更了詞類。例如nation（國家，名詞），加上al，變成national（國家的，形容詞），再加ly變成nationally（副詞），加ize變成nationalize（動詞，使成爲全國性）。

有時附加字尾，並不是用來顯示詞類，而是用來表示某種特殊意義，加age，表示狀態（package〔包裹〕，pack〔裝滿〕。marriage〔婚姻〕，marry〔結婚〕）。加or或er，表示人和物（actor〔演員〕，mayor〔市長〕，gamester〔賭徒〕；motor〔發動機〕，elevator〔電梯〕，trousers〔褲子〕）。

這些附加字頭或字尾的結構，都是屬於語言的「表層結構」；大家可以很容易從附加字頭或字尾，理解它的特殊意義；從附加字尾，判斷它的詞類。這裡用植物「地下莖」（Rhizome）一詞來譬喻，也就是說一看，就可以知道它的特殊義，它的詞類？所以說這是語言的「表層結構」。這跟我們從露出地面的「地下莖」就可以判斷它是什麼花的一樣，是風信子？還是水仙花？還是鶴頂蘭？還是鬱金香的一樣。我們研究語言結構，可以使我們的語彙加倍增加。這也是現代語言學的一種偉大的貢獻。

我在一九八四年發表《國語複音詞形成與結構的研究》，也曾經探討並且提出華語複音詞結構的各種方式；我們只要把兩個以上的字組合起來，就可以結合成許多新詞。（拙著收於《方祖燊全集第二冊》中，臺北文史哲出版社）。

20.反詮釋（Against Interpretation）／誤讀（Misreading）

後現代主義的文藝作品，像有些現代詩、意識流小說的文字晦澀難解，無法詮釋，自然造成誤讀。抽象畫只用色彩來表現心理的意象，觀者也就無法理解體會了。

21.意符（Signifier）

意符，表示意義的符號。如「玫瑰」（rose）這個詞，就是一個意符。

22.書寫的（Scriptible）（書面語，Writerly）

後現代派作家寫作東西，偏重表現自我內在世界，炫耀才學，講究修辭，像喬埃斯（Joyce）作《尤里西斯》（Ulysses,1922），彙集各種文字，除英文外，還有法文、希臘文、拉丁文、希伯來文；運用許多典故、成語、術語、雙關語、歌劇、新創詞，象徵手法和遊戲文字，完全站在作者（Writer）的立場來下筆，所用的語言大都是「書面語」。英國吳爾芙（Woolf）、美國福克納（Faulkner,-1962）的意識流小說也都是這樣的。因此，現代詩和現代小說的文字都是非常艱澀難讀的。有一些學者就說：「《尤里西斯》可以讓大學教授和職業批評家鑽研上一百年。」

23.反敘事文（Anti-narrative）／粕史（Petite Histoire）

Anti,就是排斥、反對的意思。敘事體的小說，受到現代主義思潮的衝擊，發生了極大的變化。它特點有四：第一是從過去描寫人物的外在世界，轉變成描寫人物的內在世界。第二是敘述者與主人翁往往融爲一體。第三是現在和過去、未來的事件，可以混雜一起同時寫出。第四是打破了小說必須有故事情節的特質；主張寫「無故事」的小說。這自然形成後現代派的「反敘事文」的小說。他們大多描寫人物的內在世界，心理狀態或潛意識，排斥故事（Anti-novel）的情節，也是反對寫實主義的（Anti-Realistic），所以是「反敘事文」。像喬埃斯《尤里西斯》寫小人物卜羅姆在都柏林市區遊蕩一整天，深夜回家，大約十八小時之間各種瑣事與心理。他所寫都屬於一個人的細事小史，所以稱之「粕史」（Petite Histoire）。petite，細小的意思。

24.個人話語（Idiolect）

用個人的語言來寫作，也並不是今天才有，過去抒情詩、敘事性小說，大多用作者個人的語言來抒寫描述的。用個人語言來暢抒心聲，也就是小說與戲劇中所謂「獨白」（Monologue）或「獨語」（Soliloquy）。只不過，現代意識流小說家，像喬埃斯、吳爾芙、福克納，大多採用個人話語來寫小說中人物的「獨白」。讓小說與戲劇中的人物，自己在心裡「自言自語」（自己對自己說話），叫做「內心獨白」；它多用以突出表現人物的心理。喬埃斯的意識流小說《尤里西斯》，寫三個主要人物：卜羅姆、史蒂芬和茱莉的心聲，大都用「獨白」來描述；說明白點，也就是作者運用他個人語言來描述。獨白是由一個人單獨講話，不影響別人的自我表白；這是現代詩人和小說家常用的一種手法，藉此表達他們自己的許多想法和願望。

25.欲求（Desire）

弗洛伊德認爲我們人類有「飲食」與「性欲」兩種本能。尤其性欲本能使人充滿著強烈的欲念，淤積身體之內，我們的肉體和精神就會感到亢奮、苦悶、緊張、煩躁、不快，而要求實現滿足。如果這時欲望能夠得到適當滿足，肉體和精神就會由亢奮、煩悶、趨於平和、舒暢，而感到滿足的愉快。但人類這些欲望時常和社會規範、道德習俗、禮教法律衝突，必須加以控制，壓抑進潛意識裡去；但這種種欲望在睡覺時，我們的自我控制力鬆弛時候，就會在夢境中出現。他這種學說盛行之後，作家受他影響，因此現代小說多用以描寫人類的情欲與願望。英國小說家勞倫斯（Lawrence）作《查泰萊夫人的情人》（Lady Chaterley's Lover, 1928）赤裸裸的描寫兩性的關係。

26.變形（Mutant）

變形，可以說是後現代時期的一種現象。它是當時藝術的傾向，也是一時社會現象，也是西方人文思想的一個變形（Mutation）。以繪畫說，在十九世紀下半葉，畫家畫人物已經故意歪曲變形。到了二十世紀初，馬蒂斯（Henri Matisse）等用燃燒般的色彩，奔放的筆觸，表現強烈的個人特性的畫面，稱做「野獸群」（Lse Fauves）；他們任意改變所畫東西的形狀，「超越」當時人類的智慧、知識、經驗和審美觀念。藝術家所以採用變形（體）的方式，有幾種原因：一是爲了裝飾，像馬蒂斯使用變形線條畫人物形象。二是爲了突顯，如色情藝術突出表現「性」；諷刺藝術常用誇張手法，當代墨西哥壁畫家採用這類變形方法。三是爲表現特點，用加強與誇張方法描繪它，自然引人注意，在典型作品中自然特別突出。四是爲加強視覺，亨利・穆爾（Henry Moore）在群山前畫一小人物，隱喻某種抽象的觀念。五是爲突破顏料對自然色彩表現的侷限，像保爾・克里（Klee）認爲用黃色畫太陽不是最突出的，所以有時用黑色（或其他強烈的色彩）去畫太陽。當代藝術家不像過去那樣的注意色彩的確實性，而試驗新用法，自由變換色彩。變形實際可以增加人的幻想，還有表演作用。變形是針對典型說的。漫畫運用誇大變形的手法，來描繪人物事件加以諷刺的，這也是早已存在的。現代漫畫的種類極爲紛繁，時事漫畫多用以鞭撻諷刺，風俗漫畫則追求情趣。

社會現象與人文思想的變形，則造成許多男女性的放濫，單親家庭，犯罪率提高，宗教的約束力減弱，精神病患者的增加，政治不安，泡沫經濟與金融風爆種種問題。

27. 多形的（Polymorphous）／雌雄同體的（Androgynous）

男女兩性的性器官的差異。一九○五年，弗洛伊德在《性學三論》（Three Essays on the Theory of sexuality）中提到：從解剖學的知識，相信人類初始，原本傾向雙性化（或雌雄同體），後來漸漸變成單性，受阻的一性只留下一點痕跡。沒有一個正常的男人或女人不具有異性性器官的殘跡，所以在心理上才會產生性錯亂的同性戀。後現代女權運動者已經開始注意「雌雄同體的」這種觀念。她們爲要打破過去「陽物崇拜」「男尊女卑」的傳統觀念，採用弗洛伊德的「雌雄同體」「雙性化」的理論，來說明女性的生殖器，除了子宮，還有兩片陰唇和一個陰核（clitoris），陰核等於陽具可以自慰，滿足性欲，強調女性本身就是雙性的，不像男性已完全退化成單性。認爲現代女性在社會工作，無論經濟、生活和性欲，都可以自立自足，不需男人扶養幫忙，而進一步要求「性」的平等。這種觀念自然影響現代男女兩性對生活與婚姻的態度，形成遲婚、離婚、不結婚和單親家庭各種現象。後現代文學作品寫作的題材，也就與過去不同了。還有現代女權主義逐漸抬頭，性別觀念逐漸淡化，人類逐漸走向中性。

一九四九年，法國女作家西蒙・波娃（Simone de Beauvoir）作《第二性》（Le Deuxieme Sex）討論新女性應該關切的問題，不是快樂不快樂，而是自由不自由；一些女性常因缺乏獨立生活的勇氣，而寧願拋棄尊嚴，投進自騙自欺的美幻之境，去做男人奴隸。一九七二年，她參加法國婦女解放運動。女權主義（Feminism）與新婦女運動（The new woman-movement）都是倡導婦女在社會、政治和經濟各方面的權利與平等。現代女性和男性完全一樣，教育程度普遍提高，可以參加考試與選擧，而且從事各種工作不輸男人，甚至當上部長、總理，選上總統，成爲著名的作家、音樂家和畫家也多的是。財產與婚姻也受到法律的保障，還有控制生育的新方法，家務由夫妻平均負擔也得到年輕一代承認。總而言之，這時代的婦女應該自強自立，自覺自愛，不要心存依賴男人生活，這樣才能做自己的主人，才能擺脫數千年來「陽物崇拜」的意識形態。

28.精神分裂病（Schizophrenia）

英國史蒂文孫（Stvenson,-1818）的《化身博士》（The strange Case of Dr.Jakyll and Mr.

Hyde），描述博士紀凱發明了一種藥物，以自身做試驗，變成雙重人格的人，夜裡變成海德先生出去殺人，到白天卻又恢復正常。寫的就是「精神分裂病」。現代一些專寫病態心理和殺人科技的恐怖小說屬之。像英國威爾斯（Wells）的《莫洛博士島》（Island of Doctor Moreau）寫生理學家莫洛博士利用解剖學把野獸改造成畸形人。日本一部小說寫《恍惚的老人》，寫一個老人因腦力退化變成癡呆。美國亨利・詹姆斯（Henry James）的《碧廬冤孽》（The Turn of the Screw）寫一個女保姆看見一男一女的鬼魂，寫人的幻覺。都是以精神分裂病做寫作題材。第二次世界大戰、越戰之後，精神病患者非常多，小說家以精神失常與分裂爲題材寫成小說、拍成電影，來探討戰爭造成的災難極多。

29.差相（Difference）—延異（Differance）／痕跡（Trace）

哲學家雅克・德希達（Jacques Derrida）在《寫作與差異》中結合differ和ance，創造一個術語differance，以-ance代替-ence，表示法文difference的兩個意義：差別（差相）與延期（延異）。赫山認爲一個時期的文學，必須從連續與間斷的觀念去理解。後現代主義必然是賡續過去，卻又跟過去隔斷，隔斷卻又有些同時並存。後現代主義與現代主義的不同，在於它的反形式、反創造、反集中、反結構、反組合、反秩序、胡亂變形、含糊難解、不連貫、非正統、叛逆性和多元化的特點，隱含創新、再創新、創造新、求變化的理論在內。這裡赫山利用德希達所造新術語，說明後現代主義應不應該被當是一種文學與歷史（literary-historical）的「差異」抑或「痕跡」（「difference」or「trace」）！

但蔡源煌在〈語言的解構傾向〉中，說：語言的意符（signifier）與意指（signified）之間並沒有絕對的關係，語言在「達意與不達意」時之義，就會發生各種差異（difference）；讀者在追蹤（trace）這若隱若現的語義，就是一種探索意符的遊戲。他把trace作動詞「追蹤、追究」講。

30.聖靈（The Holy Ghost）

十九世紀末至二十世紀初，各國產生反教會主義，取消神職及教會特權，主張宗教信仰自由，過去虔誠相信神是主宰萬物的「聖父」；現在大多只當做心靈的一種支柱，偏重「聖靈」，以爲信上帝死後就可以上天堂。二十世紀以來，因爲科技發展，對過去宗教的作品，有人持極端反面的評價，認爲是膚淺荒唐的。現代作家已較少以宗教爲寫作題材，倒是電影拍過《十誡》之類的鉅片。

31.反諷（Irony）：

Irony，原出希臘喜劇中一個人物「eiron」，矮小，富智謀，常佯裝無知，自謙自卑，以機智的言行，反擊愛說大話的對手。反諷，是西方文學裡早就存在，就是我國所謂「反語法」，包括嘲弄、揶揄、戲謔、譏刺、微言等等。如我做了件蠢事，人反而贊美，說：「你多聰明啊！」這叫「言辭反諷」。戲演一個窮人中了大彩劵，歡喜到心臟病發作死了，這叫「戲劇（事件）反諷」。馬克吐溫（Mark Twain, -1910）在《頑童流浪記》中有幾句對話：

「我們（船）的汽缸爆炸了。」

「老天爺！有沒有人受傷？」

「沒有人受傷，只炸死了一位黑人。」

第三句另涵有微意。後現代詩人作家喜用反諷手法。卡夫卡（Kafka）在《審判》（The Trial, 1924）裡，把生命存在寫成有罪，在這場審判裡，被告完全不知道爲何被控訴？而死亡判決竟在他不在場時候。這種題材根本就是一種對人生絕望的反諷。在二次大戰之後，貝克特（Samuel Beckett）作荒誕劇《終局》（Endgame,1958），地球上好像僅存漢姆和克洛夫兩個人，寫人類生活在這個缺乏理性的世界上，人類思想沒法交流，也沒有希望的遠景，棋戲的「終局」是漢姆瘸腿瞎眼坐在那裡。這也是一種反諷。

最近看到一部電影，片名《求生手冊》，敘述一個高大的兇嫌蒙面持槍搶劫，被一個開計程車的司機掀開蒙面頭巾，這個搶匪見身分敗露趕緊逃走。這個搶匪自稱是職業兇手。求生營老闆聲稱社會不安，招徠學員，作軍事訓練。電影是以荒誕劇手法製作。充滿著對現實世界的暗諷。譬如搶案目擊者司機的身份，卻在電視上暴露，以致搶匪前來，意欲殺死他。當司機矮個子朋友無意中來訪，打昏搶嫌，用搶嫌的槍，押送搶嫌到警察局，因報案人多，老半天都沒人搭理。這個搶嫌沒幾天被釋放出來。矮個子怕他尋仇，離開女友，買了半自動槍，交許多學費，前往求生營參加訓練，最後才知道求生營老闆的目的，在賺取高額學費，訓練結果一無實效。搶匪的自誇，也只是用來炫耀嚇人，並沒其事。這就是以戲劇做反諷。還有漫畫家更愛用濃烈的反諷的含意來譏評時事。

32.不定性（Indeterminacy）

「決定論」（Determinacy）觀念，受到量子物理學（Quantumphysics）學者挑戰，他們認爲終極的自然規律，不是「因果律」（Law of causation），而是統計學（Statistics）所講「概率」（Probability）。概率就是或然率，也就是可能發生的機率，這是經過統計之後認定的，不是絕對的，而且上下有很大的伸縮空間。譬如男人平均壽命爲七十歲；這七十平均數，就是由統計產生的一個概率。假使你注意衛生、運動與飲食，就可以多活幾年；假使不注意衛生、運動與飲食，就會少活幾年。所以六十五歲至七十五歲，也是男人死亡機率最高的一個年齡。這也是所謂「概率」。後現代人反對因果律，反對「決定論」。認爲要是一個人的行爲，完全受因果律的支配，根據決定論來衡量，那麼一個人爲善爲惡，都可以說是必然現象，那爲善不值得人們贊美，爲惡也不必對他行爲負任何責任。現代哲學家提出「不定性」（Indeterminacy）理論。這種不定性理論，對文學作品當然產生不同寫法。不定論認爲「人本身最爲重要」，移山開路，塡海闢地，沙漠變成綠洲，都在人類的本身，不受因果律的框制，所以大亨小說、移民小說、太空的科幻小說，也就不斷在後現代產生。

33.內緣性（Immanence）

（Immanence）哲學名詞，指內涵、內在而言。繪畫到畢卡索（Picasso）時候，造型怪異，走上抽象畫，用以描畫內在心靈的現象。現代詩與意識流小說也都是描寫人的內在世界，也都是屬於「內緣性」。但赫山卻說：後現代主義傾向於「內緣因變」（Indetermanence）。第一是不定性，是指「後現代主義」是集合現代各種不同的新觀念而成，影響到文學、文化與生活種種方面。第二是內緣性，是指內在的心智可以用象徵的手法表現，以抽象做況喻。後現代文藝是沒條理的語言，偏重心理與精神病理，反對知性的活動，寫一些差勁詩、怪奇作品，開始時被人看做「荒誕無稽」，後來「司空見慣」，也就認爲「理所當然」。

我想從以上這許多觀念，大概可以勾畫出「後現代主義」完整的一個面貌了。

㈥結　論

前衛運動，可說是十九世紀末葉，從許多較小藝術派系開始，到第一次世界大戰之後，他們有不同理論，但風格相似。這時期以繪畫、雕塑變化最大。現代主義時期，延續前衛時期的藝術徑路，產生了現代詩與意識流小說，還有小喜劇、現代小說（心理小說、哲理小說、科幻小說），仍有許多作家以傳統技巧寫現代生活的小說。實驗電影也在這時產生。

後現代主義，則是到第二次世界大戰結束，思想與科技有極大的更新，趨向多元化，才逐漸進入後現代時期。這時期小說仍然是新舊雜陳，詩歌走向寫人能懂的作品。不過，產生了荒誕劇、混合藝術、波普藝術、歐普藝術、偶然音樂、機遇音樂、電子音樂、自動寫作等等。現在就上面未曾提到的，補充介紹如下：

1.這一百年來，並不是只有這些新興的文藝，沿襲舊的仍比新的多。二十世紀儘管產生一些聞名世界的意識流小說家，如詹姆士（Henry James）、普魯斯特（Proust）、法朗士（France）、吳爾芙（Woolf）、喬埃斯（Joyce）、勞倫斯（Lawrence）、安德森（Anderson）、托馬斯・曼（

Thomas Mann）、理查遜（Richardson）、福克納（Faulkner），哲理小說家如卡夫卡（Kafka）、卡謬（Camus）、沙特（Sartre）等。有更多名作家寫作小說時，採用敘事體描述動人故事情節。像蘇俄托爾斯泰（Tolstoy）、契訶夫（Tchekoff）、梭羅古勃（Sologud）與高爾基（Gorky）。英國王爾德（Wilde）、哈地（Hardy）、柯南道爾（Coman Doyle）、康拉德（Conrad）、吉卜齡（Kipling）、穆爾（Moore）、毛姆（Maugham）、杜莫里哀（Du Maurier）與威爾斯（Wells）。法國左拉（Zola）、綠蒂（Loti）、羅曼羅蘭（Romain Rolland）、紀德（Gide）、佛蘭索娃・莎崗（Francoise Sagan）與馬汀・杜・加兒（Martin du Card）。美國馬克吐溫（Mark Twain）、奧・亨利（O.Henry）、傑克・倫敦（Jack London）、伊德絲・華頓（Wharton）、費茲傑羅（Fitzgerald）、瑪格麗・密琪爾（Margaret Mitchel）、劉易士（Lewis）、海明威（Hemingway）、史坦貝克（Steinbeck）、辛克萊（Sinclair）與賽珍珠（Pearl Syndenstricker Buck）。德國的蘇德曼（Sudormann）與雷馬克（Remarque）。意大利味爾迦（Verga）與鄧南遮（D'Annunzio）。波蘭顯克微之（Sienkiewicz）與萊蒙脫（Reymont）等總有數十人，採用傳統的技巧與方法，寫作題材極廣泛。

2.現代詩與意識流小說艱澀難懂，讀者很難接受，完全失去寫作的意義。我們忽略了一點，以爲現代抽象畫、音樂、建築與雕塑都有人欣賞而風行，何以文學作品不可以？我們忘了那些藝術之美與不美，可以透過直覺來觀賞，判斷其價值。像畢卡索畫之美，自非一般的抽象畫所能比，隨便什麼人都可以看出。可是文學的媒介是「文字」，要透過文字的意義，讀者才能欣賞體會寫得好壞，現在不知其所云，莫明其所妙；又如何判定其藝術價值之高之低？描寫我們「內在世界的現象」，並沒有什麼不對，而是如何把它好好地表現出來，能夠使讀者懂而且感動。這才是好作品。拾人餘唾，張冠李戴，牛頭不對馬嘴，徒徒暴露自己的無知無才，食而不化，寫出的詩歌也只好自己印了送人，送人人也沒法子讀懂。從六十年代開始，後現代詩已有轉向傳統詩的路子的跡象。

3.喜劇（Sketch），又叫「滑稽短劇」，是寫一些家庭日常生活的喜劇，形式短小；這跟大衆化有密切的關係。作品很多，像蕭伯納（George Bernard Shaw,1856-1950）的《她怎樣蒙騙她的丈夫》（How to cheats her husband），美國電視連續劇《三人行》（Three's Company）和《天才老爹》（Old-Pa of Genius）都是。

4.小品文（Feuilleton），常刊於報紙副刊上，有「文藝性小品文」和「政論性小品文」。「文藝性小品文」又叫「散文」，「政論性小品文」又叫「雜文」。

5.科幻小說（Scienti- Fiction），到十九世紀，因爲科技的發展，開始有眞正的科幻小說，美國愛倫・坡（Allan Poe）被認爲是第一個科幻小說家。繼起的有法國凡爾納（Verne,-1905）、英國威爾斯（Wells-1946）。一九二六年，美國科學家根斯巴克（Gemsback）有《驚駭雜誌》出版，專登科幻小說。三十年代，科幻小說大都採用「哥特小說」（Gothic Novels）的寫法，科學家大都是瘋子，用科技做危險的實驗。另一種寫法帶有未來主義的色彩，太空船、時光隧道、星際探險，不過有美西牛仔片的味道，所謂「太空劇」。一九三八年，《驚駭小說》主編坎貝爾要求作者以科學常識來寫，這時科幻小說大都出自科學家之手，成了「科學知識小說」，產生了新的科幻小說，新雜誌數也在增加，作者力圖描述未來的現象，如核子戰爭、登陸月球、機器人、電腦。隨著科技的發展，六十年代科幻小說的內容也不斷更新，趨向超人、飛碟，涉及未來世界可能的現象。

6.新小說（Nouveau roman）這個術語，大約在一九五五年產生。法國作家霍伯・葛里烈（Robbe-Grillet）等人要擺脫寫實小說的傳統，認爲舊技巧已到山窮水盡，傳統小說對人物的描寫，情節的敘述都無關緊要；最重要的是「如何將人物對各種事物（things）的看法，加以分析描述。」而創造無情節和無主角的新敘事手法，像客觀突出描寫外在世界的物體，叫做「物主義」；描寫普遍存在人類心裡的對話，叫做「暗中交談」。卡夫卡、喬埃斯、普魯斯特、福克納、貝克特、卡謬等人，都已經是這類小說的先驅者。他們專講個人技巧，有霍伯・葛里烈、薩侯娣（N.Sarraute）、畢拓（M.Butor）等人。小說家以遊戲文字，鋪敘虛構故事，吸引讀者進入作家所幻設的世界。新小說作品很多，以葛里烈的《妒》（La Jalousie,1957）最著名；他用第三人稱去敘述，寫丈夫懷疑妻子與鄰居有染，其中故事全屬子虛烏有，只能說是妒忌成性的丈夫的「妄想」，透過文字的鋪陳，使妄想的幻象看來煞有介事。這就是「無中生有」，表現只是虛構世界，也就是所謂文字遊戲。他將人性與人生經驗，用文字直述出來，寫成片斷的零亂的小說，希望讀者自己去重組體會。這種作品，又稱做「反小說」（Anti-Novel）。

7.實驗電影（Cinema Experimental），產生於二十世紀二十年代，純爲表現拍片者個人藝術手法。法國左拉（Emile Zola,1840-1902）有「實驗小說」（Le Roman Experimental），因此庫里肖夫與維爾托夫有「實驗電影」。它跟一般電影描述故事的不同，多半沒有故事情節，不講經濟效益，但求能表現個人藝術感，希望能製作一些令人驚訝的玩意兒；這和現代詩、抽象畫、電子交響樂相類。當然也有一些喜好新奇的觀賞者，有時在大學、陳列館、現代藝術館裡放映。第二次世界大戰期間，歐洲許多電影工作者流亡美國，把實驗電影帶進美國。七十年代，實驗電影已成國際流行的一種電影，有許多參與者。這種電影講究形式，拍攝者注重鏡頭、畫格、色彩、光線與時空的結合，拍一些無意義的細節與片斷，隨意而拍，不理典範，長度可以短到1/24秒，也有長達八小時，有只用一個鏡頭，也有多到上千個鏡頭，有彩色，有黑白，有種種內容。不過至今仍不爲觀衆所接受。

8.大衆文化（Mass Culture）在二十世紀六十至七十年代，西方經濟發展到極盛期，一般人民追求生活的享受，物質的炫耀，自然影響到審美趣味，產生適合大衆趣味的文藝作品，使人相信偶然就是正常，幻想可能實現，於是「灰姑娘」、「香格里拉」，年輕人爆發成百萬富豪之類的荒誕故事，充斥書店中；彷彿這個世界沒有陰暗面，社會衝突，沒有罪惡，使人在幻構的白日夢裡陶醉滿足，絕不觸及現實問題。這就是新低級趣味的大衆文化，所謂消遣文學、平庸文學。

9.光效應藝術（Op Art）：Op Art，又譯做「歐普藝術」，二十世紀六十年代，在法國英美產生，它是具有科學傾向的一種抽象藝術運動，以幾何形式、色彩對比和運動形態來表現，以達到多種光效應：幻覺、餘像和波網紋的圖形，強調知覺活動的一種幻覺藝術。多用於舞臺表演、電視廣告。

10.荒誕劇（Theatre of Absurd）盛行於二十世紀五十年代，源出古羅馬的滑稽戲。達達主義、超現實主義、阿托的戲劇理論，對荒誕派戲劇有重大的影響。人類很多的荒誕的言語行爲，早在過去許多小說戲劇中出現，給人喜劇的感受。但是將「荒誕」賦予特殊的意義，那是近數十年的事。出於存在主義的卡謬（Camus）的文集《薛西弗斯神話》（Le Mythe de Sisphe, 1942）闡述人生荒誕的概念。他描寫一種本質荒誕、無目的、與環境不協調、悲哀而痛苦的生活，同時又用簡潔筆調描寫人的滑稽性，表現了他在充滿著敵意世界裡孤獨疏離的感受。一些劇作家也認爲人生受制於命運，處境荒謬，沒有希望，只好以笑一笑來解憂，只好以幻想來代替現實，只好作陰暗面的喜劇（Black comedy）來表現。這種喜劇採用巧智尖酸、譏誚諷刺的話語，抨擊醜怪病態的社會，描述受苦、焦慮與死亡。五十年代產生不少傑出荒誕劇。劇作本身不重邏輯，沒有常規結構、形式和內容。一九五二年，貝克特（Beckett, 1906-）《等待果陀》（Waiting for Godot）首演一舉成名。以後屬於同一風格的劇作，在歐美相繼出現，形成一個流派。一九六二年，英國馬丁・艾思林寫了《荒誕派戲劇》一書。於是有「荒誕派」。劇作家覺得這個現實社會就是荒誕不經、混亂無理性的，所以人物的臺詞常常是語無倫次，莫名其妙的囈語。五十年代末至六十年代中，爲荒誕劇極盛時期，主要劇作家有貝克特、英國哈羅德・品特（Harold Pinter）《生日晚會》（1958），美國愛德華・阿爾比（Edward Albee）《動物園的故事》（1928）。

11.波普藝術（Pop Art）的產生和商業廣告有密切的關係。波普藝術家認爲：現代人生活在大量生產與大眾傳播的時代裡，藝術家應該描繪這個時代的生活，所以要從消費商品、超級市場、工業產物找題材，從電視廣告、畫冊畫片、招牌霓虹燈的視聽現象去表現；這樣才能描繪出現代人生活。應該大步邁向大眾文化。沃霍爾（Andy Warhol）所作「康貝爾牌湯汁罐頭」（Campbell's Soup Can）的標籤；還有美國性感女星瑪麗蓮・夢露（Marilyn Monroe, 1962）的重複影像，就是在凸顯大眾媒體，不斷在傳播瑪麗蓮・夢露的視覺現象。描畫現代工商業的繁榮情況，所以阿列克斯・海（Alex Hay）作有「收銀機」；莫爾雷（Morley）在一九六五年以後，有從明信片、月曆、旅行指南，拷貝船、愛國情景、家庭生活等等作品。波普藝術，主要在美化商品，誘發消費者的購買欲，達到商業目的之後，作品生命也就結束了。它應該可以說是廣告文化的產物。波普藝術舉辦過多次展覽會，一九六五年美國「米沃基藝術中心」就辦過一次，是把時尚與機械結合一起，也是偶發事件產物，著色鮮明炫麗，表現年輕機智、性感迷人，充滿著都市特別的魅力。

12.超級寫實主義（Super Realism）：就是用「拍攝彩色照片方式」去作畫：先把要畫的人物景象拍攝成幻燈片，然後在畫布上塗上感光劑，再用幻燈機把它投射到畫布上，經畫家篩選後，再動手作畫。這種畫非常接近眞實，是和現代純抽象畫，持完全相反的一種畫法。

13.電子音樂（Electronic music）：開始於二十世紀五十年代，作曲家利用「電子科技」創作各種音樂，像錄音帶、法國具體音樂、電子合成器、電子琴、電子計算機音樂都包括在內。過去音樂家作曲，大抵是一面構思一面寫成樂曲，演奏家、歌唱家根據它演奏歌唱。現在則直接將實際的音響錄下來，通過實驗、變化、分切，剪接成樂曲，然後播放出來。法國具體音樂，爲表現城市噪音，把排氣管聲、馬達聲、齒輪聲、人聲喧囂聲、機器聲、地下鐵吵鬧聲，編成刺耳的交響樂曲。謝費爾和亨利合作《獨人交響曲》（1950），把人的呼吸、喊叫、哼唱、口哨、敲門聲、打擊樂、鋼琴與管絃樂聲結合一起，通過錄音的技術，編成多樂章的具體音樂。錄音帶音樂，除具體音樂外，還有斯托克豪森（Stockhausen）的《少年之歌》（1955-1956），使用四聲道磁帶和四個揚聲器，產生聲音飄移的音效。五十年代末，產生電子合成器，美國有蘇波．尼克作《月亮裡的銀蘋果》（1967）。電子計算機（電腦）作曲，開始於一九五六年，更擺脫了演奏者與樂器的限制，非常自由。現代世界各地，有幾百所電子音樂實驗室，幾千名電子音樂作曲家，像斯托克豪森、布雷茲（Pierre Boulez）也是其中名手。

總而言之，前衛運動、現代主義與後現代主義的各種觀念，受各門各科像修辭學、語言學、哲學、神學、人類學、心理學、政治學、科學、文學、建築學、音樂與藝術的理論的影響，歐美許多作家採取這些學說的理論，配合各種運動，形成不同的派別與觀點。前衛運動、現代主義與後現代主義，重疊與例外的也不少。

（一九九八年九月、十二月刊於《中國現代文學理論季刊》第十一期、第十二期）

第六輯 以今論古

——古人著作的一些缺點

在我二十多年工作的體驗中，覺得古人的著作有許多未盡完善，也就是說從現代的新眼光去看，是有許多缺點的；當然也有點優點，不容我們聊閒天時抹殺的。不過挖出缺點來教大家看看，改進一下，總要比光捧優點的，更有意義。當然這些缺點多半是受文化本身所局限的。不過檢討一下，總是有好處的，可以作爲大家今後研究著述、翻印舊籍努力的方向。現在將古人著作的一些缺點分述如下：

㈠**標題**：現在我們寫文章都標有題目，不但有大標題，稍長的還加小標題。有了標題，往往能夠把文章所寫的重點提示了出來。古人寫文章大部分也都加有標題；不過也有些只取開頭的兩三字作標題，如《詩經》、《禮記》、《論語》、《孟子》之類就是。《論語．學而篇》，就是從第一句「子曰：學而時習之」，取了兩個字作題目的。《孟子．梁惠王篇》，也是由第一句「孟子見梁惠王」，截取其中三個字作爲題目的。這樣的標題自然不能貼切內容的。這種標題法，後來也還有人採用呢！如曹植的〈浮萍篇〉、〈美女篇〉，就是由第一句「浮萍寄清水」與「美女妖且閑」來的。至於像《

老子》分上、下篇八十一章，都不加什麼標題。這種不加標題的風習，在前人的筆記、小說、詩話、詞話、曲話中，還常常可以見到，翻查實在不方便，費時間。標題標的不妥當，讀者對題旨綱要的了解，也就得多花些心思了。當然古人標題很貼切的也有，如墨子的〈兼愛〉、〈非攻〉之類，一看就知道是在提倡愛人如己，在反對侵略戰爭。前人作詩也有用很長的標題。如蘇東坡的〈除夜大雪，留濰州。元日早晴，遂行，中塗雪復作〉，這好像詩序，若能另加一個小標題，那就更好了。

㈡**篇章**：前人說：「集類為篇。」這就是說寫文章必須先立個主題為中心，然後將同類事集中寫在一起，就成為一篇內容統一的作品了。但是先秦的古籍，往往不然，一篇文章中常常是事類駁雜，前後乖錯；這可能是因為秦皇焚書，楚霸一炬，前人著作散佚，到漢文景時蒐羅古籍，常隨著學者記誦所及編成一篇，因此內容雜亂。秦漢後文章就沒有這種毛病。劉勰說：「積章成篇。」又說：「章總一義。」可見古人寫作文章也講究章節（段落）。這就是說一篇文章由若干章（段）構成，每一章（段）把握一個小重點來寫，包括一個單純的內容。但這只是從內容來說，講究層次條理，脈絡銜接；若從形式來看，古人的文章並沒有分段落章節，可以說都是「大塊文章」，讀來非常不便。四書五經的分章，都是後代學者在傳注時候給加上去的。《後漢書．章帝紀》：「五經章句煩多。」章句就是分章斷句。如後漢包咸作《論語章句》，程曾作《孟子章句》，宋朱熹作《大學章句》、《中庸章句》。朱熹將《大學》分為經一章、傳十章；傳文每一章還給加上一個標題，如「釋明明德」、「釋新民」之類，讀來方便多了。前人的文章不分段落的情形，到了清人還是如此，也可以看出前人不求改進的地方。現在出版家翻印古籍，最好也能像朱子一樣下點分段的功夫吧！

㈢**句讀**：古人寫文章大都不加句讀。學生在讀書時候，才由老師教他斷句。韓愈說：「彼童子之師，授之書而習其句讀者也。」學子花費在句讀上時間很多，可以說是不必要的浪費。因此有些古籍，後人已經加上逗點句號，今人更有加上新式標點的。不過舊的典籍仍有許多未加句讀標點的。尙待我們努力改進。

㈣**頁碼**：古代的書籍只分卷數，不注頁碼，翻查也很費時。有些書局翻印古籍已在目錄上加注頁碼；不過仍有許多書商連這種小工作都不肯一做，這是不太好的。

㈤**系統化**：現代人著書立說，第一要講究的就是系統化。作者將他的觀念與學說作有系統的撰寫，成爲有綱目，有章節，上下相連絡，自成一個體系的著作。古人的著作，像鍾嶸的《詩品》，將古詩人的成就，分做上、中、下三品來評介；劉勰的《文心雕龍》分做五十篇，每一篇所論述的各有重點；這兩部可以說都是有系統的著作。不過古人的許多著述卻不像這樣的有系統。像代表孔、孟思想的《論語》、《孟子》都是無系統的著作。所以今人研究《論語》的，就按類分開，叫做《論語類輯》。與前人寫的許多詩話、詞話、曲話、筆記、語錄……之類，都是隨手札記，零零碎碎的，毫無系統可言。民國以來，有些學者已開始整理這些無系統的材料，寫成有系統的專史論著。但仍有許多資料等待我們去整理，在這雜亂的古籍園地上，使它們開出種種系統化的花果吧。

㈥**符號**：用「符號」代表專門特殊的意思，用來十分簡便。過去我國人可以說是沒有符號的觀念，許多需要用符號的地方，都用文字來標示，因此學習的效果要大大打了折扣。如歷代流傳下來的樂曲的「工尺譜」、「古譜」，都是文字譜，很不科學，除了極少數人外，一般人都看不懂，比起西方的「五線譜」、「簡譜」，實在不便多了。難怪現在音樂系的學生只好去彈西方音樂家貝多芬、巴哈、蕭邦、修曼、李斯特所作的樂曲。又如我國過去的讀書人對字音問題，大都是採用「反切法」來拼音的；用兩個字來標注一個字的讀音，用上字的聲母與下字的韻母切成一音，這是很不方便的，拼出來的音也未必正確。李汝珍《鏡花緣》第十七回說：「每每學士大夫論及反切，便瞪目無語，莫不視爲絕學。」可見其難了。現在用「注音符號」拼音，只要懂得注音符號，連小學生也可以一下就拼出正確的讀音了。我國的算術到了周朝已有相當發展，像《周髀算經》說是周公與商高討論有關方圓與測量等問題，以後有關數學的著作也不少，但都是用文字說明計數的方法與原則的，沒有符號性的公式。因此，我國的數學發展得很慢。現代從西方傳進來的數學符號公式，是很容易應用演算的。我國是文字之邦，什麼都喜歡用文字表示，缺少用符號來達意的觀念。這也是一種缺點。希望我們這一代青年能夠特別注重符號的運用。

㈦**思想與成就**：我國人思想最發達的時代，是先秦諸子百家齊鳴的時代。秦始皇用李斯的意見，統一思想，使言論失去了自由。漢武帝採信董仲舒的對策，抑黜百家，推崇儒學。於是「天下英才盡居儒者的褲襠中」了。後代學者的思想無不是從徵聖宗經出發了。他們發表文字大都用以闡述經義，發揚聖哲的思想了。鄭玄、朱熹、王陽明都是極著名的學者，畢生潛研而著述的，也不過就儒家的群經四書，加以訓注考據，章句義理，實未能創立自己的新思想。歷代史書經籍志、藝文志上著錄前人的著作，大都是什麼「經」什麼「子」的箋註、訓詁、校勘、音義、章句、考據、疏證之類。甚至連醫書、算經，後人也多加注釋；如黃帝《素問》，就有馬蒔、張志聰、王冰諸家的疏解。這樣又如何能夠隨著時代的演變，文化的進步，而不斷產生新思想，新理論，新知識了。前人認爲半部《論語》可以治天下，一篇《學記》可作教育哲學來看，《孫子兵法》可以作戰略指導，《易經》可以卜算吉凶。像這樣的崇古，又如何能夠產生人文、社會、自然科學各種新說？西方學者與我國學者治學的態度最大的不同，就是我國學者但求讀通前人的著述，能夠「傳道」、「授業」、「解惑」；人稱他「國學大師」，就已經滿足了。西方學者大抵是每個人都想追求新知識，新發現，建立自己獨立的學說與成就。所以能不斷產生新知識，新事物。要是我國學者治學的態度不肯改變，仍只是拾前人的牙慧餘唾，作爲學問，恐怕數十年後，這裏仍將是一片「文化沙漠」吧！

(八)**口耳相傳**：我國古代的科學技術，除天文、曆數、五行、醫方、本草、農作有許多著作外，其他如陶瓷、建築、鍊金之類的技術，大都是由師傅口授學徒，很少用文字寫定下來。就拿陶瓷來說吧，相傳在神農時代已有素燒的陶器，漢朝已有上釉的瓷器，晉代甌越窯出的青瓷已非常精美，唐人霍仲初所製瓷器色白質薄，瑩澈如玉。周柴世宗時的瓷器，色如雨過天青，明瑩如鏡。宋朝的粉定雕花，哥瓷開片，都極有名。明宣德瓷的祭紅寶石釉，舉世聞名，列爲珍品。清郎廷佐窯的胭脂水，年希堯窯的青花五彩，都是非常美的瓷器。前代雖有許多有關陶瓷的著作，但所談的多是陶瓷的歷史、品鑑、

款識、名窯……等，最主要的如製胎的粗細，上釉的厚薄，藥料配合的成分，燒窯的時間與溫度的種種技術問題，

種技術問題，都缺少科學文字的記載。現在一些陶瓷工廠仿製品，雖能製出哥窯瓷器的隱裂斷紋的開片，米黃豆綠的釉彩，但質地色澤終比不上原來的精美動人。原因也就在此。

我國對鍊金術、鍊丹術的研究也早已存在，像漢淮南王劉安的門下已有《中篇》一書，談神仙黃白之術。神仙就是鍊丹藥，黃白就是鍊金銀。晉葛洪《抱朴子・金丹篇》說：「丹砂燒之成水銀，積變又還成丹砂。」這和現代化學原理頗相符合。我國因古代術士將它玄虛化、神秘化，寶秘所知，鍊製多在深山中，不肯公開出來，甚至作為斂財騙錢的把戲。如《儒林外史》第十五回中，就有洪憨仙想以燒銀法騙取胡三公子的金錢故事。這樣又如何能發展成為科學知識呢？所以我認為我國編譯機構或從事編譯工作的人應該將西方的科學新知大量翻譯介紹進來，提高國人的知識。有關中醫的書籍也應該加以整理改寫，去其玄虛之說，使成為實用的著作。

(九)**研究精神**：我國古化以農立國，講的是勸農教稼，努力蠶桑耕種，至於文巧奇技的製作，多加禁止，因此影響了國人研究改良器物的精神。雖說王莽時已有人插翅試驗飛行，張衡作渾天儀窺測星辰，諸葛亮作木牛流馬運輸糧食，唐人用火硝雜其他藥物製造烟火，宋虞允文用火藥作霹靂炮，沈括說鄜延出石油可用來點燈製漆。可惜我國人因缺乏研究精神，大家所講究的是精神的修養，不大著重物質生活的改善，這樣自無法促進自然科學的知識與技術的發展啊。

我們知道現在是知識爆炸的時代，幾乎每天都有新知識產生。我們如何能夠做到「與時推移，應

物變化」，充實我們現代的新知識，還需要我國的學者從各方面去努力。

（六十五年七月十六日新生報知識世界）

歐陽修與梅聖俞

宋初由楊億、劉筠等所領導的西崑體詩盛行，務求對偶工巧，典雅華麗。至仁宗時，歐陽修、梅堯臣、蘇舜欽等開創一種新作風，影響很大。梅堯臣的《宛陵集》，成就尤其卓越。

梅堯臣字聖俞。從小學作詩，出語驚人。後隨其從父詢至汴京，即以詩聞。仁宗天聖中，爲河南主簿。時西崑派大家錢惟演留守西京，很欣賞他，結爲忘年交，引與酬唱，傾動一時。九年三月歐陽修入洛陽，任西京留守推官，始與梅氏訂交，歐詩說：「三月入洛陽，春深花未殘；龍門翠鬱鬱，伊水清潺潺。逢君伊水畔，一見已開顏。不暇謁大尹，相攜步香山。」可見一見如故的情形。

錢惟演幕府中名士很多，張堯夫、尹師魯、楊子聰、王幾道、張太素等，都是一時之選。歐陽修特別推崇聖俞的詩文與爲人，自感不如。說他「志高而行潔，氣秀而色和，嶄然獨出於衆人中。」又作詩讚美說：「聖俞翹楚才，乃是東南秀。玉山高岑岑，映我覺形陋。」

後來歐陽修和尹師魯倡導古文，師法韓愈；聖俞和蘇舜欽（子美），石曼卿（延年）都是他的詩友兼同志。梅詩說：「退之昔負天下才，掃掩衆說猶除埃。張籍盧仝鬥新怪，最稱東野爲奇瑰。歐陽今與韓相似，海水浩浩山嵬嵬。石君蘇君比盧籍，以我待郊嗟因嗟。」可見他們志同道合，聲應氣求的一般。

景祐三年，歐陽修爲切責司諫高若訥，貶爲峽州夷陵縣令。梅氏聽到這消息，曾作詩慰勉。康定元年，歐復館職；梅曾作詩道賀，而叮嚀「莫忘黃牛峽」，叫他以後做事謹愼。歐陽修曾說二人結交之深，有同水火之相濟。

歐、梅二人早年，都不得志，歐家尤貧。以後歐陽修官運亨通，歷任龍圖閣學士、南京留守、翰林學士、右諫議大夫等職，生活逐漸富裕；而梅聖兪仍貧困如故。歐陽修時常以米絹酒茶餽贈聖兪。梅有詩記這種可貴的友誼說：「昔聞退之與東野，相與結交賤微時。孟不改貧韓漸貴，二人情契都不移。韓無驕矜孟無靦，直以道義爲己知。我今與子亦似此，子亦不愧前人爲！」

嘉祐元年，歐陽修與翰林學士趙槩等十餘人薦梅氏爲國子監直講。二年，歐公主持禮部貢舉，又薦爲試官。二人在推行古文運動中，始終走著同一步調；於是蘇軾、曾鞏、張載、程頤都在此時考取，奠定古文運動的基礎。

聖兪遷爲尚書都官員外郎，已名滿東京，領袖詩壇，青年豪俊常聚飲其家，達官顯貴多從之遊，對宋詩影響很大。文天祥說他「上追韓、孟，下啓蘇、曾。」聖兪的詩擅長描繪自然景物和人世情感，眞摯深刻，清新閒淡。歐陽修〈書梅聖兪詩藁後〉說：「聖兪詩體長於本人情，狀風物，英華雅正，變態百出，哆兮其似春，凄兮其似秋，使人讀之可以喜，可以悲，陶暢酣適，不知手足之將鼓舞也。」

他在〈聖俞墓誌銘〉中，又評論梅詩說：「其初喜爲清麗，閑肆平淡，久則涵演深遠，間亦琢剝以出怪巧；然氣完力餘，益老以勁，」歐公這種批評是很精當的。

梅氏早期作品，如詠梅花：「似畏群芬妬，先春發故林。」寫普明院：「花影平波上，經聲小塢東。」寫舟中聞蛩：「秋月滿竹舟，秋蟲響孤岸。豈獨居者愁，當令客心亂。」等句，都是極清新淡雅的。後來作品，如〈春雨詩〉：「春雨涔涔鳴百舌，林花淡淡洗燕脂；眼前耳底催人殺，不醉三盃大是癡。」雖然逐漸走向清遠閒適之境，猶存著妖韶餘態。晚年作品，如〈泛溪詩〉：「中流清且平，捨楫任船行。漸近鷺猶立，已遙村覺横。何妨綠樽滿，不畏晚風生。屈賈江潭上，愁多未適情。」則入於深遠閒淡了。歐陽修說讀梅氏老年時作品，如嚼橄欖，眞味久長，信然。

時人喜歡讀聖俞的詩，求詩者踵門而至，上自君卿，下至隸卒，得一篇一什即以爲寶。契丹人將他的詩織在衣裳上。蘇軾在湞井監，購得西南夷所賣的蠻布弓衣，上面織著聖俞〈春雪詩〉，以贈送歐公。公以此布作琴囊，盛雷會所製古琴。

嘉祐五年四月，聖俞臥病京師汴陽坊，前往問病的人幾使城東交通斷絕，可見他詩名的顯赫。歐陽修說他了解聖俞的詩，就像鍾子期之知伯牙。

聖俞卒後，歐公曾哭之以詩，祭之以文，銘其墓，復斂集金錢，購置義田，撫恤其後，且乞錄聖俞子增爲官。歐、梅友誼，有始有終，成爲千古美談。梅詩也因爲歐陽修的推許更加流行。

吳承恩與西遊記

《西遊記》是我國神魔小說中最傑出的一部作品，過去相傳是元初邱處機眞人所作。到了清康熙時候，吳玉搢據天啓《淮安府志．藝文志．淮賢文目》，認爲是吳承恩所撰；可是還懷疑是演邱書而成，就像羅貫中演陳壽《三國志》作《三國志演義》一樣（見吳玉搢《山陽志遺》）。乾隆末，錢大昕從道藏中鈔到邱眞人《西遊記》二卷，才知道邱書是他的弟子李志常所述，按係邱眞人奉元太祖詔命西行時，記西域道里風俗，跟小說《西遊記》無關（見錢大昕〈跋處機眞人《西遊記》〉）。道光、咸豐間，丁晏又從淮安府康熙舊志藝文書目的記載，及內多淮安方言，進一步考定小說《西遊記》是吳承恩作（見丁晏《石亭記事．續編》）；遂成定案。

吳承恩，字汝忠，號射陽山人，明淮安山陽（江蘇淮安）人。性敏多慧、博極群書，爲詩文下筆立就，清雅流麗，有宋秦少游之風，爲淮郡第一才士。所著雜記數種，名震一時。數奇不偶，僅以嘉靖甲辰歲（一五四四）貢生，授官長興（浙江長興）縣丞。曾與後七子的徐中行（子與）、淮安太守陳文燭等交往，呼酒論文談詩，謂：「文自六經後，惟漢魏爲近古；詩自三百篇後，惟唐人爲近古；近時學者，徒謝朝華而不知畜多識，去陳言而不知漱芳潤，即欲敷文陳詩，難矣。」（見陳文燭序語）他所作詩，習氣悉除，一時很難有人趕得上。他在長興，前後七年。到隆興初（一五七〇），回山陽。放浪詩酒，萬曆間卒（約一五八〇），享壽七十幾歲。家貧無子，遺稿多散佚；邱正綱為收拾殘缺，編刻為《射陽存稿》四卷（又續稿一卷）。吳玉搢盡收其詩於《山陽耆舊集》中。天啓《淮安府志》列為近代文苑之首（見天啓《淮安府志·人物志·近代文苑》，《山陽志遺》及胡適〈西遊記考證〉，董作賓〈讀西遊記考證〉等文）。

他所著的雜記之一，就是《西遊記》。他從小就是一個喜歡讀小說的人。他在〈禹鼎志序〉中，說他自己「幼年即好奇聞，每偷窺市中野言稗史，懼為父師訶奪，私求隱處讀之。比長，好益甚，聞益奇；迨於既壯，旁求曲致，幾貯滿胸中矣。嘗愛唐人如牛奇章、段柯古所著傳記，莫不模寫物情，每欲作一書對之，懶未暇也。轉懶轉忘，胸中之貯者消盡，獨此千數事磊塊尙存，日與懶戰，幸而勝焉。於是吾書始成，因竊自笑，斯蓋『怪』求余，非余求『怪』也。」奇章就是牛僧孺，著有《玄怪錄》；柯古就是段成式，著有《酉陽雜俎》。由此，我們可以知道他不但喜歡讀神怪小說，也喜歡寫神怪小說。《西遊記》，大概在他晚年寫成。他懷才不遇，窮困潦倒，所以記中還存有一些玩世嫉俗、諷事罵人的影子，也就是作者的一些牢騷。

《西遊記》共一百回，寫唐僧、孫悟空、豬八戒、沙僧師徒四衆往西天取經的故事。這個取經故事也不是憑空而來的，它也跟許多著名小說一樣，也是先陸續有許多有關的作品在民間廣泛的流傳，然後再由作者綜集寫定。玄奘自著的《大唐西域記》，他的弟子慧立、彥琮所著的《大唐三藏慈恩法師（玄奘）傳》，都是最早的藍本。後來吳作《西遊記》大概取材於宋刊《大唐三藏取經詩話》、元末吳昌齡（一說楊景賢）《西遊記雜劇》、明初《永樂大典》中魏徵夢斬涇河龍、明中葉楊志和四十一回本《西遊記傳》，及其他小說、雜錄、筆記、當時世態等等材料，加工改寫成的。全書的結構，大體可分作三部份：

第一、孫悟空的傳（一—七回）。寫孫悟空的誕生，訪師學道，下東海，入地獄，鬧天宮，偷蟠桃，敗神將天兵。孫悟空認爲「玉皇大帝輪流做，明年到我家」，要玉皇大帝將天宮讓他；直到玉帝請來如來佛，才把他降服壓在五行山下。充滿著對至高無上的統治權力強烈的反抗精神與思想。上天下地，無所禁制，極盡虛誕、恍惚、變化之筆墨，也是一般人最愛讀的一段。

第二、取經的因緣與取經的人（八—十二回）。寫唐玄奘出世（取民間江流兒故事），魏徵斬龍，唐太宗入冥（取唐代變文），以及玄奘應詔西行取經。記唐玄奘出身事蹟，跟本傳不合；只是這一段吸收民間的傳說最多。

第三、寫唐僧等往返西天途中遇到九九八十一次魔難，終於一一克服，成正果東歸長安的經歷（十三—一百回）。文字最長，情節最富。對於魔難的描述，可說是一種象徵的寫法。魔難象徵他們爲著追求理想而勇往前去，在路途上所克服的種種困難；描述他們奮鬥的意志與進取的精神；這可說是《西遊記》作者所極力要表現的主題之一。蓋唐僧取經在文化史上，乃是一件「奪天地造化之工」的大事業；他爲著當時佛經翻譯荒謬，爲著窮究佛家至理，決定去佛教發源地印度，不辭長途跋涉，經歷了許多困難，出遊十七年（六二八—六四五），走了五萬里路，遊歷了當時一百多個國家，足跡遍及西域與五印度。這種亙古未有的遠去留學求經，在過去交通不發達的時代，由於宗教的熱誠，理想的追求，終於完成，帶回佛教經典六百五十七部：這是一件極偉大的成就。作者在《西遊記》裏，完全把他神話化，把取經路上的一切險阻和困難，用千妖百怪的種種魔難阻礙來象徵，演化成了這樣一部富有浪漫色彩的神話小說。不過在這八十一難中，作者所傾力描寫的是孫悟空；歷史上的唐玄奘獻身於求經事業的那種堅強不撓的偉大精神，也都被作者集中而表現在他所創造出來的神話英雄——孫悟空的形象裏；唐僧在這裏反而成了一個心懦耳軟的人物。這是我們讀這部小說要注意的一點。

這部小說在文學上有相當卓越的成就。想像的豐富，佈局的謹嚴，氛圍的生動，文字的詼諧、活潑、流暢，都達到了非常完美的境地。使神魔都有人情味，精魅也通達世故。怪誕豔異，使人讀來卻不免要時常捧腹大笑。

雖然有些批評家說，作者對神魔妖怪的造型，只具形相，神情不全。這大概是因為作者在八十一難的過程中，所寫的神魔妖怪太多了，所以無法作更深入的刻畫。實際上，作者所傾全力描寫的是孫悟空，其次是豬八戒，都寫得非常成功。孫悟空是代表一個獻身理想所應具備的優秀性格之典型。他有靈敏的智慧，堅定的意志，勇敢的行為，正直的性格，開豁的胸襟，忠心耿耿，有始有終，不畏困厄，為了取經，他一路出生入死，斬妖捉怪，保護唐僧，永遠不退縮，盡心竭力地克服一切困難。譬如第一回寫他出世之後，發現水簾洞被群猴尊為美猴王，就在顯示他的不平常的勇敢和想做人上人的性格。同時他活潑、幽默、頑皮、詼諧，也特別惹人喜愛。

至於豬八戒，他跟孫悟空相比，是兩種不同性格的對照。可以說豬八戒實足以代表我們這些在現實生活中打混的一般人物的性格。他好色、懶惰、愛睡、貪吃、喜歡小便宜，又怯懦、自私；雖說他也有理想，但意志並不堅定。取經只為成正果，成佛成仙；一遭遇困難，就流淚想退卻，要分行李，回高老莊做人家女壻去：這不是一般人常有的缺點嗎！此外，因為《西遊記》，受神話生物造型的限制，所以猴頭孫悟空是跳跳蹦蹦的，豬八戒也就成了長嘴大耳、獃頭獃腦的樣子，行動笨，說話蠢，又常做些弄巧成拙的事。像他貪生怕死，結果卻常被妖怪捉去，要蒸要吃；憊懶狡黠，想扯謊騙人，卻又編不好，而被人揭發，成為被嘲笑諷刺的對象。如三十二回孫悟空派他去巡山，看看有沒有妖怪。他卻轉到草坡上去睡覺，同時罵道：「你罷軟的老和尚，捉掐的弼馬溫，面弱的沙僧，他都在那裏自在，撮弄我老豬來躖路！大家取經，都要望成正果，偏是教我來巡甚麼山！哈！哈！哈！曉得有妖怪，躲著些兒走還不彀一半，卻教我去尋他。這等晦氣哩！我往那裏睡覺去；睡一覺回去，含含糊糊的答應他，只說是『巡了山』，就了其帳也。」要回去的時候，又對三塊青石頭唱大喏，把石頭當作唐僧、沙僧、行者三人演習道：「我這回去見了師父，若問有妖怪？就說有妖怪。他問甚麼山？——我若說是泥捏的、土做的、錫打的、銅鑄的、麵蒸的、紙糊的、筆畫的。他們見說我獃哩！若講這話，一發說獃了；——我只說是石頭山。他問甚麼洞？也只說是石頭洞。他問甚麼門？卻說是釘釘的鐵葉門。他問裏邊有多遠？只說入內有三層。問門上釘子有多少？只說老豬心忙記不真。此間編造停當，哄那弼馬溫去！」由這段文字，我們可以知道《西遊記》對豬八戒的造型也是非常的成功，可說是值得推舉的一部良好的少年的讀物。

李龍眠的畫

宋人郭若虛說：「佛道人物，仕女牛馬，近不及古；山水林石，花竹禽魚，古不及今。」蓋晉、唐間名家所畫的佛道人物，仕女牛馬，或自然生動，或氣骨獨創，宋代作者，終不能及；至於五代、宋朝的名家全以高古渾厚或平淡幽深的山水畫著稱一時，眞是「群山競秀，萬壑爭流」；而李龍眠則兼取各家人物、山水等畫的長處，自成一家。時人評他的畫說：鞍馬愈韓幹，佛像可追吳道玄，山水似李思訓，人物類韓滉，瀟灑如王維，推許為宋畫中第一名手。

李公麟，字伯時，宋舒州（安徽舒城）人，生卒年月不詳。神宗熙寧丙科進士。後來侍御史董敦逸薦為御史臺主簿檢法官。官至朝奉郎。哲宗元符三年（一一〇〇）致仕，歸隱舒城南龍眠山，自號龍眠山人。他是一個博學、好古、多才的人，長於詩文書畫，多識奇字古物，立朝籍籍有名聲，可是因為喜歡畫畫的緣故，只以畫藝聞名。當時詩人如蘇軾、黃庭堅，畫家如王詵、張文潛、米芾都跟他來往，論談繪事，相與題贈。他作畫極勤，作品亦多，生前就已享盛名。

他的畫，首先師法各家長處，卻又從中變化，創為一家筆法。如畫山水，他學李思訓的著色，卻又加入王維寫意的筆調。畫馬學韓幹的著重實物寫生，講究馬的形貌、姿態、骨相。黃山谷說他「畫骨亦畫肉」，跟一般畫馬只畫馬的「形、色、肉」的不同。又如人物畫，北宋的畫家，多半取法顧愷之、陸探微、吳道玄，守其舊作風，用色彩，所以例稱「丹青」；到公麟，卻一掃粉黛，用淡毫輕墨，來白描人物的形象，素雅超逸，成爲當日白描人物造詣最深的一個畫家；對南宋的畫家，影響頗巨。

他的畫，由他的品目，可以分作佛像、馬、人物、山水、歷史畫等幾類。佛像佔最多，有釋迦像、觀音像、維摩像、羅漢像、諸天神像……等等見於記載，總計在四五十件上。關於馬的作品不少，有二十件左右。歷史畫也不少，其中著名的有沛公見酈食其等君臣故實圖，郭子儀單騎降虜圖，陶淵明歸去來兮圖，蔡琰還漢圖等。普通人物畫，以山水或臺閣爲背景，而畫衣冠裙屐，仕女嬰兒，遊奕宴集等，著名的有賢已圖、西園雅集圖等。山水畫數量最少，著名的有赤壁圖，龍眠山莊圖等。現將他的代表作，介紹一部份如下：

先說公麟所畫的馬，多半根據當時太僕寺馬廨中的駿馬，作他寫生的對象。傳說他每次經過馬舍，必終日縱觀。欣賞久，則胸中有全馬，信意落筆，就特別自然超妙。如五馬圖，哲宗元祐時所畫，就是根據當時騏驎院、天駟監中的名馬：鳳頭驄、好頭赤、照夜白、青花驄、錦膊驄畫成，筆法簡古，能畫出馬生動的形態。

起初，李公麟以畫馬著名，後來因法雲圓通秀禪師勸說，乃轉而學畫佛像，深得吳道玄的筆意。他所作五百應眞（羅漢）圖，布景不凡，落筆尤異，前後樹色、川光、鍼松、石脈、煙雲、風日、橋樑、殿宇的勝概，非一般可比；其中除畫經禪枯坐外，或爲棲巖渡海，或爲伏虎降龍，或爲乘馬駕車，或爲坐獅騎象，以至麋鹿銜花，猿猴獻果，諸夷頂禮，龍王清齋，舞鶴觀蓮的容貌，淨髮挑耳的形相，種種不離佛門本色，時稱名作。又華嚴變相圖，畫諸天八部龍神之像，莊嚴端肅，令人起敬。蓋他畫佛像、人物，如「以燈取影」，畫筆一過，天然入神。

人物畫如賢已圖，據岳珂《桯史》說：「元祐間，黃（山谷）、秦（觀）諸子，暇日觀畫。山谷出李龍眠所作賢已圖：博者六、七人，方據一局，投迸盆中，五皆玈（黑），而一猶旋轉不已，一人俯盆疾呼，旁觀者皆變色起立。纖穠態度，曲盡其妙；相與歎賞，以爲卓絕。」又西園雅集圖，絹本，著色，神宗元豐間作，畫當日他和東坡、子由、魯直、端叔、少游、元章等十餘人，宴集王晉卿（詵）之邸事，林泉風光，清曠絕俗，而人物秀發，各肖其形，有林下的風味（見米芾題）。由此，可見他的人物畫神妙的一斑。

山水畫，首推龍眠山莊圖，是他歸老龍眠山後所作，從建德館至垂雲沜，凡十六景，其間巖崿隱見，泉源相屬，竹樹茂美，無塵俗的喧囂，用墨妍秀，設色精工，可以媲美王維輞川圖；後來摹倣者極多。

他的畫在當時流傳的不少，據北宋《宣和畫譜》記載，內府所藏，就有一百零七件；又見於前人詩文題跋，論畫書史中，也不下數十件。他的畫的價值，在徽宗宣和間，與吳道玄差不多相等，有人出三十萬錢只能買一贋品。現今存者，在北溝故宮博物院中，有免冑圖（郭子儀單騎降虜圖）及竹陰磬韻二畫。流入日本也不少；傳說他的十六羅漢圖，現存日本京都清涼寺；馬郎婦圖，存東京前田利爲氏家；東京美術學校也收藏有羅漢圖。五馬圖，原存清宮；民國成立，此圖不知所終。

梁實秋與朱生豪的譯例

姜龍昭先生寫作五十年，在他五十二本著作中二十五本是戲劇。在臺灣，他可以說是一位名劇作家。這期，他寫了一篇〈莎氏戲劇之翻譯〉。他這篇專論主要是談莎士比亞戲劇的中譯本，材料相當豐富。不過，他在文中提到梁實秋和朱生豪翻譯莎翁的戲劇，到底誰譯得好呢？大陸人士認爲朱生豪譯得比較好；姜先生認爲梁實秋譯得比較恰當。因爲姜先生的文章未曾舉例比較，有些朋友要編輯室舉一些例子，讓讀者自己去判斷。朱生豪的翻譯詩的情味較濃，梁實秋的翻譯以散文見長，各有千秋。誰翻得更好？著實難下判斷。

我做學生時候讀過朱生豪的翻譯，我非常喜歡莎翁優美的文字。《羅密歐與朱麗葉》（Romeo and Juliet），尤其令我沈醉。羅密歐與朱麗葉相愛，私訂終身，不幸在一場爭鬥中，羅密歐殺死了朱麗葉的表哥提伯爾特。當朱麗葉聽到表哥的死訊，她的心幾乎碎了。羅密歐是她所愛的未婚夫，又是她所恨的兇手。愛就讚美，恨就咒詛，這是人之常情。在這劇的第三幕第二場中，有一節朱麗葉聽到表哥兇訊時的說白，莎翁在這裡交錯地應用讚美和咒詛的言詞，來表現朱麗葉當時愛恨交集的複雜心理。現在，我將莎翁在劇中所作的朱麗葉和乳媼的對話，各摘它一節，然後再將朱、梁兩位先生的譯文，抄在原文的下面：

Julite. Oh,serpent heart, hid with a flowering face.

朱麗葉　啊，花一樣的面龐裡藏著蛇一樣的心！（朱譯）

啊，毒蛇一般的心腸，藏在花一般的臉下！（梁譯）

Did ever dragon keep so fair a cave?

那一條惡龍曾經棲息在這樣清雅的洞府裡？（朱）

惡龍住過這樣優美的洞府麼？（梁）

Beautiful tyrant! Fiend angelical!

美麗的暴君！天使般的魔鬼！（朱）

美貌的狠心人！天使一般的魔鬼！（梁）

Dove-feathered raven! Wolvish-ravening lamb!

披著白鴿羽毛的烏鴉！豺狼一樣殘忍的羔羊！（朱）

披著鴿子羽毛的烏鴉！狼一般饕餮的羔羊！（梁）

Despised substance of divinest show!

聖潔的外表包覆著醜惡的實質！（朱）

有最神聖外貌之可鄙的實質（梁）

Just opposite to what thou justly seem'st,

你的內心剛巧和你的形狀相反，（朱）

與外表恰恰相反，（梁）

A damned saint, an honorable villain!

一個萬惡的聖人，一個莊嚴的奸徒！（朱）

一個該下地獄的聖徒，一個體面的小人！（梁）

O Nature, what hadst thou to do in Hell
When thou didst bower the spirit of a fiend
In mortal paradise of such sweet flesh?

造物主啊，你爲什麼要從地獄裡提出這一個惡魔的靈魂，
把它安放在這樣可愛一座肉體的天堂裡？（朱）

啊，造物主！你在地獄裡幹得什麼好事，
竟把一個惡魔的靈魂放進這樣漂亮的肉體的天堂裡面？（梁）

Was ever book containing such vile matter so fairly bound?

哪一本邪惡的書籍曾經裝訂得這樣美觀？（朱）

可曾有過這樣的一本書，內容如此惡劣而裝潢如此考究？（梁）

Oh, that deceit should dwell. In such a gorgeous palace!

啊！誰想得到這樣一座富麗的宮殿裡，會容納著欺人的虛偽！（朱）

啊！這樣堂皇的宮殿裡居然會住著欺騙。（梁）

Nurse　There's no trust. No faith, no honesty in men—all perjured,
All forsworn, all naught, all dissemblers.
Ah, where's my man? Give me some aqua vital.
These griefs, these woes, these sorrows, make me old.
shame come to Romeo!①

乳　媪　男人都靠不住，沒有良心，沒有眞心的；誰都是三心二意，反覆無常，奸惡多端，盡是些騙子。啊，我的人呢？快給我倒點兒酒來；這些悲傷煩惱，已經使我老起來了。

願恥辱降臨到羅密歐的頭上！（朱譯）

男人都是不可靠，沒有信用，沒有誠心；全是無賴的，虛偽的，欺騙的，背誓的。

啊，我的佣人哪裡去了？快給我一點酒，這些苦惱，憂愁，悲哀，使得我衰老了。

願羅密歐遭受恥辱！（梁譯）

他們兩人對朱麗葉的話的翻譯，可說大同小異；對乳媪的話的翻譯，則出入較大。朱生豪翻譯大體是意譯，隨心揮灑，做到信雅達的「雅」。梁實秋翻譯是逐字扣住直譯，做到信雅達的「信」。梁實秋因爲譯得較晚，朱生豪用過的詞，他似乎避免再用它。譬如：tyrant是暴君，梁實秋主編《新時代英漢辭典》也是這樣的解釋。朱生豪翻譯Beautiful tyrant就作「美麗的暴君」；梁實秋譯作「美貌的狠心人」。這當然是爲了避免跟朱的譯文相同，但也因此這句不如朱譯的自然。像梁用「該下地獄的」譯damned，用「體面的」譯honorable，比起朱用「萬惡的」，「莊嚴的」，應該更確切些；但前後兩句合讀起來，卻似不如朱之流麗。梁翻譯乳媼的幾句話，每一個詞都緊緊扣住，則比較忠於原作。像griefs，woes，sorrows，梁譯作「苦惱、憂愁、悲哀」，朱用「悲傷煩惱」四字涵蓋它。「三心二意」，「反覆無常」，「奸惡多端」，一讀就知道這是十分意譯的，中國成語味兒十足，當然討人喜愛，但all perjured, all forsworn, all naught,是否能夠跟「三心二意」這些成語的含意吻合相當？值得我們推敲。「三心二意」和「反覆無常」的意思差不多，把forsworn（背誓）譯作「反覆無常」可以；但我認爲把all perjured（僞證），譯作「三心二意」倒不如譯作「花言巧語」，似較近原意。要說誰翻譯得更好，這是很困難的。莎氏的戲劇本數那麼多，文字又那麼美，梁、朱兩人肯花畢生的功夫去翻譯它，而且譯得相當好，這就值得我們敬佩！

最後，我再就上面片斷的引例，說明莎翁用這種愛愛恨恨的筆法：

啊，花樣的臉兒裡（愛的讚美）藏著蛇樣的心（恨的咒詛）

深入地寫出了朱麗葉的心理狀態。這一種寫法的確也值得我們學習。

王祿松的詩和畫

王祿松，民國二十一年（一九三二）五月生於海南島儋縣。父親王亦民先生，母親吳劍華女士都是畢生從事教育工作；他五歲之後，就親自教他認字寫字，唱歌繪畫，讀詩文，練演講。因此，他十歲時，就能唱近百首歌，能用鉛筆作素描。十四歲，時事漫畫和演講比賽，即得全縣第一名。十五歲學國畫、水彩畫，喜讀古文賦及三十年代各家作品。十七歲學寫斗大的對聯。十八歲從軍。十九歲開始寫作，發表文章。二十一歲進入政工幹部學校，演講論文比賽常得第一名。二十二歲幹校畢業，擔任軍中政治教官等職。三十二歲，與政大畢業的林黛麗結婚，現有二子。三十六歲，任《中央月刊》編輯。五十三歲，離開中央月刊社。即爲各方羅致，教授繪畫。現任《中央月刊》文藝版主編。

王祿松是著名的詩人畫家。在四十七歲前，他狂熱地創作新詩和散文。他的父母在大陸不幸死亡，他哀傷天倫夢碎，山河淪亡，心中多悲憤怒火，所以多長歌戰鬥，表現愛國熱情。他自己說：「我是用憤懣的魂，悲酸的淚，愛的甜蜜和搏鬥的辛辣來冶煉我的詩！」他曾經寫下五千八百七十四行的《萬言詩》，歌頌我國美麗的山河。鍾雷讚美說：「他把革命戰鬥的意志和情操，化爲沸騰的鮮血熱淚，化爲燃燒的詩與豪情」，寫下了這首詩壇少有的巨構長詩！他最膾炙人口的，是《鐵血詩抄》中的一首〈戰歌〉。像「我撫摸著槍的臂膀，熱吻著戰馬的櫻唇。在心的頑石上，我用熱血磨亮鏗鏘的詩句」這一類的作品，讀來眞要焚焦人的靈魂，煮沸人的熱血。紀絃說：「他的詩，有鏗鏗的刀劍聲，鷹的呼喊，和澎湃的海潮音。」他的詩在現代詩壇上受到重視，獲得國軍文藝金像獎、中山文藝獎、國家文藝獎等各種獎共三十八次，並被封爲「鐵血詩人」。

王祿松在四十七歲後，重拾畫筆，從畫家王舒學水彩渲染，從文霽學寫生，而開始大量作畫，每年都有數百幅作品。他說：「勤苦是繪畫的終南捷徑。」「你想畫得成功，你先得嘗試失敗。」他由於勤勉專心，苦練不休，技巧熟練，所以越畫越好。他作畫的時候，把紙鋪開，即全神貫注，筆隨心轉，潑彩渲染，淡淡幾筆，即成極美的境界。攝影家耿殿棟看王祿松作畫後，用「快筆風雷動，滿紙日月華」十個字來形容他。雕塑家吳二曲說：「任何東西都可以成爲他畫畫的工具，他用指甲銼畫樹，手掌畫坡岸，橡皮擦畫水，衛生紙一扭便成波濤；著色過濃，他扭曲一塊橘子皮將油射過去，顏色便馬上淡化；他掏出手帕，便馬上畫出一枚月亮：眞是神乎其技！」

王祿松的畫顯現著柔和矇朧的美，安恬寧靜之境，跟他過去慷慨長歌、豪情萬丈的戰鬥鐵血詩，截然不同，而配搭畫境的詩篇，也日趨雅麗。這和年事漸長，心境中和有關。他在《畫論》中說：「山人之少年繪作，色澤多明麗光豔。及至年事增長，多塵間之歷鍊，經世態之炎凉，遍閱人事，深諳世味；其色感乃經風霜憂患之篩濾，一變爲凝重深沈。野木寒泉之什，俱見幽隱之貌；雲山飛動之致，亦具穩健之姿。其所示於畫面……，皆以幽靜代動，深湛象淺。……用暖色而使人不感到熱，派冷色而令人不感到冷，此之謂『中和色相法』也。」我想這種轉變，跟他選擇的畫材：雪峰綠野，河川大地，雲霧仙鄉，彩虹飛鳥，都是大自然的景物也有一些關係吧。他的畫正如畫家文霽教授所評：「他的畫作，幽靜綿邈，遠離塵囂，令人見而生愛；畫中透露出纖塵不染的色相，及優美恬靜的境界。」

王祿松曾開過七次畫展，許多畫爲我國博物館、藝術館所收藏。公餘閒暇，他在木柵「讀月畫室」教青年作畫，並將作畫的經驗寫成《畫論》，論述用筆、設色、潑彩、寫景、佈局的技巧、情趣與意韻。現在他的學生也有成爲青年畫家的，如莊雲惠。

王祿松的著作很多：詩集有《偉大的母親》（改造出版社出版）、《鐵血詩抄》、《海的吟草》、《歸意集》、《萬言詩》（以上明光出版）、《河山春曉》（文藝）、《巨人》（陸軍）、《狂飆的年代》、《風雨中的國魂》（以上水芙蓉出版）。譯詩有《西洋情詩選》（水芙蓉）。詩畫集有《讀虹》（義裕）、《讀雲》（星光）、《讀雪》（讀月畫室出版）、《讀山》（二曲藝術公司）。散文集有《飛向海湄》、《讀月小品》、《生命的投影》、《化做蝴蝶》、《須彌芥子》、《長願水東流》、《吉光片羽》（以上水芙蓉）。由於他傑出的成就，民國七十七年（一九八八）八月，美國加州世界藝術文化學院特別頒贈榮譽文學博士學位給他。

本刊這期特別從《王祿松新詩水彩畫集》，選了〈名字〉和〈懷土〉兩首詩，介紹給各位讀者；並選了「山樹鎔金」一幅畫，作爲本刊的封面；讓大家能夠讀到他的好詩，又可以看到他的好畫。現在選錄他作〈名字〉這首詩如下：

我用鳥聲做針，
搓風絲做線，
一針針，
縫補著歌的碎片。
我挽住明月做鏡，
揮著椰影做梳，
一梳梳，
理著夢的雲鬢。
向長天的畫布，
我塗抹上山影綿綿，
在流水的絹素，
我刺繡上落英點點。

當陽光換了一副柔和的臉孔，

當天空的前額，更清朗，更悠遠，

你就會知道，

我的名字叫「秋天」！

〈名字〉選自《讀雲》。這首詩分四節，分別寫秋的聲音，秋的夢境，秋的畫面和秋天的天空。詩人說他用秋天的鳥聲風絲，聯綴成他的歌聲；以秋天的明月椰影，梳理成他的美夢；用長天流水作畫布，畫出秋天的山影和落花；看了這清朗悠遠的天空，你就會知道已經到了秋天。

〈懷土〉選自《讀山》。詩人在他的畫裡，上面畫著淡藍的滿天煙雨，有幾隻白鳥在飛，下面畫著春花盛開的山村，景極美麗。這首詩分兩節：第一節寫他要把懷念故鄉的眼淚，揉成江南一片煙雨；要把他的詩情，變爲飛過長江的白鳥；要把這種相思畫成一幅畫。第二節寫故鄉的白雲在呼喚他回去，明月也爲他無法回鄉，而惆悵徘徊。山川如畫的故土，只能在夢中出現。這首詩是他惦憶家鄉的小詩。

「山樹鎔金」選自《讀山》，王祿松先生引明釋澹歸詩句說：「遠懷如畫一天秋」。一紙黃葉秋景，希望你們看了，能像我一樣的沈醉著迷！

《文燈》序

蔡宗陽，筆名逸廬，臺灣省嘉義縣布袋鎮人，畢業於國立臺灣師範大學國文系、國文研究所碩士班、博士班。他在師大聽過我講授的「修辭學」科目，時間雖然只有一年，但我發現他不但成績優異，而且喜歡讀各種寫作理論的書，文字表達的能力也很不錯。因此，我介紹他與國語日報社魏廉、魏訥兩位副刊主編認識。

宗陽畢業後，到中學任教，見面機會也就少了。偶爾我從其他的同學與朋友的口中，聽到他教書很用心，教作文也很成功，不但在校內有了小名聲，還被其他的學校請去作專題講演。在報紙上看到他發表的文章也逐漸多了，文字頗爲簡鍊。大概是在兩年前，我在國語日報「語文指導版」上，讀到他寫的「文章作法講話」的文字。大概也就在這時，接到他的電話；在電話中，他非常高興地告訴我，他替國語日報編寫「文章作法講話」專欄的好消息，認爲可以實現他多年來的願望，可以將他平日讀書的心得，教學的經驗，藉此機會，編寫一套適合中學生程度的作文教材，希望能夠幫助青少年解決作文一些困難的問題。希望我能對他提供一些意見；我告訴他寫這一類專欄，必須做到「深入淺出」，不可寫得太深。

就這樣的，他從民國六十四年五月二十五日開始，替這個專欄，每週寫一篇作文講話，到了六十五年十一月十四日，已寫了一年半的長時間，共寫了七十一篇，涉及的範圍很廣，看來材料頗爲豐富。這種「持之以恆」的態度，也的確令人欽佩；不過，每週一篇，寫的急迫，創見自然少了。現在，他將全稿結集，由國語日報社出版。他爲了避免與劉永讓先生《文章作法講話》的書名重覆，取書名爲《文燈》，就是要像一盞明燈，去幫助青少年作文。他在自序中說：「這盞燈是集古今中外作文專家學者的精英，再加上我自己一些小小的心得寫成。」

在這書出版前，宗陽將全稿送給我看，希望我替他寫一篇序文。我細細讀了一遍，勾畫此書的內容，大概有下列三方面：

第一談的是對文章的認識與作者的修養的關係：他在這一方面談的很廣泛，從文章的功用、風格……直談到作文的要訣、修改等等問題。他指出國文在我們工作與生活中的重要性，寫文章可以說是大家都應該具備的一種修養，文章可以用來表達我們的情感思想，與人溝通意見，洗鍊人類情性，促使社會進步，發揚民族文化。「文如其人」，作者應該培養自己特殊的風格。作文要有好題目，老師出題，最好能符合學生的生活經驗與修養。有豐富材料才能寫出好文章，又談到找材料的方法。鑑賞文章應站在作者同一地位上去玩味，所以讀一篇文章，應先了解作者生平與寫作背景，這樣才能深切體會出作品中的情趣，至於多讀詩話、文話之類評審作品的論述，也可以提高自己的鑑賞力。要多讀書，多觀察，多體驗來擴增文思；應由朗誦品味來領略文章的氣勢與情韻。作文修詞要確切生動；造句能合乎文法語法，自然通順流暢；分段要把握重點，段與段之間要注意上下文如何連貫銜接；全篇布局要依據內容而安排；要拿定主旨，作中心，爲貫穿全文的線索，這樣作文才不致語溢題外。生活是寫作的泉源，我們要充實生活的內容，見聞多，體驗深，靈妙的文思自然像春泉般的湧出。音樂講求優美的旋律節奏，文章也要講究抑揚頓挫的聲調格律。寫景也要像畫畫兒一樣的，要著重景物的特點，以誇大的形容。說話作文，要打成一片；多訓練說話，也就能做到「出口成章」。「讀書破萬卷，下筆如有神」，多讀書對作文自然有益；他特別介紹了王雲五先生主張的精讀、閒讀、略讀、速讀、摘讀各種讀書方法。最後他認爲一個作者要力行多讀，多看，多記，多背，多寫，多改六原則，同時還要具有正確的人生觀，高尚的人格，淵博的學識，豐富的情感，深刻的體驗，……這樣自然能夠走上寫作成功的道路。但最重要的一點，還是一個作家要有浩然的正氣，崇高的節操，才能寫出千古不朽的作品。這些見解都很正確得當。

第二談的是修辭的技巧：寫作講究修辭，自古已然。我國談「修辭」的論著，也早已有之。像漢朝王充《論衡》中的〈語增〉、〈儒增〉、〈藝增〉，梁劉勰《文心雕龍》中的〈麗辭〉、〈比興〉、〈夸飾〉、〈事類〉、〈隱秀〉、〈物色〉等篇，至清汪中的《釋三九》，俞樾的《古書疑義舉例》之類，都是前人談修辭技巧的著述。我國講修辭方法的觀念，甚至傳到了日本，入唐留學的名僧空海所撰《文鏡祕府論》，詳論詩文修辭法，談四聲八病，談平仄對偶；其中論二十九種對偶的法則，尤爲詳盡。民國談修辭的學者，更引進西洋修辭的觀念與法則，過去有楊樹達、張文治、陳望道、陳介白，臺灣研究修辭學而有著作的也有傅隸樸、徐芹庭、黃永武、黃慶萱等人。各書所談到的修辭技巧，多達數十百「格」。修辭是寫作文章不可缺少的一種基本的訓練與修養。宗陽在這部分所談，關於積極修辭方面，大抵只選擇了最常用的，如譬喻、比擬、排比、夸飾、對偶、引用、借代、重疊等幾種方法，加以介紹。他採擷前人的說法，扼要地說明了作法；至分目部分，頗能吸取各家的長處；有一些地方，也可以見出作者的補充意見。他舉例多，又加說明，大概想借「舉例」，使中學生倣效於無形，因而學得修辭的技巧。在消極修辭方面，他指出現在的學生一般的毛病，如文不對題，文字拖沓，不知剪裁，常寫錯別字，用典用詞的不當，標點符號的亂用，喜歡說教，議論八股，文言白話，混淆雜揉；這大概都是他教學時實際的體驗之談。他針對這些毛病，提出種種糾正的意見與辦法，也很得當，切於實用。

第三談的是各體文章的寫法與實例的剖析：他根據現在國中的國文課本中的文章，先從現代「文體論」的觀點加以分類。然後談各體文章的寫作方法，並舉出實例加以分析。在散文方面，他討論到的有論說文、抒情文、記敘文、應用文、小品文、描寫文；此外還有新詩、舊詩以及駢文、小說等等，範圍也很廣。寫作理論與範文分析，並重兼顧，使學生知道了寫作的原則，又有實例由分析中得到了印證。這對青少年的寫作能力的提高，當然也是有幫助的。

我細讀這七十一篇文章，覺得這部書最後的一個特點，正如作者自己所不諱言的，是濃縮了過去各家談寫作修辭的理論的精華，是他讀書的報告。這種「得之於人者多，出之於己者少」，原不是著書立說的好辦法；不過，也因此他所引述的材料顯得比較豐富，所吸收的各家談文的見解也都比較實用，參考價值也因此提高了。作者剪裁與重組時候，也很能把握住要點，讀來大體蠻有趣味的。假使能將一些引用的文言資料，改寫成白話，就更適合中學生的程度了。

（蔡宗陽在民國八十五年八月當選為國立臺灣師範大學國文系主任、研究所所長，兼任「中國語文學會」秘書長，另著有《陳騤文則》等書）

不吐絲的蠶

在我小時候，婦女在社會上工作的很少，一些女性雖然上過學，也都只是待在家裏做太太，生養子女，管理家務，談不到有什麼成就。這種現象當然跟過去以男性爲中心的社會，婦女地位的低落有關連。

後來，我進了中學，讀到我國的歷史，才逐漸了解過去我們的社會完全是男人活動的舞台，女人除了呂后、武則天在政治，花木蘭、梁紅玉在軍事，烏孫公主在外交，班昭在史學方面，有一些成就之外，再也不容易舉出什麼特別知名的人物來了。不過，我國的女性在文學上倒是留下了許多異彩奇葩。

探其原因，過去的女性受教育的很少，即使受了教育也沒有什麼地方可以發揮她們的才學。所以古人有一句話說：「女子無才便是德。」在過去女人的才學，最多只能用來「相夫教子」，幫幫夫運，成爲用來寄託自己的情思罷了。像《浮生六記》的作者沈復，他的妻子陳芸是一位受過教育的女性，能寫字作詩，結果不但不能用這種本事來謀生，反而增加了她命運的坎坷。這是過去女性的不幸。雖然如此，但過去能讀書識字的女性，仍然比那些沒有受過教育的女性幸運多多；因爲她們受過教育，能夠將她們自己的生活與感受寫了下來，成爲文學作品。像蔡琰的〈悲憤詩〉，李清照的〈漱玉詞〉，都是極傑出的作品。使我國的婦女在文學方面留下一些成就。

這三、四十年來，加在婦女身上的「枷鎖」，已經隨著婦女教育的普及與提高，而徹底消除了。現在社會上工作的女性一天比一天多了，各種行業幾乎都有女性的工作者。女人已和男人一樣的貢獻她們的才學與能力。

在文學方面，今日女性的成就尤令人驚異，女詩人、女作家也日漸加多，而且有很傑出的成就，教我們男性作家欽佩羡慕。

吳明足女士是臺灣嘉義人，畢業於師範大學，現在臺北市國民中學擔任教職。她和她的另一半蔡宗陽君，都是我的學生。他們兩人都喜歡寫作。她寫的文章也不少，常常發表於各報刊。她常常以孩子和丈夫、家庭學校作題材，將她的家庭生活與教學生的事情寫進文章裏去。她藉這些作品，告訴我們她跟她先生恩愛的生活與生活的情趣，儲蓄的好處，假期的安排，家用的分配，衣著的選購，待人的禮貌，婚姻的問題，對小兒女的愛，教學的體驗，讀書寫作的樂趣等等，她所寫的，大都是她生活範圍之內的事情與感受，讀來頗爲親切。

《不吐絲的蠶》，就是這樣一部散文集，也是吳明足女士第一部的散文集。集名《不吐絲的蠶》，我猜是「蠶」吃了桑葉，就要吐絲；一位作家在生活上有了各種感受，大概也像春蠶一樣，也都希望能夠將自己心靈中的「絲」，不停吐抒了出來，編織成彩錦那樣美的文章。吳女士曾說，她先生宗陽君，過去時常戲稱她是「不吐絲的蠶」，白讀了許多書，卻不會「吐」；因而激起了她寫作的興趣。現在這不吐絲的蠶也開始不斷吐絲了，且織了一匹素絹，獻給讀者。

他們伉儷二人都非常年輕，只要她能繼續不斷努力創作，生活的經驗能日漸豐富，選擇的題材能日漸拓廣，必可走出婦女文學狹窄的圍籬，在不久的將來，寫出更佳的作品。

（六十八年四月十七日中華日報家庭版）

邱燮友和他的詩

去年十月間，邱燮友兄送我一冊《童山詩集》，裏面收有他精選自己的新詩七十首，他寫詩已有二三十年的歷史，作詩數百首，時常有令人傾心之作。

燮友是福建龍巖人。現在國立臺灣師範大學國文系任教，擔任新詩、詩選、樂府詩、中國文學史等課程。他喜歡寫新詩，研究詩歌原理，蒐錄舊詩吟誦歌唱的材料，而有些成就。臺北師大國文系辦公室現在還存有一套他從各方面蒐集來的詩歌美讀的錄音帶。他爲人穩重厚實，和氣親切，喜與人相處；工作很努力，著作很不少，和朋友合作編寫的著述也有多種，都能風行一時。他是一個默默耕耘的人。

前幾年，他曾和我互相勉勵，希望我們在教學之餘，每年都能寫成一部新著，也就是每年出版一部新書。去年看到他註譯《唐詩三百首》，今年又讀到他自己創作的新詩集子出版，實在佩服他勤於著述的精神。

說起我和他的相識訂交，遠在二十五年前，感情也「由疏而親」，終於成爲「相知甚深」的朋友。

民國四十年，我在臺灣省立師範學院讀書，可能是由他同班好友陳慧的介紹而認識他。後來我們幾個人一起發起組織「細流詩歌研究社」。大家聚在一起研討新詩的作法，油印自己的作品。那時，他寫的詩使我們這批朋友驚異，時時有清新美麗的佳句，令人心醉。他和陳慧可說是我們這些朋友中詩寫得最好的兩位。

陳慧完全是一個充滿詩人氣質的人；正如應裕康兄在《童山詩集・序》中所說：「滿頭濃髮……戴著一付眼鏡。」雙目炯炯有神，鼻子挺直，臉頰瘦削，顯得特別清秀。他喜歡玩橋牌，抽香煙，寫散文，不拘細節，說話坦率，詩、散文都寫得很不錯，富有才華，難怪他恃才傲世，英氣逼人；因此不大得老一輩人的喜歡，愛情又遭失敗，教書也自以爲不得志，終日鬱鬱不樂。後來遠去海外，謀求發展，終於窮困潦倒，客死異域，令人惋惜。夒友兄和陳慧兄新詩雖然寫得同樣的好，令我傾心；但是當日給我的印象，卻不能有如此的深刻。不過，不久我也就畢業了，離開了師大，未能和他們互相切磋，否則我或許也會留下詩人的一些《青春夢曲》。《青春夢曲》是陳慧後來送給我的一本詩集。

民國四十五年，我回師大國文系工作。不久，陳慧、邱夒友二人也都回師大國文研究所深造。我和陳慧都住在校內宿舍，住得很近，時常見面。這時，夒友已和張二姑女士結婚，住在校外，生活非常美滿。因此和朋友見面的機會也就少了，而且見面時我們已不談寫作新詩的事了；因爲我們走的路子已各自不同。我那時忙著編註國語日報的《古今文選》，詩筆早已擱下。夒友雖也忙於鑽研「文選學」，寫畢業論文，但他仍沈默地一首一首創作他的新詩。

民國五十一年六月，我主持《古今文選》編務。那時燮友已自研究所畢業，在師大頭份分部教了兩年書，回到臺北校本部；於是我時常請他替《古今文選》註譯一些文章。五十七年，我搬到永和去住，和他的住所相去不遠，我下課回來都經過他的門前。有時我們夜間一起上完最後一節課，公車很擠，就一起步月而歸，一邊談著話，一邊穿過中正橋。他詩中說的：

今晚，我又踏月歸來，

高樓把整四月光割裂。

我常常也分享了他這種詩境。我對他的認識也逐漸加深了。

我們在師大都擔任新文藝的課程；我教散文，他教新詩。我們並合作編著了一部《散文結構》，作爲教白話散文寫作的教材。邱燮友很關切學生，常和學生打成一片。他指導學生組織「噴泉詩社」，出版《大地詩刊》，開詩歌朗誦會，鼓勵學生演出，甚至在植物園藝術館用歌舞表演的方式來朗誦詩歌，屢獲佳評。這雖是學生自己的活動，卻也是燮友領導有方的地方。有時學生演出的經費短絀，他不但自掏腰包，還向朋友募捐。他作學生的導師，對學生的生活也非常注意。有一次，他班上的學生到頭城海邊露營，突然寒流來了，帶來了冷風寒雨；他怕學生衣服帶得不夠，就拿了許多毛衣來找我，要我陪他一起坐火車往頭城給同學送去。我們到了頭城，已經是下午五點多鐘，好不容易找到露營地方，學生正在帆布棚下逆著呼呼的風雨聲，在煮晚餐。冷風吹在臉上，有砭肌刺骨之感。我們參加了他們的晚餐，圍著搖搖的熊熊的營火，慶祝一位同學的生日，唱著祝福的歌，吃著奶油蛋糕，火光照紅了每一張臉兒，然後我們和學生們告別，再搭夜車趕回臺北。他的〈三等車廂〉，就是這時寫成的吧！

心想礁溪剛過，該是頭城了吧！
願窗前衝上一片綠的希望。
一路熙熙攘攘，從這站奔向那站，
浮遊的世界眞像是一列三等車廂。

可見他隨時隨地都想作詩，寄託自己的興趣。頭城之行，在學生余中生的文章〈想起頭城〉中，卻也留下了「雪泥鴻爪」的痕跡：

你的二十一歲生日在頭城，營火被風引得高高的，照亮了所有在夜裏的臉。在想不到的時間裏，邱老師和方老師從臺北帶著關懷的心情趕來，於是聲聲祝福便開始飄向你。那時你雖然靜靜地站著，可是在臉上卻隱隱約約的可以看到一朵浮動的微笑。

邱燮友從外表看來，像是一位平平凡凡的人物，沒有什麼驚人的地方，短短頭髮，微突額頭，小眼睛，稍厚嘴唇，豐富下巴，經常穿著西裝白襯衫，走路溫溫文文的，從未見他大聲惱色，酒會時卻時常說出一兩句頗含幽默的話，使人多喝一兩杯酒；但他平日做事速度很快，也很努力，經常工作到深夜過後。他好像要打破那平凡的體貌，這也是我佩服他的地方。他語譯《四書》、《古文觀止》、《唐詩三百首》，由三民書局出版，都成了極暢銷的書；對國文的通俗教育，也自有他的貢獻。他待友懇切坦白，沒有機心；這也是我樂於與他相交的地方。他寫作新詩，正像他的爲人，默默耕耘；二十多年寫下了幾百首的創作。他勉勵自己說：

到深海去採擷珍珠，

讓永恆的光，嵌上船舷。

這次，他自己選了七十首，編成了《童山詩集》，交給三民書局出版。裏面分成四輯，處處嵌著亮亮的珍珠，十分可愛。第一輯「月圓的時候」，所收的是他早期的作品，所抒發的大概是與他自己有關的情詩戀歌。他在愛情上並未經過甚麼暴風大浪，表現於作品中的大都是輕麗微怨的情調。如〈絲帶〉：

偶爾街心飄過一束絲帶，
纓紅的，隨著纖纖的秀髮散開。
何處的花兒，開得這般燦爛？
何處剪來的，撩人遐思的雲彩？

那定是來自南方，遼遠的南方，
四月的日子，因此變得更加可愛。
我彷彿嗅到暮春的氣息，
百花的奇香，沁透了我的心懷。

寫一束秀髮引惹起年輕人美麗的情思，讀起來非常順口，韻律自然，音節流麗。這也是夔友的詩的好處之一。

第二輯「新竹枝詞」。他自己說：「在民歌中，最動人、最出色的，要算山野情歌了。在這方面，唐人的〈竹枝詞〉，最具特色。〈竹枝詞〉本出巴渝之間的鄉土情歌，歌詞中用『竹枝』、『女兒』作爲和聲，使音樂的節奏，更增加不少和諧與美感。」他在這輯「新竹枝詞」中，也是「仿照民間情歌的調子，有的用男女贈答的方式來道情，配以『合士合士合』的和聲，也能帶來一份清新的情韻吧。」這一輯所寫的大都是民間男女的戀情，很有民歌的活潑、俏皮、輕快、比興的情味。例如〈新竹枝詞〉：

一

「山桃花，紅灼灼，
鄰家出嫁你也哭。」合士合士合
「酸棗樹，葉多多，
晴天開花不結果。」合士合士合
「蕭蕭的相思樹結紅豆，
風來過，雨也來過。」合士合士合士
「扁豆花開，兩頭都結果，

你有空，就到山下來看我。」合士合士合

二

「我趕牛到河裏去沐浴，
見了我，爲甚麼還閃躲？」合士合士合
「你不怕鄰居的小姑嘴薄，
編造歌兒當故事來傳說。」合士合士合

「天外堆著些晚霞似火，
明兒天晴，你要入山去放牧。」合士合士合
「記住我在橋上趕牛過河，
你把籃兒提來，一道兒去採芒果。」合士合士合

「晴天開花不結果」一句的「晴」字，雙關「情」，暗暗寫出了爲什麼「鄰家出嫁她也要哭」的原因，眞是含蓄婉轉，卻又妙極了。這就是民歌淳樸純眞的地方。又如〈村姑〉：

秀蘭是個嬌嫩的女子，
埋怨那粗布衣裙將她裹束。
她到田裏工作，唱黃鶯的歌，

可是，她沒有黃鶯那樣快樂。
她眞想，光亮的柔髮繫上寶石，
歡情飲著愛神麾下的甜酒。
媒婆說：「嫁給城南的豪富。」
她羞澀，掩過心頭的愛慕。
果然，她被抬走像一顆珍珠，
爲了愛情，離開芳香的鄉土。
城南的哥兒愛花不愛珠，
她忍受著孤獨的美麗和幸福。
她回家媽媽問她幹麼還哭，
她說：「她願做活，穿那粗布衣服。」

這一類描寫村野生活的作品，寫來非常輕鬆，沒有幾行就刻劃出一個故事：一個村姑愛慕虛榮，嫁給富家子，富家子又去拈花惹草，生活雖然富裕，卻得不到愛情。至於像：「她到田裏工作，唱黃鶯的歌，可是，她沒有黃鶯那樣快樂。」「果然，她被抬走像一顆珍珠，爲了愛情，離開芳香的鄉土。」這一類的句子都非常輕快優美，自然活潑。

第三輯「東方之夜」與第四輯「今晚，我又踏月歸來」，寫作的題材較廣，已脫愛情的範圍；有寫生活，有寫雜感，有寫見聞，有寫時事，有寫別情，有寫遊覽，也有寫風土的。如〈東方之夜〉寫東方人對月亮神話的幻滅；〈川端橋畔〉寫過去夏夜橋畔茶座的盛況；〈南港〉寫中央研究院的藏書；〈坐鎭海門〉寫對觀音山的玄思；〈渡吧，渡過氣流〉寫人類應該渡過大氣層到其他星球去開闢新天地；〈送謝冰瑩老師出國〉與〈秋律〉，都是送別之作；〈三等車廂〉寫人生旅程就像三等車廂；〈雁行〉比喻自己遠飛的壯志；〈草〉寄託新的希望；〈落葉的季節〉言老年的感觸；〈上皇帝殿〉寫遊石碇山的皇帝殿，辭甚壯麗；〈秋聲〉由聽餛飩的夾竹、按摩女的笛聲，而寫謀生不易，產生悲愁；〈故鄉、童年〉寫他自己童年的歡樂；〈堰上的水車〉也是憶念過去農家的生活；〈冬暮懷歸〉抒發鄉愁；〈父親〉懷念父親對他的訓誨；〈野岸雲煙〉寫臺灣東部山地的風光與山胞的生活，認爲應該將它開發起來，這首詩常常被學生採爲朗誦的材料；〈今晚，我又踏月歸來〉寫夜歸……由這些作品的內容，可知他的取材，都是他自己生活上的感觸與興會，也是我們這一代人的生活、感觸與興會，所以讀來非常親切。這兩輯中好句好詩最多。現在介紹〈春陽〉一首：

(一)

到草地上去曬太陽吧，
不然，牽著手去郊遊。
那青青的草葉，像浴後的柔髮，
散亂在和風中，呑飲了過量的酒。

到處是紅煙綠霧，團團花樹，
跟武陵人刺船去逐桃花水。
春在東風，輕柔地撫拂，
像慈母的手，忘了愁苦。
淡淡的三月，淡淡的往事，
那時候，也是一樣美好的春天，
聽說山裏花開，
跟你去走了一個下午。

(二)

凜凜冰雪已化爲春水，
往後，該是晴和的日子。
堆著孩子的歡欣、笑語，
花蕊成串發放著生意，
不愁嚴霜凍裂了手，
不愁陰雨，沒法出門討生計。
和風鳥啼如銀，

細草新柳如絲。

稻已播種，玉蜀黍在田裏，

牛隻羊群，流著溶溶的乳汁。

大好陽光照耀著前路，

縱有匱缺，也可以拿春陽來補綴。

寫春遊及春景，自然美妙，充滿著歡樂與希望；文字雖然平白如話，但讀來卻使我們的心靈，隨著他的輕快的情調，優美的辭采，微微地湧動，眞是越讀越美。

年輕時人人都寫詩，可是能夠成爲詩人的卻不多。回想當年「細流詩社」少說也有二三十人，有詩人氣質的陳慧過去了，未留下多少遺作，現在還繼續寫詩的朋友，只有童山與子敏（林良，任職國語日報）二人。二十多年了，《童山詩集》出版了，又怎能不令人懷念那一段可珍貴的日子？最後我希望邱燮友的《童山詩集》，能二集、三集……繼續印出，也可使舊日的老友，讀一讀這些作品，也許偶而也會寫下一首新詩吧！

（刊於國語日報《書和人》）

評介鄭明娳《現代散文類型論》

——兼談師大新文藝的教學

鄭明娳教授在大學裏，聽過我兩門課。她是屬於嬌小玲瓏、聰穎傑出的女孩子。在衆多的學生中，她所以最引我注意，是因爲她在學生時代就喜歡讀文學作品，尤其對現代小說特別有興趣，而且開始「鬻文爲生」，據說是因爲兄弟姊妹多，父親是公務員，負擔沉重。

她帶著妹妹在臺北賃屋而居，很早就努力寫作，投稿賺錢，來維持兩人的生活。在她交來的習作當中，已可看出已早蘊有一些傲視群倫的才情。也因此，她大學剛剛畢業，不到幾個月，就爲大江出版社所委託，編了一本《六十年短篇小說選集》。

民國六十一年，她又回師大研究所攻讀碩士和博士學位，因爲兼任助教、講師，負責系裏圖書館的館務。我每次到系圖書館借書，總見她在一間小小研究室裏埋頭埋腦做研究工作。她的碩士研究論文是《儒林外史研究》，博士論文是《西遊記研究》，都獲得學界的讚譽。

鄭明娳教授雅好筆耕，也是一位創作者，寫有一些散文、小說。在民國六十四年間，送給我的文集《葫蘆再見》中，尚可見到她往昔努力寫作的影子。

但自從她進了研究所之後，在報紙雜誌上常見到的，大都是評論的文字，似乎當時她已經疏遠了創作，走上專事實際評論與文學理論的路子了。創作需要極高的才分，才能在衆多作者中，脫穎而出，成爲名家；文學評論需要正確的鑒賞力，這可以由學養而獲致，涵泳而提高，也可以卓越成家。文學創作雖然不易成就，但從事文學評論與理論的著述，要成爲傳世的名作，也是非常困難的。在我國的典籍中，有關這類的專著，不過可數的幾部，似乎比創作更難。

她在文學評論方面很努力，在她送給我的論著，就有《儒林外史研究》、《現代散文欣賞》、《西遊記探源》、《現代散文縱橫論》、《現代散文類型論》五部。此外，她還有《讀書與工具》、《古典小說藝術新探》、《薔薇映空》、《珊瑚撐月》等論著，又即將出版《當代文學氣象》。由此，可見她是研究文學非常努力的青年學者，而且具有相當的成就，已爲社會人士所肯定，去年一年內鄭明娳教授就連獲「大專教材編撰獎」、「中興文藝獎章」、「新聞局優良學術著作獎助」、「嘉新優良著作獎」，而且新書舊著出版，報刊都請她撰文評介。她已成爲衡文的天秤。

師範大學國文系是全臺灣最早開有「新文藝習作」的課程的。民國三十七年，就有這一門課程，由謝冰瑩教授擔任。後來有揚宗珍、李辰冬兩位教授。他們都是早就成名的作家。謝冰瑩前後出版集子有六十多種，像《女兵自傳》曾譯成數國文字。揚宗珍，筆名孟瑤，是著名的小說家。李辰冬是研究文學批評的學者。他們上課講述寫作經驗與心得，就夠學生享用不盡。

我在民國五十四年八月，才開始擔任師大「新文藝」的課程。邱燮友教授比我晚一年，也加入這個陣營。我和燮友雖然都喜歡文學，也喜歡寫寫東西，在當時比起這些前輩來，的確無法以自己的寫作經驗來作講課的內容，就改絃更張，從文學的寫作理論下手，來編寫講義，作爲教材。可是當日有關新詩、散文、小說、戲劇的寫作原理與技巧的論著，可以說非常貧乏，幾乎是荒漠狀態。像夏丏尊的《文章講話》、《文章作法》，蔣伯潛的《章與句》，只是爲中學生編的教材；陳穆如的《小說原理》，章泯的《喜劇論》、《悲劇論》，向培良的《劇本論》，都是薄薄的小冊子，實在不適合作大學的教材。因此，我和燮友兄只好決心一邊教，一邊分工編寫文學理論的專著。

燮友喜歡寫詩，詩的理論，由他負責；我從小就喜歡讀小說，小說的理論，由我負責。散文理論，由我們兩人分篇共同撰寫。要由文學理論的荒漠中去建立理論，的確是非常困難的。前後經過五年的努力，於民國五十九年，我們合著的《散文結構》才告出版。也可見從事這類著作，遠較其他著作困難多了。

《散文結構》是一部專由寫作散文方法方面說的，也是我們從摸索中耕耘出來的散文寫作理論。二十年來，有許多喜歡寫散文的青年朋友，都曾看過這本書。

最近，我讀了鄭明娳教授的《現代散文類論》（大安出版社出版）。她從散文的體裁作深入的研究，有系統的立論，對現代散文的文學理論另闢一條新蹊徑。論述各體散文的由來根源，並加縝密的界說，指出特別的性質，評介代表作家，徵引代表作品作爲例證，並加分析，標舉其理想完美的境界，足以彌補《散文結構》的一些欠缺。《散文結構》偏重寫作的方法，《現代散文類型論》偏重提高寫作的境界，是更進一步。

我國過去這類著作很少，比較詳審可觀的可說鳳毛麟爪；論文學體類的只有劉勰的《文心雕龍》、吳訥的《文章辯體》，論歷史體類的只有劉知幾的《史通》，論詩體也只有徐師曾的《詩體明辯》、胡才甫的《詩體釋例》等。至於像摯虞的《文章流別論》、任昉的《文章緣起》都只剩殘文零句，看不出什麼內容了。像嚴羽的《滄浪詩話》，只不過列舉詩體名目而已。

鄭明娳教授以二十萬言的專著，來論介評述現代散文的主要與特殊的各種類型，可稱創舉，使我們非常清楚地瞭解了現代各種類型散文的特質與境界，作家與作品；自有她不容人忽略的成就，也可想見作者在這方面所花費的時間、心力與智慧。

（一九八八年三月二十一日大華晚報）

第七輯

標點的趣譚

前幾天，我閒讀《三笑姻緣》；其中有兩節與「句讀」有關的文字，覺得很有趣味。句讀，就是今人所謂「標點」。古人作文章，常常不加句讀的符號。現在學生作文，逗點句號也常常標得不清不楚，看來既像逗點又像句點，有時該斷的不斷，不該點的卻亂點一通；做老師的批改這樣的文章，當然更加費神了。所以我這裏就將這兩節文字，抄掇在下面，我想不但可以聊博諸位一笑，也可以提醒自己，生活在今日這樣複雜的社會中，應該注意的小地方。

《三笑姻緣》是寫明代江南第一才子唐伯虎點秋香的故事。唐伯虎的好友祝允明，是一個書法家，能寫徑尺的大字，爲文多奇氣，造語詼諧有味，而且揮灑自如。有一天，他替徐子建寫了「今年眞好晦氣全無財帛進門」十二個大字，派人送了去，要讓徐子建刻板掛在大門口。這沒有半點好采頭的聯語，徐子建看了當然非常生氣，就找祝允明理論；大家也都說：「祝老，差哉！」祝允明聽了，對徐子建說：「這十二字，有什麼不好？」而且要跟徐子建打賭，這十二字要是取意好，子建要送他一百兩銀子；要是不好，他甘願罰一百兩銀子給子建。徐子建說：「今年眞好晦氣，全無財帛進門，有什麼好呢？」

祝允明說：「你唸的不對，難怪覺得不好。應該這樣唸『今年眞好』，作一橫匾；『晦氣全無，財帛進門』，掛在兩邊做門聯。這又有什麼不好呢？」

又有一次，他和人議定坐館的合同：「無魚肉亦可無酒飯亦可無銀錢亦可如有違者照例議罰」。這一個素來吝嗇的東家看了，異常快活。賓主各執一紙爲憑。第二日，吃飯時候，東家只送來一碟青菜白煎豆腐。他說東家違約。東家拿出合同來一唸：「無魚肉亦可，無酒飯亦可，無銀錢亦可，如有違者，照例議罰。」他說：「東翁，錯了，應該是『無魚，肉亦可；無酒，飯亦可；無銀，錢亦可』。沒有魚吃，吃肉也可以。」這個東家只好供應他魚肉了。

這當然只是一個博人一粲的小故事罷了；但由這個講句讀的趣譚，卻使我想起我們生活在這個工商發達人事複雜的社會中，不免有時要和人簽訂一些合同契約；如租屋、委建、買賣……都要簽訂合約；那合約上的文字，事先實在應該細細斟酌，才是。現在有些合約有法定現成的，合式的可以採用；但附加條款，也應該小心在意，另加訂定；這樣就不致引起糾紛，遭受無謂損失。必要時，還可以到地方法院公證處辦公證的手續，這樣可以得到法律的保障，更加妥善了。

（六十九年六月八日民眾日報）

談書法

王羲之的「蘭亭序」

王羲之的字寫得非常好，當時人稱他的筆勢，飄若浮雲，矯若驚龍。晉穆帝永和九年三月三日，和孫綽等四十一人，往遊會稽蘭亭。大家飲酒賦詩，由王羲之作序。他用蠶繭紙，鼠鬚筆寫了一篇序，共二十八行，三百二十四個字，遒媚勁健，出神入化；其中「之」「以」「爲」「也」等字都有許多地方重複，「之」多達二十幾個字，但他寫法都不一樣，沒有一個字的架構神韻相同。他自認爲是生平的絕作，再寫不出第二本這麼好的字了。相傳他酒醒之後，重寫了幾十本，始終沒法比得上原作瑰麗瀟灑。前人說：「觀其點曳之工，裁成之妙，若斷還連，如斜反正，玩之不覺爲倦，覽之莫識其端。」

〈蘭亭序〉成了王家的傳家寶，七傳到隋代大書法家智永，因屬僧人，就留給徒弟辯才。唐太宗派御史蕭翼到永欣寺騙走。唐太宗臨死時作爲昭陵的陪葬物。王羲之的〈蘭亭序〉原本就此沒了，後代書法家的摹本卻不下千百種。蘇東坡詩說：「蘭亭繭紙入昭陵，世間遺跡猶龍騰。」現藏故宮博物院的馮承素摹本（一稱神龍本），是唐代摹本中的精品。當時，唐太宗命令歐陽詢臨摹後刻石，因此又有石刻拓本。宋米元章詩：「此書雖向昭陵朽，刻石猶能易萬金。」

今天，王羲之的眞蹟已經沒有一個字留下，我們還能看到〈蘭亭序〉，完全靠前人的傳摹拓墨。

永字八法

「永」字八筆是練習寫字八個基本的方法。唐韓方明說：這八畫筆法，起於隸書，由後漢崔子玉，經過魏鍾繇、晉王羲之，傳授到唐朝智永禪師，到張旭，開始發揚八法。寫字的方法，都包容在內了。李陽冰說：王羲之研究書法多年，特別偏重「永」字，因爲它具備八種筆法，練好了就能夠融通所有字的寫法，大體就可以寫好所有的字了。

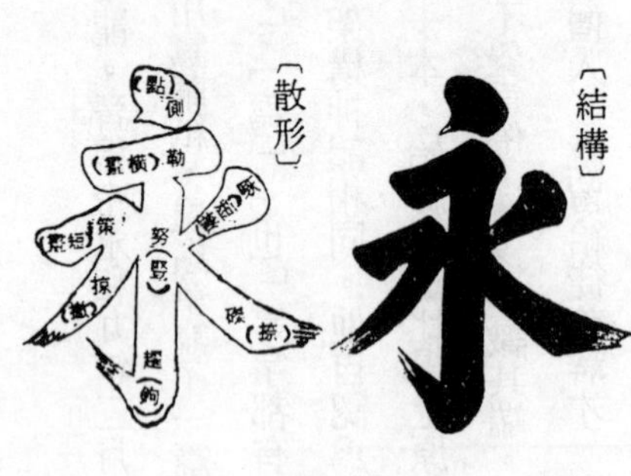

八法就是「永」字八畫，一點爲側，二橫爲勒，三豎爲努，四挑爲趯，五左上爲策，六左下爲掠，七右上爲啄，八右下爲磔。點要採側勢用筆；橫畫起筆先勒一下，然後再向右橫畫過去；直豎要用力而下；往上鉤挑要先轉筆，然後挑出；左上要用頓筆策動而上；左下長撇要輕掠收尾；右上短撇要像鳥嘴啄食一樣；右下收筆要用力一捺。

張旭與孫過庭的草書

張旭與孫過庭都是唐朝以草書著名的書法家。

張旭是唐玄宗時候的人物，喜歡喝酒，每次大醉就大喊大叫，狂奔亂走。這時快筆疾書，或用頭蘸墨，寫好了，自認是神來之筆，不可復得。因此有人叫他「張顛」。他自己說：開始看到公主和挑夫爭道，而瞭解草書激動粗狂的筆法，又看到公孫大娘舞劍器，而領悟草書靈活飛舞的精神。杜甫詩：「張旭三杯草聖傳，脫帽露頂王公前，揮毫落紙如雲煙。」

孫過庭是唐太宗時候的人物，他的「書譜」是學習草書的重要範本，也是談書法理論的重要專著。他的草書，筆法精，字數多，內容豐富，被稱做「千金帖」；又因它筆法千變萬化，很難認清，又被稱做「多骨魚」。他寫字特別注意起筆落筆的地方，筆鋒回轉運帶的姿態，往往在寫好了一個字，再給補上一筆微小的鋒勢。

字的肥瘦

我國書法家寫的字有肥與瘦兩派，蔡邕說：「多力豐筋者聖。」可見他主張字以肥勁有力爲佳；杜甫卻說：「書貴瘦硬方通神。」唐朝虞世南、褚遂良、薛稷的字比較瘦；顏眞卿字多肉，是有名的肥；歐陽詢字多骨，柳公權字多筋，都以勁瘦見長。宋徽宗字，筆畫瘦勁瀟灑，自號「瘦金體」；蘇軾的字很肥。寫肥字腕力要強才能寫得好，用指力只能寫瘦字；筆畫多要瘦，少要肥；大字宜密，筆畫可以粗些，小字宜疏，自然筆畫要細勁一些才好。

筆毫和墨色

製毛筆的材料，有兔毛、黃鼠狼毛、雞毛、羊毛等。硬毫是兔毛（紫毫）、黃鼠狼毛（鼠鬚）；

軟毫有羊毛、雞毛（雞距）；兼毫是用兩種毛製成的筆，如「七紫三羊」及鹿狼毫之類。北兔的毛毫長強勁，南兔毫短柔軟。姜白石說：「筆欲鋒長勁而圓，按之則曲，捨之則勁，世俗叫『回性』。」王羲之寫〈蘭亭序〉，歐陽修寫〈集古錄序〉，蘇軾寫〈寶月塔銘〉都是用鼠鬚筆。宋人陸佃《埤雅》說：「鼬鼠，俗叫鼠狼，今栗鼠似之，毛蒼黑，取其毫於尾，可以製筆，世人所謂『鼠鬚、栗尾』，其鋒乃健於兔。」比起兔子的背脊毛來，還要強勁有力，富有彈性。宋米友仁用羊毫筆寫過一帖，不好。現在製造羊毫筆的技術，日益精巧，羊毫和兔毫、狼毫的筆一樣的好。雞毫因爲太軟，現在已經沒有人用了。

褚遂良寫字，就特別講究要用好筆好墨。毫短鋒銳的毛筆，寫工整合度的字，最合式；長鋒圓潤，含墨飽滿的毛筆，寫筆勢奔放雄奇酣暢的行書草書，最爲便利。

趙孟頫詩說：「古墨輕磨滿几香，硯池新浴燦生光。」寫字，有的人喜歡用濃墨，有的人喜歡用淡墨。墨色能夠幫助書法的美。三國魏書法家韋誕（仲將）所製的墨，「一點如漆」。從陳隋到唐朝留下的書蹟都是墨光黝墨。蘇軾尤其喜歡用濃墨，他認爲墨色要像小兒的眼睛那樣的黑亮可愛。元朝趙孟頫、清朝劉墉也都喜用濃墨。用濃墨筆畫較肥。董其昌喜歡用淡墨，所以就笑蘇軾爲「墨豬」。他的字寫在宣紙上，墨色清疏淡遠，筆毫轉折，絲絲可數，眞是淡雅極了。

從文言到白話

十月底，在高雄澄清湖參加大專院校文藝學科教學研討會，聽了與會人士的許多高見，心裏有了些感想。

自從民國六年，胡適、陳獨秀、錢玄同、劉半農、沈尹默等人，在北京《新青年》雜誌，發動「新文學運動」以來，至今六十多年了，「白話文」已經通行全國，大家著書寫文章都用白話文；這是極可喜的進步的現象。其實，白話與文言都是傳達我們的意思的工具。蔡元培先生說：「文言是用古人的話，來傳達意思；白話是用今人的話，來傳達意思。」現在，我們要是還用古人的話來寫作，寫好了，還得請選註家來註釋語譯；這當然是不必要這麼寫的；所以我們用今人的話來寫作，是既自然又合理的事，寫的很方便，讀的也容易；所以一經他們提倡，白話文學就成了現代的主流文學，成爲現代人表達情感思想的工具了。

上古時代，人們寫詩作文章也都是用當時的話來寫的。《書經》中的〈皐陶謨〉、〈伊訓〉、〈盤庚〉、〈泰誓〉、〈牧誓〉、〈大誥〉、〈洛誥〉、〈康誥〉等篇，讀來詰屈聱牙，其實都是當時的口語。像《詩經》中的作品，也都是唱在當時人嘴上的詩歌，也都是用當時的話來寫的。唐代歷史學家劉知幾說，像《春秋》，像《戰國策》，像《史記》都是根據當時的話寫成的。我們知道司馬遷撰寫史記，寫漢朝以前的古代歷史，如〈五帝本紀〉，依據古籍《尙書》之類的材料，但卻改爲漢朝當時通行的語詞。現在，摘錄《史記・五帝本紀》與《尙書・堯典》中的部份文字，比較如下：

「曰若稽古帝堯，曰放勳，……克明俊德，以親九族；九族既睦，平章百姓；百姓昭明，協和萬邦；……乃命羲和，欽若昊天，歷象日月星辰，敬授人時，……允釐百工，庶績咸熙。」（《尙書・堯典》）

「帝堯者放勳，……能明馴德，以親九族；九族既睦，便章百姓；百姓昭明，合和萬國；乃命羲和，敬順昊天，數法日月星辰，敬授民時，……信飭百官，眾功皆興。」（《史記・五帝本紀》）

這兩節文字所傳達的意思是一樣的，可是有些地方的用詞卻不一樣。如「能」與「克」，「馴」與「俊」，「便章」與「平章」，「合」與「協」，「國」與「邦」，「敬順」與「欽若」，「數法」與「歷象」，「信」與「允」，「飭」與「釐」，「百官」與「百工」，「眾」與「庶」，「功」與「績」，「皆」與「咸」，「興」與「熙」。爲什麼有這些用詞不同的現象？這就是因爲「古今用詞」不同的緣故。漢代的用詞和尙書時代的用詞不同；司馬遷用漢朝時通行的語詞，代換《尙書》裏的用詞，使漢朝人讀起來容易懂罷了。所以劉知幾說：

「時人出言，史官入記，雖有討論潤色，終不失其梗概者也。夫三傳之說，既不習於《尙書》；兩漢之詞，又多違於《戰策》。」（三傳指《左傳》、《公羊傳》、《穀梁傳》；《戰策》指《戰國

策》）

由此，可以知道漢人寫作文章，仍然是運用當時人的口語，而不是模倣前人的語言來寫的。

我們的語言是隨著時代而演變，新的事物產生，舊的東西過去，因此有許多新詞產生，也有許多舊詞死亡。後代又由於事物日繁，而增加了許多複音詞。像「酒」，後代就有種種名稱，如高粱、紹興、茅台、竹葉青、花雕、米酒、啤酒、燒刀子、威士忌、白蘭地……等等；最早有一「酒」字，就夠了；現在卻有千百個複音詞的酒名。還有古今表示各種語氣的助詞，也大大不一樣了，所以文言中用「之乎者也」，白話中用「的呢嗎了」；說話的語法也慢慢在改變，到了現代也有了相當大的不同了。可是過去的讀書人因爲讀古書多了，寫詩作文章仍然沿用古書中的用詞文法；因此，寫作跟說話發生脫節的現象，言與文逐漸不能一致。說話用口語，寫作用「古話」，正像劉知幾所說：

後來作者，通無遠識，記其當世口語，罕能從實而書，方復追效昔人，示其稽古。是以好丘明者，則偏模《左傳》；愛子長者，則全學史公；用使周、秦言辭，見於魏、晉之代；楚、漢應對，行乎宋、齊之日：而僞修混沌，失彼天然，今古以之不純，眞僞由其相亂。

他評說的是撰寫歷史書不用當時的口語，而模倣古人的說話。從魏晉南北朝以後人的寫作各種文章，大都是「怯書今語，勇效昔言」。文章與語言，由於古今用詞不同，虛字不同，語法不同，隨著時代的演進，其差異就越來越大了；到了後來，「文言」與「白話」形成兩種截然不同的文體了。

當然，歷代也仍然有一些人用當時的口語來寫作的，所以歷代也仍然產生了許多白話文學。像南北朝流行南方的〈吳歌〉、〈西曲〉、北方的〈鼓角橫吹曲〉之類的民歌民謠；唐代用以宣揚佛教禪理的變文；唐五代兩宋歌女伶工在秦樓楚館，青年男女在陌上巷間所唱的歌詞；元明清在舞台上搬演的戲曲；宋元明清的白話小說。這些歌詞、民謠、戲曲、小說，要是用古人的話來寫，當時的平民就唱不來，聽不懂，看了也不大了解。又怎能夠在民間風行一時，教大家唱在口上，感動在心裏呢？然而過去的讀書人，雖然喜歡聽歌聽戲看小說，但卻輕視這類的文學作品，而產生一種錯誤的觀念，以爲用古代話寫的才是高雅，用當代話寫的自然就低俗。於是將這些用白話寫的歌詞、民謠、戲曲、小說，一概視爲不登大雅之堂的俗文學。

作品的雅俗，主要在於內容，不在於文言和白話。譬如寫娼妓之類的俗事，就是用再文之言來寫，恐怕也雅不起來。要是你不相信，就請讀一讀徐珂記述「天津之妓」的一則文字：

> 狗男女者，天津下等妓院之名稱，次於小曲班、坐排班者也；光緒時有之，下流社會之人，趨之若鶩，若曰：此等男女不擇地，不擇偶，而隨在可合，如狗之奔走道途，急急求歡也。

這是極流暢的文言文，但我讀之再三，實在無法品賞出它的「雅意」；只覺得和現在社會版上的某一些最低俗的新聞差不多；所以文章的雅俗在於內容，不在於文白。又如古人說：「子何之？」今人說：「你去哪裏？」這兩句話的含義一樣，並沒有前句高雅、後句低俗的差異。我們只要能夠用精鍊雋美的白話來寫有內容的文章，就是好文章。

現在，我們再試著用「子何之」之類的古代語來說話，看看說的又是一種什麼樣兒的話。清李汝珍的《鏡花緣》第二十三回裏，有一位酒保喜歡咬文，說古代話；現在，我就將他這段趣事，轉錄如下：

酒保走來向著三人打躬陪笑道：「三位先生光顧者，莫非飲酒乎？抑用菜乎？敢請明以教我。」林之洋道：「俺耐不慣同你通文。有酒有菜，只管快快拿來。」酒保陪笑道：「請教先生，酒要一壺乎？兩壺乎？菜要一碟乎？兩碟乎？」林之洋朝桌上一拍道：「甚麼乎不乎的？你只管拿來就是了。你再『之乎者也』的，俺先給你一拳。」

由酒保說的這兩句酸話，可知要口說白話的今人，去謅文言，來表達他們的意思，著實困難，說起話來，說的不通；寫起文章來，寫的不通；必然要像《鏡花緣》中說趣話的酒保了。

我們要想由多讀文言文，多寫文言文，來提高寫作白話文的能力，效果實在不大。因爲用詞不同，文法不同，很難轉化過去。就像「子何之」和「你去哪裏」兩者之間實在很難牽上什麼關連。常講「你去哪裏」的小學生，你要他用文言寫「子何之」，他一定寫不出來；反過來，只學了「子何之」的外國漢學者，你要他用中國白話，寫「你去哪裏」，他也一定寫不出來。所以在民國六年新文學運動發起之後，當時那些飽讀舊文學的人，開始學寫白話文，不是依據他們寫慣文言文的本領，大都是從臨時惡補唐、宋禪宗，宋、明儒者語錄，元、明、清的白話小說，以及民國初年以來各種講演稿，爬搜佳作，以爲模範，努力讀這一類的白話文，來寫作白話文的。當然，古人的著作裏所包蘊的義理，也可以用來充實我們一部分的思想，華麗的詞章也可以用來提高我們一些寫作的技巧，這也是不必完全諱言否認的；今天大學院校國文系已經開有許多舊文學、哲學的課程；但並不因此，就誤認我們大學國文系的學生只要讀讀舊文學哲學就夠，而不必再加強讀什麼新文學的作品了。

我們要知道現在是用白話文寫作的時代，我國固有的文化與思想的發揚，新知識的傳播，科學專著的譯介，現代生活的描述，我們的情感與思想的發抒，那一項不需要憑藉白話文來表達？因此，我們又怎麼能夠不去加強各級學校白話文的教學？尤其是師範大學、師範學院國文系的學生，將來畢業了，要在國民中學任教，要講授白話文，要教學生作白話文，要批改學生作的白話文。本身要是沒有這份訓練與修養，又怎能夠做好這一份工作？所以我認爲應該加強師大、師院新文藝的課程，增加時數，使學生有比較多的時間訓練，以提高他們教學與寫作白話文的能力。

白話文的教學，不是一般只懂得訓釋詞義的教師，所能勝任講授的。新文藝課程的內容，包括很廣，大抵介紹各類文學的性質，各種體裁的特點，寫作的原理與技巧，並偏重作品的欣賞與分析，講述它修詞的佳妙，邏輯的嚴謹地方，……詞組與句型、結構與布局種種問題。希望能夠從這些方面，在啓發性的教學中，提高了學生閱讀、欣賞、表達與寫作的能力。我們教學的目標，雖然不是期望學生成爲作家，但總希望學生能夠寫清通的白話文，能夠表達他們的情思，將來到社會上去的時候，能夠勝任愉快地擔負起他們的工作。假使其中有一兩位脫穎而出成爲詩人作家，那將更是我們所馨香祈望的。

（六十八年十一月二十一日中華日報）

有關小說的一張書目

有些學生要我開列閱讀小說、研究小說、寫作小說的一些書目。師大上我的「小說專題研究」的同學，他們對於小說充滿著濃厚的興趣，他們需要閱讀的當然跟大學中文系的大學生不同。不過，我認爲這只是閱讀層次與數量多少有別罷了。這裡，僅就我個人過去閱讀小說作品與小說理論的經驗，開列一張有關的書目，供大家參考。

讀書總有我們的目的，讀小說也應該如是。我們若只是爲了排遣時日，娛樂心靈，那什麼小說都可以讀，只要你喜歡就可以讀。過去，我讀小說就是以這種態度去讀的。爛小說、好小說，通通可以入目，多多益善。若是爲著研究小說或寫作小說這種目的而讀小說，那就不能採取這種「泛覽濫讀」的方式，就應該專挑一些著名小說家的作品，做品賞玩味式的精讀了。

小說的發展先有故事（極短篇），後有短篇，最後是長篇。在學習的過程，大抵也是這樣的。記得小時我最先接觸到的也是小故事，後來是短篇小說，長篇小說。當然，後來則無所謂長、中、短、極短的了，大致是見到就讀了。

臺灣因為過去四十幾年和大陸的分隔，還有政治制度思想意識的限制，所以民國以來到大陸淪共這一時期許多著名的小說家，像蘇曼殊、魯迅、冰心、郁達夫、馮文炳、黎錦明、黃廬隱、葉紹鈞、王統照、許地山、張資平、馮沅君、張聞天、許欽文、王魯彥、張恨水、謝冰瑩、沈從文、蔣光慈、蹇先艾、沈雁冰（茅盾）、老舍、丁玲、凌叔華、巴金、鄭振鐸、蘇雪林、施蟄存、張天翼、靳以、姚雪垠、碧野、田濤、孫犁、路翎、沙丁、師陀、豐村、王西彥、艾蕪等人的小說作品，除了郁達夫、謝冰瑩兩三位可以在圖書館裡找到外，其他都無法看到。現在兩岸雖說開放，在大學的圖書館裡恐怕仍然不太容易找到吧。那更不必說大陸淪共之後，宣傳「工農兵」這種政治掛帥的小說了。現在，我們所能看到的則是大陸經過文化大動亂之後，痛定思痛的一些傷痕小說與反省小說。像《芙蓉鎮》與《美食家》之類的作品吧。

自從國民政府遷臺之後產生了不少的小說家，我想大大小小總有上百位，作品結集的也有上千部。現在年輕的大學生，對這裡的小說作家與小說作品，有的比我更熟悉，又因這篇文章只能寫三千字，所以這裡也就不加介紹了。這裡特別要提出的是古典小說和外國名著。從故事、短篇到長篇三方面，加以開列：

一、故事：我國的許多筆記小說，像劉義慶的《世說新語》；西方像薄伽邱的《十日譚》、《伊索寓言》、《一千〇一夜》、安徒生《童話》……之類，都值得一讀。

二、短篇：我國唐宋的傳奇小說，明人馮夢龍的「三言」、凌濛初的「二拍」、抱甕老人的《今古奇觀》，清蒲松齡的《聊齋志異》……等等。外國著名的短篇小說家，像法國福樓拜、左拉、莫泊桑，美國的愛倫坡、塞伯、奧亨利、海明威、希區考克，英國的喬埃斯，日本芥川龍之介都有許多寫得非常成功的短篇小說。

三長篇：過去我國長篇小說寫得成功的，言情的有《紅樓夢》，寫人物的有《儒林外史》，寫景的有《老殘遊記》，寫特殊事件的有《水滸傳》，寫歷史的有《三國演義》和《東周列國志》，論社會、炫學問的有《鏡花緣》，刻畫變態心理與生活的有《醒世姻緣》，幻構神魔鬥法的有《西遊記》和《封神榜》，以性書著稱的有《金瓶梅》，以自傳見長的有《浮生六記》，刻畫內幕的有《二十年目睹之怪現狀》、《官場現形記》、《孽海花》等十幾部而已。《三國演義》描敘戰爭的場面雖已成陳跡，但仍有其價值。過去《讀者文摘》選摘「諾曼第登陸」、「列寧格勒之戰」之類的戰記，自不是從前歷史小說所能表現得出來的。

西方各國長篇小說的好作品太多，實在無法一一列舉出來。僅就我個人喜歡讀的舉此代表作品：

1.法國有雨果的《鐘樓怪人》、大仲馬的《基度山恩仇記》、巴爾札克的《高老頭》、梅里曼的《卡門》、福樓拜的《聖安東尼的誘惑》、左拉的《娜娜》，綠蒂的《冰島漁夫》、小仲馬的《茶花女》、羅曼羅蘭的《約翰·克里斯朵夫》、莎岡《日安憂鬱》。

2.英國有班揚的《天路歷程》、狄福的《魯濱遜飄流記》、司各脫的《撒克遜劫後英雄略》、奧斯汀的《傲慢與偏見》、李頓的《龐貝末日》、迭更司的《雙城記》、沙萊特·勃朗泰的《簡愛》、艾茉莉·勃朗泰的《咆哮山莊》、史蒂文孫的《金銀島》和《化身博士》、王爾德的《杜蓮格萊的畫像》、威爾斯的《莫洛博士島》、勞倫斯的《查泰萊夫人的情人》、吳爾芙的《燈塔行》、毛姆的《人性枷鎖》、杜·茉莉的《荒山巉谷》。

3.美國有霍桑的《紅字》、梅爾維爾的《白鯨記》、馬克吐溫的《湯姆歷險記》、詹姆士的《金碗》、阿爾柯特的《小婦人》、劉易士·華萊斯的《賓漢》、傑克·倫敦的《白牙》、福克納的《聲音與怒火》、海明威的《戰地春夢》、賽珍珠的《大地》、瑪格麗·密契爾的《飄》。

4.蘇俄有普希金的《甲必丹之女》、戈果里的《死魂靈》、屠格涅夫的《羅亭》和《父與子》、杜斯陀也夫斯基的《罪與罰》、托爾斯泰的《戰爭與和平》和《復活》、阿志巴綏夫的《沙寧》。

5.西班牙有賽萬提斯的《唐·吉訶德傳》。德國有歌德的《少年維特的煩惱》、蘇德曼的《憂愁夫人》、雷馬克的《西線無戰事》。挪威有哈姆生的《牧羊神》。日本有紫式部的《源氏物語》等。

上列的這些小說都有中譯本。我們在大學四年中，如能從這些長短篇小說中，挑個十來部細細閱讀，咀嚼，品味，玩賞，自然能夠提高我們寫作的能力。

我在臺灣師範學院讀書的時候，一個暑假讀完了朱生豪翻譯的《莎士比亞戲劇全集》，當時不但使我的文字美化了許多，而且也有點歐化。記得當日我寫了一個短篇《威爾斯商船》，描敘一艘航行海上的船遇到暴風雨來襲，船上的人同舟共濟，終於渡過了危難。當時投寄《中學生雜誌》；編者還以爲是翻譯的作品，來信要我寄原文去核對。由此，可見多讀的確有助於提升寫作的能力。

寫作小說的理論，應該也有助於你欣賞小說、寫作小說的能力。雖然有人對我說寫作是「天賦」問題，它不是寫作的理論所能教會學會。我們知道寫字學畫，也講究筆法與臨摹，後來寫多自然筆飛墨舞；畫多自然傳神靈動；所以我相信寫作小說的理論，對學習寫作小說的能力是有幫助的，也可以提高我們對小說評賞的能力。我個人過去除了讀小說還讀許多小說理論，像陳穆如的《小說原理》（商務）、路加譯的《寫作與鑑賞》（重光出版，收有日本理論家木村毅等理論）、葉朗的《中國小說美學》（天山）、王平陵的《怎樣寫作》（聯合）、川東無名氏的《寫作的藝術》（重光）、《中國古典小說的藝術》、彭歌的《小小說寫作》（遠景）、胡適的《論短篇小說》（新青年雜誌）、郁達夫的《歷史小說論》（創造月刊）、威廉著、張志澄編譯的《短篇小說作法研究》（商務）……等將近三十種。這些小說理論，對我寫短篇小說，以小說體寫長篇的《宋教仁傳》，寫故事新編的《中國文學家故事》（像〈清平調〉、〈西湖春〉之類）都有很大的幫助。同時，對於我致力於建立一部完整體系的小說理論，也有所啓示與幫助。

最近，我的《小說結構》這部寫作與研究小說的理論，七十萬字，東大圖書公司出版。它是我前後經過三十年的努力，完成的一部小說理論。我想它對於有志研究小說、寫作小說的朋友，應該有幫助的，特此附記一筆。

（民國八十四年八月《國文天地》第一二三期）

談文字的教學

我們教國語國文的時候，對於一個字一個詞要怎麼樣去教呢？我認爲應該從字音、字形、字義三方面來教，這樣才能使學生徹底認識、了解這個字這個詞的讀音、字形結構、正確意義。現在，我就從這三方面來說明它的教學方法：

一、字音的教學

關於字音可以利用注音符號來教學。過去像《說文解字》利用同音、近音的字來譬況。如：東，讀若冬；或東音冬；或凍平聲。像《康熙字典》利用反切法，如：東，德紅切，用德紅兩個字相切，唸出東音，都不太確當。現在用注音符號ㄉㄨㄥ注出來就行了，非常方便。當然字音的教學，重點在難字僻字；班上的學生都會讀的字像「東」，就不必再教了。

字音的教學，要注意白話文唸語音，文言文讀讀音。如魏禧〈大鐵椎傳〉：「足纏白布」，「腰多白金」，「賊二十餘騎四面集」；在這篇文言文裡，「白、賊、騎」三個字，就要唸讀音ㄅㄛˊ、

ㄗㄜˋ、ㄐㄧˋ。如果改寫成白話文：「腳上纏著白布」，「腰包裡有許多白銀子」，「賊人有二十多個騎著馬從四面集攏來」，就要讀語音ㄅㄞˊ、ㄗㄟˊ、ㄑㄧˊ。破音字的音讀也要特別注意。有關語音、讀音、破音字的問題，只要翻查《國語辭典》就可以解決。

韻文像詩、詞、曲和新詩的教學，要特別注意聲韻問題。古代沒有韻書，「韻」這個字，最早見於晉陸機的《文賦》：「採千載之遺韻。」但是古人作詩早已經押韻。《詩經・關雎》：

關關雎鳩，在河之洲。窈窕淑女，君子好逑。

鳩、洲、逑三個字押「尤」韻。律詩、絕句、詞、曲還講究平仄聲調的變化格律。所以教韻文就不能不談聲韻的問題，尤其是韻的問題。談舊詩的聲韻，可以參考宋人的《廣韻》和劉淵的《平水韻》。談詞韻可以參考清怡王刊的《白香詞譜》後所附《晚翠軒詞韻》；還有戈載的《詞林正韻》。談北曲韻，可以採用元周德清的《中原音韻》為準繩；現代人作新詩，大都採用國音字母的十八韻來押韻了。

清人張玉書等《佩文韻府》，為了當時人作詩賦押韻對句用的。現在師範大學國文系教授王熙元、陳弘治、陳滿銘所編《詞林韻藻》，黃麗貞、王熙元、賴橋本所編《曲海韻珠》，也是為了作詞、作曲押韻選詞用的。這些以韻為主的字書，羅列許多跟某一個韻字有關的詞語，供人採用。譬如東韻紅字下面，就列舉和「紅」字有關的一些詞，如軟紅、赤紅、嫣紅、火紅、鶴頂紅之類。我認為用這種方式，也可以訓練學生造詞。如出個「外」字，學生可能造出牆外、屋外、門外、國外、窗外、天外、分外、樓外等等以「外」為主的詞彙了。這也可以增強學生的聯想能力。

《康熙字典》收有四萬七千多字；以國語來說，只有四百十一個音，再分四聲，也不過一千六百四十四個音，除掉有音沒有字的，大概不過一千三百多音，所以每一個音的同音字都非常多。教師也可以利用同音的關係來教字音。譬如教姑媽「姑」字，可以舉出估價的「估」、鷓鴣的「鴣」、大沽口的「沽」、孤兒的「孤」、辜負的「辜」、呱呱大哭的「呱」、鈷六十的「鈷」都是讀ㄍㄨ。還有ㄍㄨ的陽平，有「骨(骨頭)」字；上聲有「股、鼓、古、賈……」等；去聲有「固、顧、雇、痼、……」。這種同音字的教學，也可以提高學生認字辨音的能力。

二、字形的教學

王安石研究文字，寫了一本《字說》，請蘇軾表示意見。蘇軾問道：「我的號『東坡』；這個『坡』字，您怎麼講呢？」王安石說：「『坡』就是『土』的『皮』。」蘇軾不贊成王安石的解釋，就反駁說：「那麼『滑』字就是『水』的『骨』了。」——我們要是從字形來看，這段有趣的對話，的確能夠幫助我們記憶這兩字的字形結構——「坡」、「滑」都是形聲字。坡從土音陂（ㄆㄛ），滑從水音猾（ㄏㄨㄚˊ）。

在國字中「形聲字」最多，大約佔百分之九十，是把形和音結合一起；就是一個字的結構，一部分是意符，一部分是音符。譬如「爸」、「媽」就是形聲字。「巴」「馬」是記音部分，記嬰兒叫爸、媽的聲音；「父」「女」是表意部分，「父」表示父親，「女」表示母親是屬於女性。梨、柿、桃、桔、李、柚、松、柏、梧桐、榆樹，一看就知道都是木類，一讀就知道有的是常吃的水果，有的是常見的樹木。書架、衣櫥、飯桌、搖椅、木床，都含有「木」字，可以知道都是木製品。吃喝、唱歌、叫喊、呼喚、品嘗……自然跟動口有關。打球、舉重、擲鐵餅、拔河、摔角，這些運動自然是著重於用「手」，因爲「打、舉、擲、拔、摔」這些字，在字典裡都屬於「手」部。古代的老師早已利用形聲字來教學，把同部首的形聲字摘引一些做爲例子，再加簡單的說明，使學生了解形聲字構造的道理，再去認字也就容易多多。

還有把一些有意義的字結合在一起，叫作「會意字」。譬如「信」字就是由「人」和「言」兩字合成的，表示一個人說話要守信。「武」字就是由「止」和「戈」兩字合成的，說明能夠防止戰爭(干戈)，才算是眞正的「武」字。又如「班」字，從玨(ㄐㄩㄝˊ)從刀；兩塊玉瑞合在一起叫做「玨」，從中給它一刀分開給人，叫「班瑞」。《書經・舜典》有「班瑞于群后(諸侯)。」「班」有分開的意思；我們現在說「分班」、「班次」都是由此演化出來的。

在學習的過程中，唸錯音，寫別字幾乎是人人都有過的經驗。像洋鬼子說：「遮哩的豐精眞號！」聲調沒唸準，把它記了下來，自然就成了這腔調怪怪的語句。明朝小說家馮夢龍說：有人把「枇杷」寫成「琵琶」，莫延韓笑說：「若使琵琶能結果，滿城簫管盡開花。」現在學生常常把「影響」寫成「影嚮」，「評分」寫成「平分」，「既然」寫成「即然」。這大都是因爲字形相似、字音接近而造成的筆誤。古人也常常有這種錯誤，爲了避免或改正這種錯誤，《康熙字典》在檢字後就編有一篇〈辨似〉，說：筆畫近似，音義顯別，毫釐之間，最易混淆，希望看了這篇〈辨似〉，不會再有把「魯」寫成「魚」，把「亥」寫成「豕」的錯誤。現在舉幾個例子，供各位參考。如：凡、丸。盲、肓（ㄏㄨㄤ）。丏（ㄇㄧㄢˇ）、丐。己、已、巳（ㄙˋ）。兔、兔。糸（ㄇㄧˋ）、系。囟（ㄒㄧㄣˋ，頂門）、囪（ㄔㄨㄤ，煙囪）。屈、屆。易、昜（ㄧㄤˊ）。刺、剌（ㄌㄚˋ，乖戾）。門、鬥。卷、券。岡、罔。冠、寇。徘、俳（俳優）。班、斑。栗、粟（ㄙㄨˋ）。修、脩（束脩）。傅（師傅）、傳。冤、冕。歐、毆。彊（ㄑㄧㄤˇ）、疆。藉（ㄐㄧㄝˋ）、籍。諸如此類音近形似的字非常多，教學的時候就應該隨手舉出讓學生辨認。譬如教到盲目的「盲」字，就要連帶提出「病入膏肓」的「肓」字；教到聲響的「響」字，就連帶提出嚮往的「嚮」字。這樣的教法，應該可以增強學生寫字正確的效果。學生寫錯字，應該讓他自己翻查字典訂正。

三、字義的教學

現在教國文對單字、單詞的解釋都很簡單。譬如：御，駕車。分外，分音ㄈㄣˋ，格外的意思。對特別的人地事物的注解說明，比較詳細一點。譬如：謝靈運，南北朝時宋陽夏(今河南太康縣)人，喜遊山水，擅長作詩。莫干山，在浙江省武康縣西北，相傳春秋時吳國人干將鑄莫邪、干將二劍在此，故名。共其乏困，供給所缺乏之物，包括飲食住宿；共音ㄍㄨㄥ，通供。百靈鳥，產於我國極北，能效百鳥鳴聲，非常嬌貴。

不過，我總認爲在字義詞義的教學方面，老師有時候也可以加一些補充材料，也可以從六書的觀點來分析字義，也可以從一個字詞的連帶相關的事情來引申解說，也可以從追溯出處來說明俗語、典故、成語的意義根源。這樣也可以增加學習的興趣與效果。譬如：

干，象形字，盾牌。作戰人拿它來抵擋敵人的兵器，因此引申爲干犯、干冒。如干犯國法、干冒罪誅。又引申爲強求，如干請厚祿、干預人事。

束，束縛，從字形來看，是由口木構成，用繩子將一些木頭纏成一捆兒，叫「束」。這是從六書中會意字的觀點來解釋「束」義的。

錦，是形聲字，從帛金聲；金是聲符，沒有意義。漢劉熙《釋名．釋采帛》說：「錦，重其價如金；故其制字從『帛』與『金』也。」變成了會意字來解釋了。

韋，本來是「違背」的意思，後來借做「皮革」的韋；豆，本來是古時木製的食器，後來借做豆麥的豆；這些都是假借字。假借和意義沒有關係，只是借它字音罷了。

舶，大船。多大的船呢？應該引一些材料作補充。漢服虔《通俗文》：「晉船曰舶，長二十丈，載六七百人者是也。」還有同一事物，有不同名稱的，也可以指出。如茶早採的叫「茶」，晚採的叫「茗」，四川人又名之「苦荼」。還有教師在解釋「泰山爲東嶽」的時候，不妨連帶說明「華山爲西嶽，霍山爲南嶽，恒山爲北嶽，嵩山爲中嶽。」這樣教學也可以拓廣學生的常識。

俗語故典的解釋，往往要探其根源出處，才能夠解釋得清楚明白。譬如俗憾久雨不晴，謂之「天漏」。杜甫詩：「地近漏天終歲雨。」注：「梁、益四時多雨，俗稱漏天。」《左傳》僖公三十年：「燭之武見秦伯曰：『若舍鄭以爲東道主，行李往來，共其乏困，君亦無所害。』」鄭國在秦國東邊。後來世俗稱主人爲「東家」，設酒款客叫做「作東」。〈木蘭辭〉有「對鏡貼花黃。」徐悱〈詠照鏡〉有「輕手約花黃。」花黃，是未出嫁女子的飾物，因此借來代稱未出嫁的少女，爲「黃花閨女」。清孔尚任《桃花扇・守樓》有「天上從無差月老，人間竟有錯花星。」月下老人的典故，大家都知道；錯花星，知道的不多。《帝京景物略》卷二有「夜不以小兒女衣，置星月下，曰『女怕花星照，男怕賊星照。』」前人迷信女子衣服經花星一照，不利於婚姻；男兒衣服經賊星一照，不免會淪爲盜賊。這裡馬士英不顧李香君和侯方域的相愛，竟派人來強娶香君做田仰的妾，所以說人間竟眞有錯誤的花星亂點鴛鴦譜了。能夠這樣解說出處，才能夠把意思解說明白清楚了。

有些教師在課堂上，把同義的字加以介紹講解，這也可以幫助學生對字義的認識，收觸類旁通之效，使他們知道異字同義的字是非常多的。——像始、初、哉、首、基、肇、祖、元、胎、俶、落、萌、源等字都含有「開始」的意思。——像原始、開始、初胎、初犯、哉生明（陰曆初三，月光初生，叫哉生明）、首先、首創、基礎、基本、肇端（開端）、肇造（始建）、祖先、祖師、元旦（一年的第一日）、元古代（地質學所謂始生代）、胎裡壞（生來就壞）、胎髮（胎兒初生頭髮）、俶擾（始亂）、落地（謂人初生）、落成（如房屋）、萌芽（指草木）、萌生、源頭、根源。這種將許多同義字排列一起，讓學生認識，一下子就可以記住許多同義的字和詞了。

同義字詞的產生，往往是由於各地方言的不同，或古今語言的不同。譬如形容女人的美，漢揚雄在《方言》裡說：「吳、楚、衛、淮之間曰『娃』，宋、衛、晉、鄭之間曰『艷』，陳、楚、周南之間曰『窕』，秦、晉之間曰『娥』，或謂之『好』。」形容草木有刺，「關東謂之『梗』，關西謂之『刺』，江、湘之間謂之『棘』。」——今天的用法和過去有點不同了：魚刺刺在喉嚨口大抵用「梗」字。棘，指荊棘的刺；事情難以解決，叫做「棘手」。刺，指花刺、魚刺、骨刺等；所以同義字不一定能夠通用，這也是要大家知道的。

教學也是一種藝術，要想教得好，必須運用各種教學方法，當一個老師必須具有堅實的學問基礎。

（民國七十九年十一月、十二月刊於《中國語文》第四〇一期、四〇二期）

散文的教學方法

我在這篇文章裡只就「散文的教學方法」加以討論。但要如何教好散文？那又是非常複雜的問題，自然不是這一篇短短的文章所能談得盡的，說得完備的。所以我在這裡僅僅提出一點來討論，那就是我們在教學時候首先要注意到散文的體類。我認爲散文所作的內容，不外人、事、景、物、情、理六項；從內容的偏重情形來看，可以把它分做傳記、敘事、寫景、詠物、抒情、論說六類。傳記和敘事都是記敘事情的散文，就粗略稱做「記敘文」；寫景和詠物也常連帶抒情，可以和抒情一起，統稱做「抒情文」；說理議論舊稱「論說」；書信、日記、演講詞都是應用文。散文的體類不同，作法各有偏重。我們教散文的時候要特別注意這一點。我們除了應用教國文一般的教學方法：像辨認音形，解釋詞義，說明題旨，分析段落，介紹作者，講述作品背景，欣賞文章好處外，還要專就體類，以課文爲例，講解一篇散文寫作的方法，以提升學生寫作的能力。現在先舉國中國文第三冊梁實秋先生的〈鳥〉作例子來說明吧。

梁實秋的〈鳥〉是一篇詠物性質的抒情文，一邊描寫鳥的聲音和鳥的形態的美，一邊抒發他因鳥而生的一些情思。教這樣的一篇散文，我們就要特別著重他描寫技巧與抒情方法，加以賞析講述。譬如第三段：

我開始欣賞鳥，是在四川。黎明時，窗外是一片鳥囀，不是吱吱喳喳的麻雀，不是呱呱噪噪的烏鴉，那一片聲音是清脆的，是嘹亮的。有的一聲長叫，包括著六七個音階；有的只是一個聲音，圓潤而不覺其單調；有時是獨奏，有時是合唱，簡直是一派和諧交響樂。不知有多少個春天的早晨，這樣的鳥聲把我從夢境喚起。等到旭日高升，市聲鼎沸，鳥就沉默了，不知到那裡去了。一直等到夜晚，才又聽到杜鵑叫，由遠叫到近，由近叫到遠，一聲急似一聲，竟是淒絕的哀樂。客夜聞此，說不出的酸楚！

作者在這一段裡描寫他在清晨，聽到鳥聲之美況。他怎樣描寫呢？他運用了許多「排比句」和「摹狀詞」來描寫鳥聲。

不是吱吱喳喳的麻雀，

不是呱呱噪噪的烏鴉，

這兩句是排比句，描寫麻雀跟烏鴉叫聲的不好聽；吱吱喳喳，呱呱噪噪都是描摹聲音的狀聲詞。

那一片聲音是清脆的，是嘹亮的。

「是清脆的，是嘹亮的」也是排比形式的詞組。這裡描寫好聽的鳥聲。

有的一聲長叫，包括著六七個音階；

有的只是一個聲音，圓潤而覺其單調；
有時是獨奏，
有時是合唱：
簡直是一派和諧的交響樂。

這裡連續應用四個排比句，描寫鳥叫聲的種種情況。前兩句句子變化很大，描寫一聲長叫流囀之美，一個短聲圓潤之美。後兩句句型一樣，描寫獨奏合唱。然後用一句話總結：他聽了這些鳥聲的感受：好像「一派和諧的交響樂。」排比句的好處是最利於鋪張描寫，缺點是形式容易流於整齊呆板，所以要在整齊的句子中，作一些長短錯綜的變化。這也是寫作散文要特別注意的地方。

描寫我們的情感和思想，有兩種寫法：一種是心裡有怎麼樣的情思？就直抒了出來，叫做「直接抒情」；另外一種是透過我們的言語、動作、表情、神態來表現的，叫做「間接抒情」。譬如梁實秋先生寫他夜裡聽到杜鵑叫聲，一聲急似一聲，寫他的感受「竟是淒絕的哀樂。」寫他的情緒的變化「說不出的酸楚。」都是「直抒胸臆」的「抒情方法」。現在再分析第四段：

在白晝，聽不到鳥聲，但是看得見鳥的形體。世界上的生物，沒有比鳥更俊俏的。多少樣不知名的小鳥，在枝頭跳躍，有的曳著長長的尾巴，有的翹著尖尖的長喙，有的是胸襟上帶著一塊照眼的顏色，有的是飛起來的時候才閃露一下斑爛的花彩。幾乎沒有例外的，鳥的身軀都是玲瓏飽滿的，細瘦而不乾癟，豐腴而不臃腫，眞是減一分則太瘦，增一分則太肥，那樣地穠纖合度。跳盪得那樣輕靈，腳上像是有彈簧。看牠高踞枝頭，臨風顧盼，——好銳利的喜悅刺上我的心頭。……有時候稻田裡佇立著一隻白鷺，拳著一條腿，縮著頸子；有時候「一行白鷺上青天」，背後還襯著黛青的山色和釉綠的梯田。就是抓小雞的鳶鷹，啾啾地叫著，在天空盤旋，也有令人喜悅的一種雄姿。

在這一段裡專描寫鳥的形體的俊俏，作著採用許多描寫的方法來描寫它。在教學時候，這些方面都值得提出講解分析。他又用了四句排比句，寫在枝頭跳躍的小鳥的尾巴、長喙、顏色、花彩之美，說：

有的曳著長長的尾巴，

有的翹著尖尖的長喙，

有的（是胸襟上）帶著（一塊）照眼的顏色，

有的（是飛起來的時候才）閃露（一下）斑斕的花彩。

我們可以看出這四句是一類的，我們若把括號中的字去掉，這四句句型可以說完全一樣，添加了一些文字，使句子有一些變化。這是寫作散文要特別注意的地方，散文特別著重文字的參差不齊，有長有短。當然這種長長短短的句子，在這裡也是描寫本身的需要。這裡的摹狀詞：像長長、尖尖是重疊詞；像照眼、斑爛是複合詞，用來描寫尾巴，長喙（嘴），胸襟上的顏色，飛起來的時候才閃露出來的羽毛花彩，都用得非常確當。寫鳥的身軀用「玲瓏」「飽滿」兩個相反的摹狀詞來形容它，再沒有比這更恰當的了。接著他更進一步連用兩個寬式的「對偶句」：「細瘦而不乾癟，豐腴而不臃腫」；「減一分則太瘦，增一分則太肥」，來說明鳥的「身軀」玲瓏飽滿，恰到好處的情況。用「腳上像是有彈簧」的譬喻，寫鳥跳盪的輕快靈巧。他又分別描寫白鷺佇立田裡姿態之美，「拳著一條腿，縮著頸子」，直可入畫；連帶又描寫了「『一行白鷺上青天』，背後還襯著黛青的山色和釉綠的梯田」，又是一幅色彩炫麗的畫。作者動用了「白、青、黛青、釉綠」四個「色彩詞」，就把這美麗的畫面描繪了出來。老鷹在天空盤旋姿態的壯美。從這種種的分析，可知這是一篇描寫性的散文，所以應該從作者描寫的技巧加以講解，這樣自然可以提升學生寫作描寫文的能力。

張蔭麟的〈孔子的人格〉這篇文章，收在國中國文第三冊中。它是從張蔭麟編著的《中國史綱．上古篇》節選出來，是一篇傳記體的記敘文。孔子是歷史上的人物，要寫他事蹟自然要有資料的依據；因此教這樣一篇的文字，最好能夠就資料的蒐集，資料的處理，資料的改寫，加以講解。除了「自傳」，寫別人的傳記就是要這樣下手的。若要從寫作方法來講解這篇文章，那就要著重「資料的蒐集、處理和改寫」這一點。這樣才能訓練學生，如何去蒐集一個人物的資料來寫他的事蹟，寫他的傳記？現在就摘錄〈孔子的人格〉的第五段文字，如下：

有一天幾位弟子陪著孔子閒坐，孔子道：「你們覺得我是長輩，不免有點拘束，不要這樣。平常你們總說：『沒人知道我。』假使有人知道你們，能用你們，又可以有什麼表現呢？」子路爽快地答道：「千乘之國，夾在兩大國中間，受著兵禍，又鬧飢荒，讓我來主持，才到三年，便使得人民有勇，並且循規蹈矩。」孔子向他微笑了一下，又問另一弟子道：「求，你怎樣？」他答道：「五六十里或六七十里見方的國家，讓我來主持，才到三年，便使得人民富足。至於禮樂，另待高明。」孔子又問：「赤，你怎樣？」答道：「並不是說能夠，但想學學：像宗廟的大事和諸侯的聚會，我願意穿戴著玄端和章甫，在旁邊做一個小相。」孔子又問另一弟子：「點，你怎樣？」這時他彈瑟漸緩，微音鏗然；他把瑟放下，起身答道：「我和他們三位不同。」孔子說：「有什麼關係呢？不過各說自己的志向罷了。」他道：「暮春的時候，春衣既已做好，和青年五六人，童子六七人，到沂水裡洗浴；洗完了再到舞雩那兒當著輕風歇涼；然後大家歌詠而歸。」孔子聽了喟然嘆道：「我和點有同感。」

這一大段的文字從那裡來的？他完全根據《論語．子路、曾皙、冉有、公西華侍坐章》的資料，加以翻譯改寫。不過，有些地方譯得比較生硬，有些地方沒有把精意譯出來。當然，我們若把原文摘錄下來，再附上別家的語譯，作一比較，就可以看出哪一家譯得更好，改寫得更恰當。不過，這種教學並不適合於初二的學生。若是高二，就可以採用這種比較的方法來教了。現在將《論語》的原文和董季棠的語譯，各摘最後的片段於下：

「點，爾何如？」鼓瑟希，鏗爾，舍瑟而作，對曰：「異乎三子者之撰。」子曰：「何傷乎？亦各言其志也。」曰：「莫春者，春服既成，冠者五六人，童子六七人，浴乎沂，風乎舞雩，詠而歸。」夫子喟然歎曰：「吾與點也。」《論語》

「點，你怎麼樣？」曾皙正在彈瑟，聽到孔子問他，就漸漸地停止瑟音，然後鏗然一聲，放下瑟，站了起來，回答說：「我和三位同學說的不一樣。」孔子說：「那有什麼妨礙呢？只不過各人說說自己的志願。」於是曾晳說：「當暮春三月、天氣和煦的時候，袷衣單衫已經做好，邀約二十歲以上的青年五六個，十多歲的孩子六七個，一同郊遊，先到沂水邊洗洗水，再到舞雩壇的樹下乘乘涼，然後吟吟詩，唱唱歌，高高興興地回來。」孔子聽了，長歎一聲說：「我贊成點的志願！」（董譯）

散文因爲體類不同，寫法不同；所以我們教學的時候，應該就散文的各種體類，分析講解它們不同的寫法：教論說文就要講它說理推論的方法；教記敘文就要分析時地人事的進展與變化；教傳記就要說明作者是怎麼樣地去蒐集處理材料，而寫成一篇傳記；教描寫文就要偏重講解作家寫作技巧成功的地方。

我寫過一本《散文結構》，現在收在《方祖燊全集》中，是專談寫作散文的理論，對教學散文應該也是有相當幫助的，值得參考。

語體文的教學方法

甲、語文教學的三層次

大家都知道「語文教學」的最終目的，是在「提高學生寫作文章、表達情思的能力。」據我所知，許多人對這個教學的目標是持著懷疑的態度。他們大都認爲「寫作是天才的事業，不是人人可以學會的」，所以有「能與人規矩，不能使人巧」的說法。文章能不能夠作得精彩，雖然是屬於才分的問題；但要怎樣寫成一篇「像樣的」文章，這就要看你懂不懂得寫作的技巧？會不會運用寫作的技巧？梁啓超說：「懂了規矩便會巧，不懂規矩絕對不會巧。」「規矩」就是方法。怎樣給學生寫作的方法呢？我認爲就課文來探討寫作的技巧、方法和原理，這就是國語文教學應該注意的地方。我個人從事語文教學的工作有三十幾年，頗有一些心得。我認爲國語文教學有「三個層次」：

我們教過書的都知道過去教國文的重點，是放在音讀字辨，詞義解釋，題旨大意，段落分析，課文翻譯，還有介紹作者的生平，講述作品產生的背景、文學價値和文章的好處。——這就是我所說的「第一層次」，也是許多教師教國文時候所採用的方法。這種教學法，從培養學生閱讀書籍、欣賞文學的能力來說，是有相當的幫助。但對於訓練學生揣摩文體及寫作技巧來說，效果卻很小。後來教國文的，更進一步擴展到文法的分析，修辭技巧的講解，文章體類的明辨。——這就是所謂「第二層次」。這對於句法的理解，詞采的運用，體裁的特點，當然有幫助。現在還有專就課文來探討寫作的方法、技巧與原理，作寫作的軌範。這種教學方法，對於提高學生寫作文章、表達情思的能力，是最有成效的一種教法。——這就是我所說的「第三層次」。一般教師往往只能做到第二層次，所以要想做一個好語文教師，就必須提升專科（像文法修辭、文學體類、寫作理論）的涵養與訓練，這樣才能在教學時候，勝任愉快，完成三個層次的教學的目標。

乙、教語體文與教文言文的不同

現在，我要談語體文教學的問題。我認爲語體文的教學，要比教文言文難些。因爲語體文「平白如話」，小學國中的生字新詞雖然尙須解釋，但高中有許多是無須多加解釋了。小學的範文的作者就是編者，國中語體文的作者又大都是我們同一時代的人，對作品的年代、環境和背景的了解也比較容易，不像教古文，因爲時代間隔、地域不同，因此有許多話可以說。對作品的評價，現代作者也不像古代作者，在文學史上已經有了定評，有許多材料可資參考，可供發揮。所以我們教語體文，實在很難採用教文言文的方式。用教文言文的方式去教語體文，也實在無從教起，引起學生閱讀語體文的興趣。

但是怎麼教語體文呢？過去我做中學生時候，聽語體文的課，有一些教師只是把課文唸一遍，再讓學生跟著朗誦或跟讀一兩遍；偶而教師也會對生詞做些解釋，寫得好的地方來一下欣賞。這種「教」實在等於「沒教」。學生從教學的過程中，實在得不到什麼東西，甚至感到枯「坐」乏味。文字寫得好的，還能令我自己沉醉；但一經「搔不到癢處」的講解，有時反而常常感到索索然、昏昏然想睡。班級讀得越高，這種感覺越厲害。這跟十幾年前，高中學生要求老師，語體文不要教，自己看，大概是一樣的心理吧。

因此教語體文應該是跟教文言文不太相同的，它應該多採用「第二」、「第三」兩個層次的教學法，就是多從語法、修辭以及寫作技巧、原理方面，加以特別的講解分析，給學生一些作文的規矩，使他們有規矩可循，能夠像木工學徒一般的循規蹈矩，學到一些創作匠造的技巧，能夠寫出文字流暢、內容可觀的文章，也許從中可以培養出一兩個傑出的大匠！在文壇上，能夠留下一些不朽的文學作品。

丙、語體文教學的九種方法

現在，時代進步了，語體文教學的方法也改進了許多。小學國語的一首小詩，一個趣味的故事，一通實用的書信，一篇文字優美的短文，短的幾十個字，長的三、五百字，小學國語文老師可以運用兩節課來進行，不覺得它長，時間是在情趣盎然、熱烈討論中過去。過去，我參觀過國小這樣成功的「觀摩教學」多次，使我深有所得。

我在一九八八年替香港現代教育研究社，撰寫香港小學「現代中國語文」課本的範文。他們給我的課程綱要與撰寫原則，除了要我把文字儘量寫得自然、淺顯、活潑、有趣、生動，能夠誘發學生學習的興趣之外；還要我將內容寫得充實，希望學生能夠建立正確的人生觀念；還要我嚴格注意到：文體特點，段落安排，篇章結構，標點符號的用法，詞組句式和修辭技巧，應用文的格式與寫法，都要陸續熔化寫進課文裏去，好讓教師在教學的時候能夠發揮運用，以提升學生說話作文的能力。三十幾年來，我在臺灣師範大學國文系教新文藝寫作、教修辭學、教文學批評，在研究所教小說探討。我也寫過不少的這類論著與專書。從教學與工作的經驗中，我個人深深感受到「語體文的教學」不只限於小學，初中、高中、大學，甚至研究所都可以進行，只是應該隨著學生的程度和需求，在教材與教法上作適度的調整與安排。

我個人常用「語體文教學」的方法，有下列九項。爲便大家記憶、採用起見，就叫：「九種語體教學法」。

一、**辨認**：就是辨音認字。一個「生字」音怎麼讀？字怎麼寫？一定要學生辨認得清楚牢靠。對小學、初中的學生在這方面的教學尤要注意。臺灣小學一年級第一學期第一週到第十週「國語科」的時間，全部用來學習注音符號及說話（使用國語課本首冊）；在奠定學生拼音能力之後，就可以幫助學生自己去閱讀課外注音的圖書和報紙（國語日報的看圖說話、兒童、故事、兒歌各版），這樣自然可以提高學生讀聽說話的能力。辨音認字是「語體文教學」一個很重要的起點，即使到了我們這種年齡，仍然有些僻字不會讀不會寫，還要查辭典來幫助自己。

㈠字形：有關字形的教學，小學生有「筆順」的教導，那一筆先寫，那一畫後寫，要小學生在練習寫字的時候嚴格遵循，一可加深學生對字形的認識，又可養成學生寫字的良好習慣。「寫字」也是幫助學生加深溫習，對字形的印象。同時形近（如己、已、巳）音近（如薑、姜），音形近（如蜜、密，響、嚮）的字形，要學生特別辨認清楚，以免寫錯別字。在國字中「形聲字」最多，大約佔百分之九十，是把形和音結合一起，就是一個字的結構，一部分是意符，一部分是音符。如梨、柿、桃，梧桐、楊柳、松柏，一讀就知道有的是我們常吃的水果，有的是我們常見的樹。書架、衣櫥、飯桌、搖椅、木床，都含有「木」字，可以知道都是木製的傢俱。我們若能利用「形聲字」來教學，把同部首的形聲字摘引一些做爲例子，再加簡單的說明，使學生了解形聲字構造的道理，對學生的認字也是有幫助的。

㈡字音：有關字音的教學，可以利用注音符號或拼音符號，讓學生拼出正確的「語音」。我們知道語體文唸語音，文言文讀讀音。如：魏禧《大鐵椎傳》：「足纏白布」，「腰多白金」，「賊二十餘騎四面集」；在這篇文言文裏，「白、賊、騎」三個字，要唸讀音ㄅㄛˊ、ㄗㄜˊ、ㄐㄧˋ。如果改寫成語體文：「腳上纏著白布」，「腰包裏有許多白銀子」，「賊人有二十多個騎著馬從四面集攏來」，就要讀語音ㄅㄞˊ、ㄗㄟˊ、ㄑㄧˊ。還有破音字的音讀，無論語體、文言都要特別注意。例如「德行」、「銀行」、「行動」三個「行」字，讀ㄒㄧㄥˋ、ㄏㄤˊ、ㄒㄧㄥˊ。在小學、初中教學時候都應該指出。

輕聲字如：「桌子」、「椅子」的「子」字，「吵吵鬧鬧」的第二個「吵」字「鬧」字，「親家太太」第二個的「家」字「太」字，都要讀「輕聲」，教師也都要告訴學生。還有「兒化捲舌韻」，就是一個詞的後面加個「兒」字，北平、四川說這些詞的時候，常常連帶捲起了舌頭，然後發音，譬如「花兒」要讀（ㄏㄨㄚㄦ）不讀（ㄏㄨㄚˊㄦ）」。讀這類「兒化詞」，除極少數的詞，如男兒（ㄋㄢˊㄦ）、女兒（ㄋㄩˇㄦˊ）讀兩個音節，其他都和上字併合成一個音節；有不變音，如小貓兒（ㄇㄠㄦ）；變音，如小孩兒（ㄏㄞˊㄦ→ㄏㄚˊㄦ）；變調，如慢慢兒（ㄇㄢˋㄇㄢˋㄦ→ㄇㄢˋㄇㄚㄦ）。有關語音、破音字、兒化詞的問題，只要翻查商務印書館的《國語辭典》就可以解決。我國的同音字很多，教學的時候若能連帶舉出一些「同音字」的詞，如「姑」媽、「孤」兒、「辜」負、「沽」價、香「菇」，這樣對「辨音認字」都是有用的。

二、**朗誦**：前人讀文言文著重朗讀和背誦，認爲這樣可以熟悉古人的口吻聲氣，寫起古文比較容易。語體文教學並不講背誦，但出聲朗誦，仍然是很重要的。教小學尤其重要，透過跟讀與朗誦，可以訓練而提高學生說話、報告、講演的能力。我的朋友子敏說：「要想寫好新詩，要多多朗誦些文字優美的詩篇，能夠做到你說的每一句話，都美的像詩，你就能夠寫出好詩。」若能常常朗誦聲情美麗的語體文，自然就會寫出抒情性的美文；若能常常朗誦條理清楚的演講詞，自然就會寫出很好的議論文。老師教語體文時候，應該教導學生在課外先自己朗誦數遍，上課時候再叫一兩個學生作示範性的朗誦。

三、解釋：就是對生字新詞的解釋，使學生了解它的意義，大體都是用極簡單的話講解的；對人地事物的說明，稍稍可以詳細一點兒；但總以簡單爲原則。小學語文課本的生字新詞，因爲所選的「範文」完全是計畫性的編寫，所以可以根據課文後所列舉的「生字詞語」加以講解。初中到大學研究所，講授語體文時候，講解詞語就要看學生的程度，作適當的解釋。一般普通的詞，大家都懂的，就可以省略不講，只有特別的才講。年級越高，講的越少。不過，有一些詞語，你做老師的也得查過才清楚的，那就非加解釋不可了。

四、模倣：有人說：猴子最善於模倣，其實人類才是最善於模倣的動物。其實善於創造也就是最善於模倣；要想創造得完美，必須吸收前人或別人的經驗。我認爲教語體文的時候，在詞組、句型、修辭各方面，都可以利用人善於「模倣」的天性來進行教學。這種模倣是建立在「同類」、「擴展」和「變化」三觀念的基礎上來進行的。現在就詞組、句型、修辭幾方面，各舉些例子來說明：「模倣」對語體文教學的一般情形。

㈠詞組：兩個以上的「詞」組合起來，就成了「詞組」。像貧富、戀愛與成功、邊跳邊唱、去不去（並列詞組）；大雨、聖人之道（修限詞組）；吃飽、病重、走得快、飛往美國（補足詞組）；喝水、稱她心肝（動賓詞組）就是各種詞的組合。現在就拿劉鶚的〈大明湖〉：「荷葉初枯，『擦的船嗤嗤價響』。」擦的船嗤嗤價響，就是補足關係的詞組；它是用一個動詞「擦」爲中心語，在它後面加上一個詞組「船嗤嗤價響」，來補充說明它情形，「擦」的情形。「的」通「得」。我們可以利用這一種詞組，教學生「模倣」來寫作。譬如：她把衣服「洗得乾淨」，那頑皮的小孩「弄得狗汪汪的叫」，媽媽「高興的笑出聲來」。這可以用討論方式，讓學生模倣創造。

㈡句型：現在語法家研究句子的結構形式，把它歸成：主謂句（我讀書）、省略句（下雨了）、單語句（早）、複句（天氣涼了，你要多穿衣服）、特殊句（你別老坐著唸書寫字，也該休息了——這句子有「坐、唸、寫、休息」四個動詞，都是陳述主語「你」的動作，叫做「連動格式的特殊句」）。還有從說話的語氣來分，還有：陳述句、祈使句、疑問句、感歎句等四大類。從修辭學的觀點來分，還有對偶句、排比句、頂眞句、回文句、層遞句等。我們說的話，寫的文章，雖然千變萬化，但句子的形式，不外上列幾種類型。我根據《戰國策・齊策》鄒忌的軼事，改寫成一篇故事〈我和他誰漂亮〉，其中有三句問語：「我比起住在城北的徐先生，誰漂亮？」「我跟徐先生誰漂亮？」「我和徐先生誰漂亮？」連同「標題」等於四個意思一樣的「疑問句」，只是把「我和他」改成「我和（比起、跟）徐先生」，第二句插入「住在城北的」幾個字，就使句子發生變化，使人有不同的感覺。句型的教學，也可以用「模倣」方法，就簡單的一個句型，讓學生造出一些新句子。

㈢修辭：修辭的技巧之所以稱爲「格」，也就是說根據這個「格式」，可以模倣，可以套用的。「譬喻格」的「明喻」，它的基本結構是「A像B」，就是「主物」像「譬喻物」。「像」是連接上下的「連接詞」。現在就以朱自清的〈荷塘月色〉中的一些譬喻文字來分析，來進行教學吧。

葉子出水很高(A)，像亭亭的舞女的裙(B)。

層層的葉子中間，零星地點綴著些白花(A)，……正如一粒粒的明珠(B)，又如碧天裏的星星(B)，又如剛出浴的美人(B)。

月光(A)流水(B)一般靜靜瀉在這一片葉子和花上。……葉子和花(A)彷彿在牛乳中洗過(B)一樣，又像籠著輕紗的夢(B)。

朱自清在這幾個句子裏用的「像、如、一般、彷彿……一樣、又像」都是譬喻用的連接詞。他用「舞女的裙」描寫長柄圓形的荷葉的形態，用「明珠」描寫在月光底下一朵朵白色荷花，用「碧天裏的星星」描寫整個滿是綠荷的池塘上到處點綴著一兩朵白荷花之美，又用「剛出浴的美人」描寫荷花的清香。他又用「流水瀉在葉和花上」，「在牛乳中洗過」來描寫月光「從上而下」照在荷葉和荷花上面，使葉子和花都帶一點乳白色的意味；這種朦朦朧朧的月色，給人的感覺，就好像是一個「籠著輕紗的夢」。從這些分析，可以看出朱自清用「明喻」來寫景，把景物寫得非常美。「明喻」基本的結構仍然是「**A**像**B**」。我們在教「荷塘月色」的時候，若能把「**A**像**B**」的格式，連帶說明出來，教學生模倣著這種修辭格式，去寫自己的文章，一定可以提升學生表達的能力。

五、觀察：寫作的許多材料就在生活之中，我們日常所看到聽到所經歷過的人事景物，都可以做寫作的材料。可是許多學生提起筆來，卻不知道如何下筆。連最愛自己的媽媽的形象都勾畫不好。爲什麼？因爲他缺乏觀察的能力。做老師的應該利用課文，告訴學生怎樣去觀察去體會人事景物，把握住特點，然後用最適當的文字，把它描寫出來。過去，我研究作家運用詞彙、描寫人事景物，有兩種方式：

1. 描寫詞＋人事景物。

2. 人事景物＋描寫詞。

現在就舉曹雪芹《紅樓夢》六十五回，興兒用玫瑰花來描寫賈府三姑娘探春說：

三姑娘混名兒，叫「玫瑰花兒」，又紅又香，無人不愛，只是有刺扎手。

這裏採用第2式「人物＋描寫詞」。這是透過我們各種感官，觀察得到玫瑰花的特點：花色紫紅，香氣濃郁，形態豔麗可愛，只是花枝上有刺扎手。作者把握了玫瑰花的這些特點，再用適當的詞描寫了出來。這些描寫詞都擺在「玫瑰花」的下面。寫玫瑰花，也是寫探春的美麗可愛，做人又厲害的特點。這就是所謂「觀察」。現在再舉朱自清的《槳聲燈影裏的秦淮河》裏，一些描寫景物的文字：

一眼望去，疏疏的林，淡淡的月，襯著蔚藍的天。

河中眩暈著的燈光，縱横著的畫舫，悠揚著的笛韻，夾著那吱吱的胡琴聲，終於使我們認識綠如茵陳醇若酒的秦淮水了。

這裏描寫「林」、「月」、「天」、「燈光」、「畫舫」、「笛韻」、「琴聲」、「秦淮河」這些景物的形象，都是採用第1式：「描寫詞」擺在「景物」的上面。描寫大中橋外樹林的稀疏，月色的暗淡，襯著蔚藍色的天。眩暈，形容玻璃燈透出眩目朦朧的光暈；縱橫，形容河上處處是畫舫的情況；悠揚，形容笛聲的悠長響亮；吱吱，狀聲詞，形容胡琴聲的熱鬧喧雜；綠如茵陳醇如酒，譬喻語，形容秦淮的水色與情味的美：都是把握住他所見到聽到的每一個景物的特點，給它一兩個適當的描寫詞。我們做老師的，應該在教學時候，去培育學生的觀察能力，用心去注意，去體會，周圍的人事景物的特點；注意體會久了，慢慢也就會具有敏銳的觀察力了。這樣就能寫出像樣的文章了。

六、組織：我們知道一篇文章是許多「段落」構成；一個段落是由許多「句子」組成。全篇文章表現一個中心思想，叫做「主題」；各段文字都跟「主題」相關，是繞著主題來寫的；每段各有一個重點，和這段重點有關係的文字，才能寫進這一段落。這就是所謂文章的「組織」、「結構」。一位教師教一篇作品的時候，無論語體文言，都必須分析文章主題和段落大意，幫助學生了解一篇文章的要旨和結構。現在，舉朱自清的〈背影〉為例：

朱自清的〈背影〉全篇文章的主旨，在表現父親的愛，共分七段：第一段「我最不能忘記的是父親的背影」引起這篇文章。第二、第三兩段，簡單倒敘那年冬天，因祖母過世，自己從北京到徐州跟父親相會，一起回鄉。辦理喪事，然後因父親要上南京謀事，自己要回北京唸書，所以同去南京。第四段寫別前的情況，極力描寫父親因為愛他，放不下心的行動與心理。第五段描寫父子兩人過江、進站、上車，父親照顧兒子無微不至的愛。第六段寫臨別之前，父親去買橘子，給他帶在車上吃。寫父親是個胖子，買橘子時候要跳下月台，穿過鐵道，再爬上那邊月台那種費事吃力的行動與背影，使他感動到流淚。又寫終於告別走了，父親的背影混入人群裏，給人留下悵然若失的感情。第七段結尾，在與上文照應中，寫出他體會父親的抑鬱煩憂，但仍時時惦記兒子，還忍著膀子疼痛，給兒子寫信，還說「身體平安」。全文終結於他在淚光中讀信，又看見父親的背影，不知何時再能見到父親！可見這篇七個段落的文字，全都繞著父親的愛和背影而寫。

我想透過這樣分析文章的「主題與段落」的教學，對於提升學生如何運用相關材料，寫成一篇有內容、有系統的文章，應該是有幫助的。其實，每一篇文章內容的構思，段落的安排，都要靠縝密的組織。組織得當，文章自然緊湊有力。

七、想像：寫作須有豐富的想像力，才能創作動人的作品。許多人物事情未必一一是你親自看過聽過經歷過的；你要寫它，不靠想像，又怎能寫呢？但要怎麼想像呢？第一可以根據「現實生活情況」去想像。第二可以「設身處地」去想像。第三可以憑藉「專門知識經驗」去想像。清朝小說家吳敬梓作〈王冕的少年時代〉，描寫元末王冕從一個牧童變成一個畫家的事情，完全是靠「想像」寫出來的。他寫當時的雨景：

那日正是黃梅時候，天氣煩躁，王冕放牛倦了，在綠草地上坐著，須臾濃雲密布，一陣大雨過了，那黑雲邊上鑲著白雲，漸漸散去，透出一派日光來，照耀得滿湖通紅。湖邊山上，青一塊，紫一塊，綠一塊。樹枝上都像水洗過一番的，尤其綠的可愛。湖裏有十來枝荷花，苞子上清水滴滴，荷葉上水珠滾來滾去。

這裏對天雲的變化，雨後的湖光山色，樹枝的綠，荷花的清，這些景象的描寫，可以說都是從「現實生活」來的，把大家平常所看到的雨景寫了進去。——這就是根據「現實生活」來想像「王冕時雨景」的一種寫法。

教師在教語體文的時候，若能指點出作家怎樣運用「想像」？這對提高學生的想像力，培養學生的想像力，應該有很大的幫助。

八、論理：許多作家在文章裏發表他的思想，論宇宙，談生活，講倫理、道德、政治、經濟、社會、教育、婚姻各種問題。有人說：「經典有了精義，能拯救人的靈魂；作品有了思想，能提高人的智慧。」思想影響人是很深巨的。教師講解論說文的時候，一方面要把文章裏所含蘊的思想，提示給學生，做他們做人做事的理念；另一方面要利用論理的，像直接、三段、歸納、演繹、矛盾、假設、因果、利害、引證、譬喻……各種方法來分析文章，使學生理解作家是怎樣的發表他的思想？是怎樣的推斷事理？是怎樣的解決問題？是怎樣的說服別人？例如：朱自清的〈女人〉：

從前人將女人比做花，比做鳥，比做羔羊；他們只是說：女人是自然手裏創造出來的藝術。

這是用「譬喻」來說理論事，用「花」比喻女人的美麗，「鳥」比喻女人的可愛，「羔羊」比喻女人的溫柔。一下子就使人了解了一般人對女人的看法。

又如：朱自清的〈說話〉：

中國人很早就講究說話，《左傳》、《國策》、《世說》是我們三部說話的經典，一是外交辭令，一是縱橫家言，一是清談，你看他們說的話，多麼宛轉如意，句句打在人心坎裏。

這裏用「演繹」的寫法。朱自清先說出他的觀點：「中國人很早就講究說話」；然後根據這個觀點，演化出一些事例：《左傳》、《國策》和《世說》三部古代說話的名著，說的話都是非常動人的。

這種對思想表現方法的分析，也可以啓發學生，懂得如何去發表他們的思想，創作論說的文字。

九、構詞：學生常常問我：「老師，詞彙不夠，怎麼辦？」詞不夠達意，的確是很困惱的。要想有良好的表達能力，首先就要大量增加他的詞彙。增加詞彙的方法很簡單：第一查辭典，找適當的詞來用。第二看看別人怎麼用一個詞。第三用「構詞法」來造詞。我國的文字富有彈性，一個字和另一個字結合一起，就構成一個新詞——這就是所謂「構詞法」。就拿描寫顏色的詞來說，小學生平常只會用：「白、黑、紅、黃、綠、藍、紫、……」有限的一些色彩詞。假使懂得構詞的方法，不必硬記死背，你就可以增加許多色彩詞，供你驅遣應用。將「有色東西」的名詞，轉變成色彩詞來用，如「灰」頭「土」臉，「錦」鯉，滿頭「銀」髮，「桃色」新聞。兩個字「重疊」，如「藍藍」的春水，「紅紅」的太陽。兩個色彩字結合一起，如「金碧」山水，「赤紅」的火燄。在一個色彩字上，加一個修飾字，來形容它的深淺濃淡……的色度，嬌豔愁怨……的情態，如「深綠」、「淺黃」、「嬌翠」、「豔紅」、「慘綠」。名物字和色彩字連用一起，如「雪」白、「鵝」黃、「黛」綠、「火」紅。在一個色彩字下加兩個疊字，如白花花、綠油油、黑壓壓……之類。我曾經寫過一篇〈國語複音詞形成與結構的研究〉，對構詞的方式（複音詞的結構方式）作過全面探討。我覺得懂得構詞的方法，寫東西就不怕沒詞用。劉鶚的〈大明湖〉描寫「千佛山」說：

朝南一望，只見對面千佛山上，梵宮僧樓，與那蒼松翠柏，高下相間，紅的火紅，白的雪白，青的靛青，綠的碧綠。更有一株半株的丹楓，夾在裏面，彷彿宋人趙千里的一幅大畫，做了一架數十里長的屏風。

單從「構詞」方法來分析這段富有色彩性的字眼，就可以體會出劉鶚描寫景物的彩色鮮麗，所以能夠給人留下了深刻具體的印象。

現在，有些小學教師教學的時候，已經注意到增加學生的詞彙問題。遇到生字，老師要學生回去「查辭典」，把所查到的有關這個「生字」的詞，不管有用沒用，懂的不懂的，統統摘錄下來。這樣機械性的摘錄，是一種學習的浪費。查辭典摘詞，應該摘學生可以用得到的詞。

我總認爲在今天科學發達的時代，一切都講學理，所以教任何科目都要講究教學的方法，依據各種專業的知識與訓練來教學。教語體文也不例外。當一個語文教師，他必須要修過文字、發音、語法、修辭、邏輯、寫作理論、文學批評……這些基本的課程，而且還要在教學的時候，能夠熟用這些原理、法則與理論。這樣學生才能從教師教學之中，知道如何寫文章，如何運用他們所學到的方法來描寫景物，來鋪敘人事，來表現情感和思想。

（一九九四年十二月《華文世界》第七四期）

談修改文章

從前讀曹植與楊德祖的信說：「世人之著述，不能無病；僕常好人譏彈其文，有不善者，應時改定。」這位建安時代名作家，寫好了文章也喜歡朋友給他意見，隨時加以修改。唐白居易作的詩最「白」，也最容易懂；袁隨園卻說：「觀其所存遺稿，塗改甚多，竟有終篇不留一字的。」歐陽修是宋代散文家的領袖；他寫文章必立草稿，也是改了又改。據說他寫〈醉翁亭記〉，開頭原有幾十個字，經過修改之後，只剩下「環滁皆山也」五字。他這種改文章的習慣，到了晚年還保存著，而且將平生的舊作加以修改。歐陽修夫人說：「你是怕『先生』嗎？」他說：「不是怕『先生』，是怕『後生』！」名家的好文章，總是經過幾番修潤。愈是名家，愈是如此。

我自己寫文章也喜歡塗塗改改，原稿塗抹得亂七八糟，東槓西添，寫到後頭連自己都怕重抄一遍，只有內子才有那個耐心替我謄清。比起做學生時代振筆疾書，好像飄風急雨，飛落滿紙，一字不動，大不相同。自己有時確也羨慕那時的文思，不過卻特別珍惜今日的習慣，覺得自己的文字比以前進步。修改文章並非一種毛病。我們練習寫作文章，最主要的願望，也就在求如何使文字達到盡善盡美的境界。

我教書十幾年，日常修改學生的作業，覺得改學生和改自己的文章，有些地方不一樣。我們通常修改文章有兩種方法，一種是刪改，一種是增飾。刪是純粹把文字刪去，使文章簡潔；改是把原文再改用一些妥當的文詞。增飾就是增加文字，將文章修飾得更好。但什麼地方要刪、要改、要增、要飾，也有一定的原則可循。懂得這些原則，自己的文章可以自己修改，別人的文章改起來也就不難了。現在把批改學生的文章應該注意的幾項原則分述如下：

㈠改學生文章，首先要注意一點，千萬不可以像改自己的文章一樣，大筆塗抹刪削，然後總批一句「不知所云」；這樣就會損害學生的自信力，阻挫了他寫作的興趣和思路。但是也不可以大加增飾。增飾得太多，等於教師代學生作文，那便不是「改文」，而是「改作」了。所以修改學生的文字，宜儘量隨他的立意而改，通順他的氣勢文字，這樣最能啓發他的思路。一般教師改文的原則是：寫錯別字，文字不通順，用詞不妥當，不合文法，亂用成語，上下不連貫，不合格式，修辭不雅潔，標點符號用得不恰當的：改。思想不清晰，論理不正確，見解不切合的：酌改。文意不切題，結構不謹嚴的：絕對不改。文章最貴於創作，所以前人用濫的文句，寫濫的意思，最好要刪掉；至於文字本身寫得濫，像重覆、累贅、蕪冗、煩重、雷同、不簡潔的，一律要刪改。

㈡改過以後發還，應使學生對改過的地方，細加推究玩索：「爲什麼這樣改？」玩索久了，作文就自然通順了。使學生推究玩索最好的方法，就是加批文。批文，可分「文字批示」和「符號指示」

兩種：

甲、文字批示，又分眉批、總批：

(1)眉批：是教師隨改隨把「批文」寫在作文簿的眉頭，指示學生，叫做眉批。如用詞不當，文句重覆，文法不通，語氣不足，文意不銜接，或句中脫字之處，或某節文字精采的地方，都要加眉批，使學生明白。

(2)總批：在全文改完之後，把全文給他一個概括扼要的指示或說明。通常批在每篇作文的後面，所以又叫尾批。對全篇的結構，詞采的品評，見解的優劣，情思的表現，切實給他一個指點，使學生了解自己文章的得失，由此增進他正確發表思想的能力。但是用語務求簡明切實，使學生容易了解，得其要領。不溢美，不過責，多指導，多鼓勵，以使他努力改進。

乙、符號指示：此處所說的符號，指圈和點而言。例如對文字思想新穎，見解卓越，說理透徹，詞藻清麗的地方，加以密點。句子修詞貼切妥當的地方，加以雙圈。這樣可以增進學生的自覺力。遇到錯別字，有的老師打個「×」，然後在眉頭畫個方格子，讓學生自己訂正。也有的在文字不妥當處用紅筆畫條邊線，表示要學生自己修改。

對學生作文犯普遍的錯誤與毛病，在發回作文的時候，教師也可以提出說明，甚至討論，促使學生特別注意，加以改正。

（本文係參考清人唐翼修的〈文師善誘法〉，今人劉兆吉的〈初中作文教學法〉，賴明徵的〈中學國文學習法〉，以及我自己的舊作〈批改作文〉，再修訂改寫而成。六十二年九月。）

〔附修改範例〕

昭烈聞雷失筯（曹操煮酒論英雄）

《三國志演義》，是我國最流行的一部通俗歷史小說。最初它是民間流傳的故事，到宋朝才由說書人把它編成平話，叫《三國志平話》，內容非常簡單樸實。到了明洪武初年（一三七〇前後）通俗小說家羅貫中，根據這些平話，改寫成二百四十回的《三國志通俗演義》。後來到了清康熙間，毛宗崗又把羅書大加改竄。這篇〈昭烈聞雷失筯〉，就是毛宗崗修改羅貫中原文的一個例子。在這裏，我把羅氏的原文和毛氏的改文揉合列在一起，以看出當時修改的情形。毛氏把原文行文「拖沓」「重覆」之處刪去，「用詞不當」「含意不大清楚」之處加以修改增飾，使之成爲簡潔流暢的文字。現在——

(1)（ ）括號裏的文字，是表示刪去。

(2)〔 〕方括號裏的文字，是表示更改添入的地方。

(3)〈 〉尖括號裏的文字，是表示增加潤飾的地方。

〈一日關張不在〉，玄德正〈在後園〉澆菜；許褚、張遼引（十數騎）〔數十人〕（慌）入園中，曰：「丞相有命，請（玄德）〔使君〕便行」。玄德〈驚〉問曰：「有甚緊事？」許褚曰：「不知，只教我來〈相〉請。」玄德只得隨二人（入府）〔來相府見操〕。操（正色而言）〔笑〕曰：「在家做得好〈大〉事！」說得玄德面如土色。操執玄德手，直至後園曰：「玄德，學圃不易！」玄德方纔放心，答曰：「無事消遣耳。」操（仰面大笑）曰：「適（來）見枝頭梅子青青，忽感去年征張繡時，道上缺水，將士皆渴。（被）吾心生一計，以鞭虛指曰：『前面有梅林。』軍士聞之，口皆生唾，由是不渴。今見此梅，不可不賞。又值（缸頭）煮酒正熟，（同邀賢弟，）（故邀使君）小亭一會，（以賞其情）。」玄德心神方定。

隨至小亭，已設樽俎。盤（貯）（置）青梅，一樽煮酒。二人對坐，開懷暢飲。酒至半酣，忽陰雲漠漠，驟雨將（來）至。從人遙指天外龍挂。操與玄德（凭）（憑）欄觀之。操曰：「（賢弟）（使君）知龍〈之〉變化否？」玄德曰：「未知（也）其詳。」操曰：「龍能大能小，能升能隱。大則（吐霧興雲）（興雲吐霧），（翻江攪海），小則（埋頭伏爪），隱芥藏（身）（形）；升則飛騰於宇宙之間，隱則潛伏於（秋）波（濤）之內。（此龍陽物也，隨時變化。）方今春深，龍（得其時）（乘時變化），（與人相比）（猶人）（發則飛升九天），得志（則）（而）縱橫四海。龍（乃）（之爲物），可比世之英雄。玄德久歷四方，必知當世（之）英雄，（果有何人也？）請試〈指〉言之。」玄德曰：「備（愚）（肉）眼（目）安識英雄？」操曰：「休〈得過〉謙（，胸中必有主張）。」玄德曰：「備（幸）叨恩（相）庇，得仕於朝。〈天下〉英雄（豪傑），實有未知。」操曰：「〈既〉不識（者）（其面），亦聞其名（，願以世俗論之）。」玄德曰：「淮南袁術，兵糧足備，可（爲）（謂）英雄。」操笑曰：「塚中（苦）（枯）骨，吾早晚必擒之！」玄德曰：「河北袁紹，四世三公，門多故吏。今虎踞冀州之地，（手）〔部〕下能事者極多，可（爲）〔謂〕英雄。」操笑曰：「袁紹色厲膽薄，好謀無斷，幹大事而惜身，見小利而忘命，（乃疥癬之輩），非英雄也。」玄德曰：「有一名稱八俊，威鎭九州，劉景升可（爲）〔謂〕英雄。」操（又笑）曰：「劉表（酒色之輩）〔虛名無實〕，非英雄也。」玄德（又）曰：「有一人血氣方剛，江東領袖，孫伯符乃英雄也。」操（又笑）曰：「孫策藉父之名，（黃口孺子），非英雄也。」玄德（又）曰：「益州〈牧〉劉季玉，可（爲）〔謂〕英雄乎？」操（大笑）曰：「劉璋〈雖係宗室〉，乃守戶之犬耳，何足爲英雄！」玄德曰：「如張繡、張魯、韓遂等輩，皆何如？」操鼓掌大笑曰：「此（皆）〔等〕碌碌小人，何足掛齒。」玄德曰：「舍此之外，備實不知。」操曰：「夫英雄者。胸懷大志，腹（隱）〔有〕良謀，有包藏宇宙之機，〈吞〉吐（沖）天地之志者也（，方可爲英雄也）。」玄德曰：「誰〈能〉當之？」操以手（先）指玄德，後（指自己）〔自指〕，曰：「（方）今天下英雄，惟使君與操耳。」

（言未畢）玄德〈聞言，吃了一驚，〉（以）手中所執匙筯，（盡）〔不覺〕落於地下。〈時正值〉（霹靂雷聲，大雨驟至）〔天雨將至，雷聲大作，〈玄德乃從容俯首拾筯曰〉：「一震之威，乃至於此！」〕操（見玄德失筯，便問）〔笑〕曰：「（爲何失筯）〔丈夫亦畏雷乎〕？」玄德曰：「聖人（云：）迅雷風烈必變；（一震之威，乃至於此）〔安得不畏〕！」（操曰：「雷，乃天地陰陽擊搏之聲，何爲驚怕？」玄德曰：「備自幼懼雷聲，恨無地而可避。」操乃冷笑，以玄德爲無用之人也。曹操雖奸雄，又被玄德瞞過，）〔將聞言失筯緣故，輕輕掩飾過了。操遂不疑玄德。〕

破音字的規則

民國二十一年(一九三二)，教育部公佈的「國音常用字彙」，共收九千九百二十字。其中一個字有兩個以上音讀的，約一千一百二十個字。

同一個字，有兩種讀法，有的是由於各地語言不同，有的是由於古今語音的變動，有的是由於古代沒有那個字後來造了一個新字，因此產生了「破音字」。

「破音字」大抵是利用字音，音相同或相近的字往往假借來用。譬如「宿舍」的「舍(ㄕㄜˋ)」字與「捨棄」的「捨(ㄕㄜˇ)」字的讀音很相近，古人就用「舍」借為「捨」字，寫做「舍棄」。破，就是破除。根據王念孫的說法，破音字就是依據字音來尋求本義，去掉假借字的讀音，而讀本字的音。如「舍棄」的「舍」字，本義是「捨」，應該讀ㄕㄜˇ。又如《詩・商頌・長發》：「何天之龍」的「何」字「龍」字本義是「荷」、「寵」，應讀ㄏㄜˋ、ㄔㄨㄥˇ。這就叫「破音字」。古代沒有「捨」字、「荷」(負荷)字、「寵」字，只好用音近的「舍」字、「何」字、「龍」字代表。

我們最常見的破音字，一由於聲調接近而產生，一由於送氣不送氣相混而產生。

㈠由於聲調接近而產生：如數目的「三」字，讀ㄙㄢ；作多數講的「三」字，讀ㄙㄢˋ，如「三思」。又如作上面、上頭的「上」字，讀ㄕㄤˋ；作聲調講的「上聲」的「上」字，讀ㄕㄤˇ。又如中間的「中」字，讀ㄓㄨㄥ；中意的「中」字，讀ㄓㄨㄥˋ。又如行爲的「行」字讀ㄒㄧㄥˊ；德行的「行」字讀ㄒㄧㄥˋ。因爲的「爲」字讀ㄨㄟˋ；爲善的「爲」字讀ㄨㄟˊ。

㈡由於送氣不送氣相混而產生：發ㄅ音是不送氣，ㄆ是送氣，就常常相混，產生破音字。如方便的「便」字，讀ㄅㄧㄢˋ；便宜的「便」字，讀ㄆㄧㄢˊ。ㄉ是不送氣，ㄊ是送氣。如堤防的「堤」字，就有ㄉㄧ，ㄊㄧˊ兩種讀法。又如調動的「調」字讀ㄉㄧㄠˋ；調和的「調」字讀ㄊㄧㄠˊ。ㄍ是不送氣，ㄎ是送氣。如扛鼎的「扛」字讀ㄍㄤ；扛著的「扛」字讀ㄎㄤˊ。ㄐ是不送氣，ㄑ是送氣。如期年的「期」字讀ㄐㄧ；期望的「期」字讀ㄑㄧˊ。ㄓ是不送氣，ㄔ是送氣。如朝夕的「朝」字讀ㄓㄠ；朝代的「朝」字讀ㄔㄠˊ。縣長的「長」字讀ㄓㄤˇ；長短的「長」字讀ㄔㄤˊ。ㄗ是不送氣，ㄘ是送氣。如寶藏的「藏」字讀ㄗㄤˋ；藏起來的「藏」字讀ㄘㄤˊ。

當然，破音字的變化，不只限於這兩種規則。其他像發音部位相近，也容易轉成破音字。如ㄍ、ㄎ、ㄏ都是舌根音，所以開會的「會」讀ㄏㄨㄟˋ；會計的「會」讀ㄎㄨㄞˋ；會稽的「會」讀ㄍㄨㄟˋ。又像舌尖後音ㄓ、ㄔ、ㄕ、ㄖ是從舌尖音ㄉ、ㄊ、ㄋ、ㄌ演變出來的。如矛盾的「盾」可讀ㄉㄨㄣˋ或ㄕㄨㄣˇ。又如輾轉的「輾」讀ㄓㄢˇ，輾過的「輾」ㄋㄧㄢˇ。平日多加留意，破音字也就不難了。

單位詞的用法

單位詞大概早已存在，我們讀文言文經常可以看到數字的下面，加有一些單位詞，如「三畝之圃不能耘」，「有地數頃」，「聚書五千卷」，「家僮八九百人」，「幾二十年」，「年俸六百石」，「有竹十竿」，「中有禪房一所」，「重三十斤」，「一寸二寸之魚」，「植杏千餘株」中的「畝」、「頃」、「卷」、「人」、「年」、「石」、「竿」「所」、「斤」、「寸」、「株」之類，都是表示單位的名詞。

但是在文言文裡，在數字的下面不加單位詞的，卻更多。如「有一女子」，「年九十卒」，「無一雜樹」，「二園相距十餘步」，「新開一井」，「不勞一兵一卒」，「時逢一兩花」，「三峰更在天外」，「築一茅屋」，「白馬甜榴，一實值牛」，「夢金人長丈六」之類，都未加單位詞。要是改用白話文來寫，就可以寫作「有一個女子」，「卒年九十歲」，「沒有一棵雜樹」，「兩座園子相距十幾步」，「新開了一口井」，「不必動一個兵一個卒」，「時可看到一兩朵花」，「三座山峰更高在天外」，「築一間茅屋」，「白馬寺的甜榴，一個就值得一頭牛」，「夢見一個金人，身高一丈六尺」。由此可以知道，在白話文裡，單位詞的應用是非常普遍的。

現在，加在數字「一、二、三、四、五、六、七、八、九、十、百、千、萬、億、兆」後面的單位詞，恐怕不下千百個。常用的有：個、隻、條、張、次、件、樣、口、頭、艘、遍、頓、噸、番、回、趟、座、所、株、棵、粒、匹、間、面、邊、底、莊、般、腳、方、天、夜、頁、架、箱、碗、盤、碟、瓢、瓶、聽、罐、幅、框、筐、秒、分、時、日、月、年、里、丈、尺、寸、石、斤、兩、元、角、桌、席、壺、尾、小時、點鐘……之類。比較專門一點有：分貝、品脫、夸爾、加侖、安培、馬力、馬赫、卡諾里……之類。這些單位詞和數字組合起來，成爲詞組。

這種組合是非常密切的，幾乎成了我們口語裡所不能缺少的成份，蘊含有複音詞的作用。它的用法，既具有現代口語多用複音詞的特點，有時卻又繼承古文言文的用法。譬如說：「媽媽買了一『條』魚，」要是說做：「媽媽買了一魚。」就錯了。但爸爸說：「可以『一魚兩吃』。」卻沒錯。因爲「一魚兩吃」是文言的用法。要是說「一個魚」、「一張魚」，卻又不行；因爲每一種事物，都有它適當的單位詞，不能夠隨便通用亂用。至於說「我加了四十加侖的汽油」，「現在都市裡的噪音常高達八九十分貝。」這也是我們日常生活裡常見的一些說法。

平常，應該多作單位詞用法的練習；用多了，自然會用得恰當。最後，我說：「中午，我煎了三片魚。」你說「三片」有沒有錯？可以用嗎？

國文與教材的問題

一

我翻過許多教本，接觸過許多學者的意見，使我惶惑的一點，就是現在尚有一些熱心於教育的人士，把中學國文一科，看作聚寶盆和萬靈藥，以爲國文教材是無所不包的，只要把它編得齊全、就無所不通了。因此把國文的範圍定得奇大，要包羅國粹與國學，要宣揚固有道德與文化，要介紹文史哲理……。

其實國文這科的範圍，並沒有這麼大。國文，只是古人所謂讀書識字、學作文章的學科，即現在學者所謂語文訓練。至於講爲人做事處世的大道理，可歸於公民科；其他或歸歷史，或歸地理。這種看法，在歷史上可找出許多例證：如孔子教學，以六藝爲教材，詩書即相當於現代的國文，禮樂相當於現代的公民和音樂。又孔門四科中，有言語科、文學科與德行科。由此可見古代語文與修身的教育，早已分開。朱熹執教白鹿洞書院時候，教學生記覽詩文，學爲詞章，是當日的國文；他所訂「童蒙須知」的條例，講穿衣、戴帽、談吐、舉止之類的修養道理，當是他手訂的公民教材，也是把修身和學文分開的。再看近鄰日本的中學學科，過去有國語與修身，現在因爲個人和社會關係日趨密切，所以已把修身包括於社會科內，有的學校另設道德科。至於歐美先進國家的教育，語文與生活道德的教育也是分開的。再說民初我國的教育分作德、智、樂、體四育，負德育任務的是公民，而非國文。

縱觀古今中外，在國文教材裏，並沒有特別規定非灌輸爲人做事的道理不可。

二

國文教育的任務，是要學的人能識字、能讀書、能寫實用漂亮的文章。

現在國文課程標準頭兩條目標，就在於訓練學生寫作白話文的能力（即現代語文的訓練），及培養學生閱讀欣賞文言作品與寫作的能力（即歷代文學的介紹）。所以我認爲對國文的選材，應著重於作品本身的文學價值，與寫作技巧，可爲習文的模範者；至於內容，則爲次一問題。當然我們也可選讀像〈岳飛傳〉、〈諸葛亮傳〉等愛國忠君的教材；但它的標準，是放在文字好，可作範文；而不是在它含意好，可以勸世。有些編教科書的人，以忠孝禮義爲選文單元，這是不對的；最好能以文章體類爲中心，這樣可使學生有機會學寫各體各類的文字。但這也並非說完全不顧內容的好壞，可以選些誨盜誨淫的作品，如《金瓶梅》中西門慶勾引潘金蓮，《水滸傳》中李逵大鬧江州之類的文字；或是選些荒誕神怪的作品，如《封神榜》中的神將鬥法故事。

三

有人說：「人對文學作品，有共感的作用；所以文學作品對人生自然有影響。文學常常會使社會進步或退步，所以對社會、人類來說，文學必須有教化勸誡的作用。」

其實一篇文學作品對人的影響：是整體的，而非細節的；是主題的，而非片段的。好像我們讀〈愛迪生的軼事〉，令我們仰望的，是他有恒的研究、發明的精神與事蹟，而不是他在學校中被老師視為低能的事；又如讀《聖雄甘地傳》，我們記住的是他反抗殖民主義的偉大人格與功業，至於他年青時酗酒、狂嫖、濫賭種種不良行為，自也不會有人決意效法。還有像《西廂記》、《紅樓夢》，大多數大中學生都看過了；可是當和他們討論婚姻問題的時候，他們的意見，確要比前一輩人進步。他們會提出許多道理：㈠要對方身體健康，㈡女的要性格溫柔，㈢男的要有經濟基礎，養家能力，㈣要經朋友、戀愛、結婚三階段，㈤要請父母作客觀的顧問……。這比起西廂時代男女一見鍾情，開通多了。因為過去「男女授受不親」，「非禮勿視」，女子終年關在深閨裏，所以一旦和男人邂逅相遇，就難免要做出踰牆越禮的事了。現在社交公開，又有許多談戀愛、講婚姻教育的書籍，所以他們雖然看了《西廂記》，看了《紅樓夢》，欣賞它文學的藝術，甚至沉醉其中，卻也不會受它壞的影響。

換句話說，人受家庭、社會和時代的影響，大於一切。有些人整天口誦詩書，身受聖人的教育，卻心違禮義，做出男盜女娼的事情來。五代時的桑維翰，磨穿鐵硯，飽讀經書，而他卻是歷史上勾引外族侵入華夏區域的大罪人。所以人的心性的養成，主要的在於學校與家庭的德育，在於社會風氣的影響：決不應該要求國文教材來負這樣大的責任。

古代聖人也不是板起說教載道的面孔來選教材的，也是看重人性人情以及文字的好壞。譬如孔子認爲「鄭聲淫」，主張「放鄭聲」，但他整理《詩經》，在《鄭風》中仍然保存了〈擿兮〉、〈狡童〉、〈褰裳〉、〈野有蔓草〉、〈溱洧〉之類寫艷情的詩。就是〈關雎〉中間一章：「窈窕淑女，寤寐求之。求之不得，寤寐思服。悠哉悠哉，輾轉反側。」寫熱戀相思的心情；可是孔子把它編在《詩經》第一篇。故凡主題明確，思想純正，情意眞實，道理精闢，聲調和諧，結構緊湊，文字優美的，有文學價值的作品，大家所喜歡讀的作品，適合學生年齡與經驗的作品，都可以選作國文教材。

又因爲實際的生活，有笑影也有淚痕，有光明也有黑暗，有善良也有醜惡，有圓滿也有缺陷。所以我們選擇或創作國文的教材，也不必強顏爲歡，忍淚爲笑，全選全寫些含著快樂的微笑，掛起光明的太陽，照在我們臉上的作品。誠然，我們需要不斷有新的教材，但希望作家們在這方面多加努力，去寫像朱自清〈背影〉那樣經得起時間空間的篩淘，而仍是大衆公認的好作品，自然就會有人把它選作國文教材了。

中文系的習作問題

——由作詞「萎縮僵化」談起

一

最近讀到張佛千先生〈三句不離本『杭』集詞〉；他在前言中分析「中國之詞何以趨於萎縮僵化」的理由：

最初之詞，本極自由：有先製曲，而後配詞；有先製詞，而後配曲。再後依曲配詞……。再後則詞之曲譜失傳，僅能以詞之字句爲準，乃竟令作者咸死守此一非譜之譜，嚴繩之以「詞有定格，字有定數，韻有定聲，」……而成爲「塡」詞。下焉者更多易於流爲一種生硬之「塡」，殆如骷髏，骨架儼然，而無筋肉，更無血氣，更無神韻。

他並且認爲作詞是文學家的事，作曲是音樂家的事；作詞但求長短句配合，平仄協調，韻腳和諧，文學之能事已盡；我們不必盲目崇拜古人，作詞應該恢復原有的自由，使此一最美的文學形式，能產生變化無窮的新作，而有活潑潑的不朽生命。

二

我讀了張先生的文字，深有同感。

前人作詞，有的按譜填製，原爲求詞句長短變化，聲韻諧和，能夠配合舊曲的抑揚緩急高下的節奏，以便於歌唱。但是宋詞的樂曲，流傳至今的，只有姜夔的自度曲〈揚州慢〉、〈暗香〉、〈疏影〉等十七闋有「旁譜」流傳下來，清以來經過許多人艱困考訂，楊蔭瀏才改成五線譜，可以歌唱。至於其他的宋詞樂曲都早已佚亡，唱法失傳；所以雖然有「詞譜」留下來作塡詞的「規範」，塡了卻也不能夠唱了。《九宮大成譜》及《碎金詞譜》載有一些詞調，這也已經是用唱曲的方法來唱的；現代也有一些音樂家替唐宋名詞另作新曲，如白居易的〈花非花〉，范仲淹的〈蘇幕遮〉，岳飛的〈滿江紅〉：當然都已不是原曲的眞面目了。宋詞既然早已不能唱了，後代作者再按照詞譜來「塡」詞，又有什麼意義？徒自束縛情性靈思罷了！所作的詞當然只是死了的文學，僵化的「骷髏」。

爲什麼今人作詞，不敢擺脫詞譜，摔掉詞譜，像唐五代北宋人一樣的，寫新詞，創新調，抒發情思，描述生活，寫出當代人的歌聲心曲呢？這正如張佛千先生所說的，是「崇古」的心理在作祟；因此不敢稍越古人的「畫牢」一步，自甘披上枷鎖鐐銬。即使是「大有才分」者，也「自甘菲薄」，於是乎寫的都是一些徒知模仿缺乏才情的作品，都是一些了無生氣的「木乃伊」了。像這樣的詞，是文字上的詞，不是口上能唱的詞，又怎能歌出現代人的心聲呢？

其實，今天各大學中文系詩、詞、曲、散文、駢文等等習作課程，又何嘗不是這樣？著重「擬古」，缺乏「創作」的精神。於是讀駢文就學作魏晉南北朝人的駢文，讀散文就學作三代兩漢及唐宋八家的散文，讀詩就學作唐詩，讀詞就學作宋詞，讀曲就學作元曲。所謂「習作」就是模仿舊「形式」而已。於是現在一般中文系的學生作舊詩，作舊詞，作舊曲，都不過是依據前人的舊格式，找韻書，擺譜兒，勉強湊韻湊句，湊合成篇罷了。用古人的陳詞，依前人的韻書，寫的自然是「古人」的生活，喪失了詩詞散曲抒發性靈情志的本意。再說按詞譜曲譜，塡製成功的歌詞曲詞既不能歌唱，這類習作又有什麼意義？駢文的訓練，也不過是跟舊私塾對對子差不多；又有幾個眞能寫得像駢文？唐代四六名家李商隱作駢文，爲了堆砌故實，講求駢對，已非常吃力，書冊滿案滿桌，撿一條寫一句，早被前人譏爲「獺祭魚」。所以駢文被散文所取代，早已是自然的淘汰現象。今人又哪兒有如此的悠閒時間來作這類的美文？學生若想勉強寫成一篇，更不知要花費多少寶貴的光陰與精神！模仿古人的口吻聲氣來寫作，即使將駢文寫的再像徐陵、庾信，散文寫得再像韓愈、柳宗元，詩寫得再像李白、杜甫，詞寫得再像蘇東坡、柳永，曲寫得再像關漢卿、馬致遠，也不過是贋品亂眞的假古董，又有誰去欣賞閱讀呢？譬如林紓用古文筆法譯介西方小說一百七十一部，短篇小說十五種，在清末民初流行一時，「固一世之『名譯』也，而今安在哉」！

三

文學的時代性極濃，一時代有一時代的文學；舊文學的時代過去了，就讓它過去吧！誰也無法挽回。現代人只有努力寫通現代流行的白話文，才能有用，才能應付我們生活與工作的需要。中文系學生畢業後進入社會工作，不外教國文，當秘書，幹編輯，做學者作家；這幾種行業最緊要的修養，是要能寫一手流暢簡潔的白話文，才能勝任愉快。所以我認爲現在國文教學的方針應該大大改變：中文系習作課程的目標，應該放在鼓勵學生多多練習寫白話文；教舊文學習作課程的老師，也應該著重使學生採擷歷代各種文學的長處和前人成功的技巧，運用於寫作白話文學。譬如讀了宋詞，用宋人寫歌詞的技巧與方法，來創作現代的歌詞，以提高現在歌詞的水準，而不要儘讓那些歌手隨便找一些人亂謅「愛呀愛」的濫調。像唐代旗亭傳唱的是王昌齡、高適、王之渙作的絕句；宋人歌唱的是蘇軾、柳永的新詞；現代人歌唱的也就應該是現代詩人作的新詩新詞。要使現代中文系學生能寫出「變化無窮的新作，有活潑潑的不朽生命」，這乃是各科習作課程所要努力的目標。